汽车电工电子基础

主　编　张学华　陈志成　舒　飞
副主编　陈合军　钱隆斌　付　勇
参　编　付承荣　孔　强

北京理工大学出版社
BEIJING INSTITUTE OF TECHNOLOGY PRESS

内 容 简 介

"汽车电工电子基础"作为汽车专业的一门主干基础课程,具有较强的针对性和实用性。本书以电工、电子基础理论知识与实践相结合为出发点,着重能力的培养,帮助读者学习和掌握汽车电工电子技术基础知识和基本技能,并为进一步学习汽车电子控制技术、读懂汽车电子控制技术相关资料,掌握现代汽车电子控制系统的使用与维修技术打下良好基础等。

本书共6个项目,16个任务,主要内容包括直流电路基础知识、电容器与电感器、单相正弦交流电路、三相正弦交流电路、电磁基础知识、模拟电路基础知识及应用等。

本书可作为中等职业院校汽车运用与维修专业、汽车车身修复专业、汽车美容与装潢专业、汽车整车与配件营销专业、汽车电子技术应用专业、汽车制造与检测专业、农业机械使用与维护专业等专业教材,也可作为汽车和农机维修人员的参考用书。

版权专有　侵权必究

图书在版编目(CIP)数据

汽车电工电子基础 / 张学华,陈志成,舒飞主编.--北京:北京理工大学出版社,2021.10重印

ISBN 978-7-5682-7158-5

Ⅰ.①汽… Ⅱ.①张… ②陈… ③舒… Ⅲ.①汽车-电工技术-职业教育-教材 ②汽车-电子技术-职业教育-教材 Ⅳ.①U463.6

中国版本图书馆CIP数据核字(2019)第128428号

出版发行 / 北京理工大学出版社有限责任公司

社　　址 / 北京市海淀区中关村南大街5号

邮　　编 / 100081

电　　话 /(010)68914775(总编室)

　　　　　(010)82562903(教材售后服务热线)

　　　　　(010)68944723(其他图书服务热线)

网　　址 / http://www.bitpress.com.cn

经　　销 / 全国各地新华书店

印　　刷 / 定州市新华印刷有限公司

开　　本 / 787毫米×1092毫米　1/16

印　　张 / 16.5　　　　　　　　　　　　　　　　责任编辑 / 陈莉华

字　　数 / 410千字　　　　　　　　　　　　　　　文案编辑 / 毛慧佳

版　　次 / 2019年8月第1版　2021年10月第3次印刷　责任校对 / 周瑞红

定　　价 / 44.00元　　　　　　　　　　　　　　　责任印制 / 边心超

图书出现印装质量问题,请拨打售后服务热线,本社负责调换

前言

本书突出了"做中学、做中教"的教育特色;体现了"精讲精练、知识归纳"的普通教育特点;着重培养学生自主性和研究性学习能力。

本书由项目一直流电路基础知识、项目二电容器与电感器、项目三单相正弦交流电路、项目四三相正弦交流电路、项目五电磁基础知识、项目六模拟电路基础知识及应用六个部分组成,每个项目又有若干个任务,每个任务又按学习目标、实例引入、实例分析、必备知识、总结提升、思考与练习、拓展阅读、技能操作的顺序进行编写,具有以下特点:

(1)理论与实践相结合。本书在编写过程中力求实现理论与实践一体化,在阐述完每个任务的理论知识点后都给出了相关的实践操作,既能加强学生对基础知识的理解,又能激发学生的学习兴趣,增加学生的动手能力。

(2)形象生动,易于接受。本书将文字、图形、表格相结合,内容通俗易懂,给学生一种亲切感,有助于提高阅读兴趣。

(3)精讲精练,巩固知识。本书对每个知识点不仅有详细的讲解,还有例题剖析,更有练习巩固。对于易混问题也有重要提示进行辨析,让学生完全掌握知识点。本书除了每个任务有配套练习外,每个项目还有综合复习题,让学生更好地巩固知识。

本书由张学华、陈志成、舒飞担任主编并负责统稿,陈合军、钱隆斌、付勇、黄芹、施志刚担任副主编,熊亮明、付承荣、王恩惠、管勤凯、李帅、蒋爱军、曾军、孔强参编。在编写过程中,参阅了许多文献资料,谨向这些文献资料的作者致以诚挚的谢意!

本书可作为中等职业院校汽车运用与维修、汽车车身修复、汽车美容与装潢、汽车整车与配件营销、汽车电子技术应用、汽车制造与检测、农业机械使用与维护等专业教材,也可作为汽车和农机维修人员的参考用书。

由于编者水平有限,加之时间仓促,书中不妥与疏漏之处在所难免,恳请广大读者批评指正,提出宝贵意见,以便进一步修订和完善。

编　者
2019 年 2 月

目录 contents

项目一 直流电路基础知识 ··················· 1
    任务一 认识电路 ························· 1
    任务二 电路常用物理量 ··············· 10
    任务三 电阻和欧姆定律 ··············· 20
    任务四 基尔霍夫定律及应用 ········ 44
    复习题 ····································· 53

项目二 电容器与电感器 ···················· 57
    任务一 电容的基础知识 ··············· 57
    任务二 电感器的基础知识 ············ 66
    复习题 ····································· 73

项目三 单相正弦交流电路 ················· 76
    任务一 交流电的基本概念 ············ 76
    任务二 简单正弦交流电路 ············ 87
    任务三 常用仪器仪表的使用 ········ 103
    复习题 ····································· 126

项目四 三相正弦交流电路 ················· 132
    任务一 三相交流电路的基本概念 ··· 132

目 录

  任务二 常用电机工作原理与应用……………150
  复习题………………………………………175

项目五 电磁基础知识……………………………181
  任务一 磁场及其基本物理量………………181
  任务二 电磁感应及其应用…………………188
  任务三 常见汽车电磁器件…………………200
  复习题………………………………………207

项目六 模拟电路基础知识及应用…………………210
  任务一 常用半导体元件……………………210
  任务二 汽车常用电子电路…………………227
  复习题………………………………………254

参考文献……………………………………………258

项目一
直流电路基础知识

汽车自 19 世纪末诞生以来,已经走过了风风雨雨的一百多年。从卡尔·本茨制造出的第一辆汽油驱动三轮汽车以 18 km/h 的速度开始,到现在竟然诞生了百公里加速时间为 3 s 多一点的超级跑车。这一百多年来,汽车从刚开始的机械式逐步走向电子化、智能化、网络化,其发展速度竟如此惊人。

直流电路是电路分析和研究的基础。本项目从直流电路的基本知识入手,介绍电路的基本物理量、基本定律及分析计算的方法,是全书的理论基础。

任务一 认识电路

学习目标

【知识目标】
◎了解电路的基本组成和模型,掌握电路的组成及电路图中的常用符号。
◎理解电路的 3 种状态及其特点。

【技能目标】
◎识别并绘制简单元器件的电路图。

实例引入

让我们通过观察来认识电路的组成规律。电路的组成如图 1-1 所示,这是一个简单的手电筒照明电路,将干电池、灯泡、开关、电线等连接成电路。

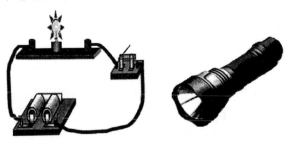

图 1-1 电路的组成

项目一 直流电路基础知识

实例分析

当开关接通时,电路中就形成了完整的电流通路,电流流经灯泡,使灯泡发光。

必备知识

一、电路的组成

电流通过的路径称为电路,一个完整的电路由电源、导线、用电器、开关四部分按一定的连接方式组成。

图 1-2 所示为手电筒电路模型,图 1-2(a)是一种简单的手电筒电路,由电池、导线、灯泡和开关首尾连接而成,图 1-2(b)就是它的电路图。

在实际生活中,电路的形式多种多样,结构也各不相同。在电路中,电流的大小和方向保持恒定不变的电路称为直流电路。但综合来说,电路一般都是由电源、负载和中间环节按照一定方式连接起来的电流路径。

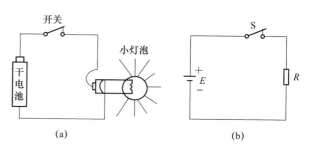

图 1-2 手电筒电路模型
(a)模型电路;(b)符号电路

1. 电源

电源是电路中提供电能的装置。若电流的大小和方向周期性变化,该电源称为交流电源,含有交流电源的电路称为交流电路。含有直流电源的电路称为直流电路。常见的直流电源有干电池、蓄电池、直流发电机等。

2. 导线

导线是电流流经的金属线路,一般为铜质或铝质,根据使用环境的不同分为裸线、绝缘线和屏蔽线。

3. 用电器

用电器也称为负载,是各种消耗电能设备的总称。它是将电能或电信号转化为需要的其他形式的能量或信号的器件。例如,电灯将电能转化为光能,电动机(俗称马达)将电能转化为机械能。

4. 开关

开关也称为电器控制保护装置,是控制电路导通断开或保护电路免受损毁的元器件,包括空气开关、熔断器、继电器等。

二、电路的状态

电路有 3 种工作状态，分别是：通路状态、短路状态和开路状态，如图 1-3 所示。

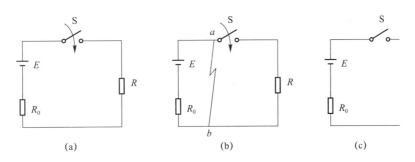

图 1-3　电路的 3 种工作状态
(a)通路状态；(b)短路状态；(c)开路状态

1. 通路状态

如图 1-3(a)所示，电源与用电器构成闭合回路，电路中有电流流过，电源处于有载工作状态，也称为工作状态、通路或闭合回路。

2. 短路状态

如图 1-3(b)所示，当 a、b 两点间用导线相连时，电阻 R 被短路。a、b 间的导线称为短路线。

重要提示：

短路可分为有用短路和故障短路。故障短路往往会造成电路中电流过大，使电源因大电流而发热，从而损坏或引起电气设备的机械损伤等，会造成严重事故，因此要绝对避免电源被短路。

3. 开路状态

如图 1-3(c)所示，开关 S 断开或电路中某处断开，切断的电路中没有电流流过，此时的电路称为开路状态。开路又称为断路，断路的两点间的电压称为开路电压。

重要提示：

开路也分为正常开路和故障开路。如不需要电路工作时，把电源断开称为正常开路；而熔断器烧断、导线断裂产生的开路称为故障开路，它将导致电路中无电流流过，电路不能正常工作。

三、汽车电路的组成和特点

(一)汽车电路的组成

按照汽车电气设备的工作原理以及设备相互之间的内在联系，用导线和车身金属机件把电源、过载保护装置、控制器件和用电设备等连接起来，形成能够使电流流通的闭合回路，称为汽车电路。根据汽车电路中各电器的连接关系绘制成的电路图称为汽车电路图。

现代汽车的电气设备种类越来越多，但汽车电路主要是由电源、过载保护装置、控制器件、用电设备及导线等组成的，简单的汽车电路如图1-4所示。

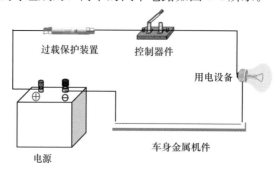

图1-4 简单的汽车电路

1. 电源

汽车上的电源主要由蓄电池、发电机以及调节器组成。发动机未工作或起动时，车辆的电源主要依靠蓄电池供电；汽车发动机工作后，车辆的电源主要由发电机供电，同时给蓄电池充电。调节器的作用是在发电机工作时，对发电机的发电量进行调节以保证输出电压的稳定。

2. 过载保护装置

过载保护装置一般有熔断器(俗称熔丝)、电路断路器及易熔线等。其中，熔断器主要用于保护局部电路，其限额电流值较小；电路断路器用于保护电动机等较大容量的电气设备；易熔线用于保护总电路或大电流电路。它们的共同特点是当电路中的电流超过规定值时，能及时切断电路，起到保护作用。

3. 控制器件

汽车电路中的控制器件可分为开关和控制器两大类型，其中开关又可分为手动开关和非手动开关，控制器包括电磁继电器、电子继电器和电子控制器。

手动开关即通过驾驶员的手直接操作的开关，例如点火开关、照明开关、转向开关等。

非手动开关即通过压力、温度、液位、机械等方式使开关动作，例如，机油压力报警开关；空调高、低压力开关；制动液位报警开关；制动、倒车、门灯开关等。

电磁继电器在汽车电路中用途广泛，它通过电磁线圈通电后产生的磁力吸动触点，达到小电流控制大电流的目的。

电子继电器是由电磁继电器和电子控制部分组合而成的，除了具有电磁继电器的作用，另外还有时间、频率等控制功能，如刮水间歇继电器、闪光继电器等。

我们把一些控制项目(内容)较多和内部具有信息处理、比较、计算等功能，根据不同的输入信号，做出准确地判断，并输出相应的控制指令的电子控制单元、电子控制模块统称为电子控制器，由于控制内容有多有少，叫法也不一样。

例如，预热控制器能根据温度传感器的信息控制预热加热器的通电时间，其功能相对简单；较为典型的电子控制器是用于发动机燃油系统的控制单元，它能根据电子控制器内存储的程序和数据，对各种传感器输入的信息进行运算、处理、判断，然后输出指令，控制多个执行器动作，达到快速、准备、自动控制发动机的目的。

现代汽车上的电子控制器越来越多，已经涉及电气设备的各个系统。自动变速器、防抱死制动、安全气囊、空调系统、悬架、车窗、座椅等都安装了电子控制器。它们共同的特点是：电子控制器的工作一般均有独立的工作电源，并需要相关传感器或开关提供信号。

4. 用电设备

现代汽车上的用电设备因车辆用途的不同，数量多少并不确定，也没有统一的标准，但大体上可以按照车辆的电源与起动、基本配置、辅助电器和发动机控制四大部分进行划分。

(1) 电源与起动。蓄电池和发电机共同构成了汽车电源系统。汽车电源系统用于向汽车用电设备提高低压直流电，以保证汽车行驶中的用电需要。起动机将蓄电池提供的直流电能转化为机械能。

(2) 基本配置。将机动车辆行驶必备的一些电气设备归类到基本配置中，它们包括起动系统、照明系统、信号装置、仪表和报警装置。

(3) 辅助电器。辅助电器是指一般与发动机无关的或关系不大的电气设备，主要有电动风窗、刮水器、洗涤器、空调系统、音响、点烟器、电动车窗、电动座椅、电动后视镜、电动天窗、电动门锁以及防盗系统等。随着人们对舒适性和安全性要求的不断提高，越来越多的电气设备被用于车辆中，有些车辆已经配备了自动悬架、音响娱乐、电子导航、卫星定位、车距监测、倒车报警灯等电气设备，而且车辆的豪华程度越高电气设备就越多，可以用不胜枚举来形容。

无论车辆电气设备数量有多少，真正作为用电器也就是执行器的器件仍然以灯泡、电动机、电磁阀数量居多，它们是学习和掌握汽车电器工作原理的重点部分。

(4) 发动机控制。发动机控制的现代车辆无论是柴油作为燃料的柴油发动机，还是汽油作为燃料的汽油发动机，都已经采用了电子技术对发动机进行控制，其主要控制项目是对燃油喷射的控制，汽油发动机还包括点火控制。其辅助控制项目随车辆用途及豪华程度的不同而不同，有发动机怠速控制、点火控制、燃油泵控制、废气再循环系统控制、预热控制、排气控制、空调控制、冷却风扇控制、故障报警指示、自行诊断功能以及其他电控系统的网络控制系统。

发动机采用电子控制系统可以使汽车上的各系统均处于最佳工作状态，达到提高动力性、经济性、安全性、舒适性，降低汽车排污量的目的。发动机电子控制系统是车辆上众多电控装置的典型代表，学习和掌握它的结构和工作原理有助于学习和理解其他电子控制系统。

汽车用电设备的基本组成如图1-5所示。

项目一　直流电路基础知识

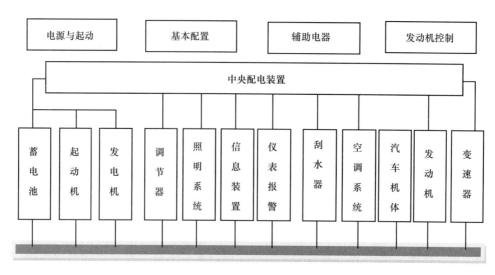

图 1-5　汽车用电设备的基本组成

(二)汽车电路的特点

汽车的种类和型号很多，所用电器和电子设备的种类繁多、数量不等，安装位置、连接方式也有一定的差异，但其电路的设计都遵循一定的规律和原则，虽然各国汽车制造商都有各自的标准，但也有一些共同的特点和规律，了解和掌握这些特点和规律，对正确识读汽车电路图有很大的帮助。

1. 两个电源

汽车基本上都有两个电源，一个是蓄电池，另一个是发电机。发电机是主电源，主要在汽车行驶时向各用电设备供电，同时给蓄电池充电；蓄电池为辅助电源，在发动机未工作时，向有关用电设备供电，特别是起动发动机时对起动机提供足够大的起动电流，以保证发动机能够顺利起动。两者互补可以有效地使用电设备在不同情况下都能正常工作，有利于延长蓄电池的使用寿命。蓄电池与发电机在汽车电路中为并列关系。

2. 低压直流

无论是蓄电池还是发电机，它们向用电设备提供的电流都是以直流电流的方式输出的，目前汽车电气设备使用电源的额定电压主要有两种，汽油车普遍采用低压直流 12 V 电源，重型柴油车多采用低压直流 24 V 电源，部分轻型柴油车也有用 12 V 电源供电的。

在发动机工作或车辆行驶时，12 V 电源电压可以达到 14 V，24 V 的电源电压可以达到 28 V。

随着汽车用电设备的增多和环保节能的需要，汽车制造商正在探索通过提高电源电压尽可能将导线、线束变细的方案，目前公认较为理想的汽车电源电压为 42 V。按照这种趋势发展下去，相信在不久的将来，42 V 的汽车电源将成为汽车动力之源。

3. 单线并联

单线制是汽车电路设计的共同特点，它是利用汽车上的金属机体，即车身与发动机和变速器等构件作为电子设备公共并联端(常称"搭铁端")使用。安装在非金属机体上的电气设备采用双线制。电气设备的正极与电源、用电器的连接则采用一根导线进行连接。任何一个电路都由电源的正极经开关、导线流入用电设备后，再由搭铁的负极通过金属机体流向电源负极而形成回路。单线制使用导线少，同时也减少了线束所占用的空间，而且还减轻了汽车自重，简化了汽车电路，减少了导线的连接点，使故障率大大降低，也利于安装与检修。对于工作环境要求较高的电路连接，仍然采用安装双线制的连接方法。

汽车的用电设备多，采用并联电路能确保各支路的电气设备相互独立控制，互不干扰，每条电路均有各自的控制器件保证电路独立工作，也都有各自的电路保护装置，这样可以防止因电路短路或过载而引起导线及用电器的损坏。

4. 负极搭铁

采用单线制的蓄电池，一个电极需要与车身金属机体相连，即搭铁。所谓负极搭铁，就是将蓄电池的负极通过电缆线与车身金属机体连接；若将蓄电池的正极与车身连接，称为正极搭铁。由于采用负极搭铁方式不但使汽车车身、车架均不宜锈蚀，而且电气设备对无线电的干扰也较正极搭铁方式小。所以，目前国内外汽车均采用负极搭铁方式。

随着电子技术，特别是微电子技术在汽车上应用程度的不断提高，现代汽车电路中，传统的汽车电气正在逐步向电子化、专业化、机电一体化方向快速发展，并且势不可挡。电子控制技术已经涉及汽车电气设备的方方面面，今后汽车电路图的识读、汽车电路的分析、电路故障的排除将以电子技术为基础，掌握电控技术是汽车电路图识读的前提和保障。

总结提升

1. 电路是由电气设备和元件按照一定方式连接而成的，它为电流的流通提供了通路。电路一般是由电源、负载和中间环节组成的。电路有通路、短路和开路3种状态。

2. 将理想电路元件经导线连接起来进行模拟的电路，称为电路模型，简称电路。

3. 现代汽车的电气设备种类越来越多，但汽车电路主要是由电源、过载保护装置、控制器件、用电设备及导线等组成的。

4. 汽油车一般采用12 V电压，重型柴油车采用24 V电压。汽车电路的特点有：低电压、直流、并联、单线制或负载搭铁。

思考与练习

一、填空题

1. 电路由_____、_____、_____、_____四部分组成。
2. 电路有_____、_____、_____3种工作状态。
3. 电源在电路中是提供电能的装置，若电流的大小和方向周期性变化，该电源称为_____，含有交流电源的电路称为_____。含有直流电源的电路称为_____。常见

项目一　直流电路基础知识

的直流电源有_____、_____、_____等。

4. 开路分为_____和_____。如不需要电路工作时，把电源断开称为_____；而熔断器烧断、导线断裂产生的开路称为_____。

5. _____连接是汽车线路的特殊性。现代汽车上所有电气设备的正极均用导线连接。该导线通常称为_____；而所有的负极则与车身金属相连，称之为_____。

6. 汽车电路主要由_____、_____、_____、_____及导线等部分组成。

7. 电子继电器是由电磁继电器和_____部分组合而成的，除了具备电磁继电器的作用外，还有_____、_____等控制功能，如刮水间歇继电器、闪光继电器等。

8. 无论车辆电气设备数量有多少，真正作为用电器，也就是执行器的器件仍然以_____、_____、_____数量居多，它们是学习和掌握汽车电器工作原理的重点部分。

9. 现代汽车电路中，传统的汽车电器正在逐步向_____化、_____化、_____化方向快速发展，并且势不可挡。

二、判断题

1. 汽车发动机工作后，车辆的电源主要由发电机提供，同时蓄电池也提供电源。（　　）

2. 电磁继电器在汽车电路中用途广泛，它通过电磁线圈通电后产生的磁力吸动触点，以达到大电流控制小电流的目的。（　　）

3. 汽车基本上都有两个电源，一个是发电机，另一个是蓄电池；蓄电池是主电源。（　　）

4. 蓄电池与发电机在汽车电路中为并列关系。（　　）

三、选择题

1. 用于保护电动机、起动机等较大容量电气设备的过载保护装置是（　　）。
   A. 熔断器　　　　B. 熔丝　　　　C. 电路断路器　　　　D. 易熔线

2. 下列用电设备中，不属于基本配置的是（　　）。
   A. 蓄电池　　　　B. 电动座椅　　　　C. 电动后视镜　　　　D. 点烟器

3. 汽车变速器属于（　　）。
   A. 电压与起动装置　　　　B. 基本配置
   C. 辅助电器　　　　D. 动力装置

4. 无论是蓄电池还是发电机，它们向用电设备提供的电流都是（　　）。
   A. 低压直流　　　　B. 高压直流　　　　C. 低压交流　　　　D. 高压交流

5. 目前汽油车电源一般采用（　　）直流电压。
   A. 12 V　　　　B. 24 V　　　　C. 42 V　　　　D. 60 V

四、简答题

1. 简述汽车电路控制器件的分类。
2. 简述汽车发动机电子控制器的工作原理。
3. 汽车发动机采用电子控制系统有哪些优点？
4. 汽车电路采用单线制有哪些好处？

拓展阅读

安 培

安培(见图1-6)，全名为安德烈·玛丽·安培(André-Marie Ampère，1775—1836)，是法国物理学家，对数学和化学也有贡献。安培1775年1月出生于法国里昂一个富商家庭，年少时就显示出卓越的数学才能。

安培最主要的成就是1820—1827年对电磁作用的研究。主要有：①发现了安培定则；②发现了电流的相互作用规律；③发明了电流计；④提出了分子电流假说；⑤总结了电流元之间的作用规律——安培定律。

1827年，安培将他对电磁现象的研究综合在《电动力学现象的数学理论》一书中，这是电磁学史上一部重要的经典论著，对以后电磁学的发展有着深远的影响。为了纪念安培在电学上的杰出贡献，以他的姓氏命名电流的单位——安培。

1836年6月，安培在巡视法国各大学途经马赛时逝世。

图1-6 安培

技能操作

识别并绘制简单元器件的电路图

学习常用电路元器件的图形符号，并在纸上绘制，然后尝试用计算机绘图软件绘制并保存。

1. 图形符号

为方便起见，电路一般用电路图来表示。电路的各个组成部分由国家标准统一规定的图形符号来代替。电路中常用的电路元器件名称及图形符号如表1-1所示。

表1-1 电路中常用的电路元器件名称及图形符号

名称	图形符号	名称	图形符号	名称	图形符号
电阻	─▭─	电灯	⊗	电流表	Ⓐ
电位器	─▭─ (带箭头)	开关	─/─	电压表	Ⓥ
电容	─┤├─	电池	─┤├─	接地	⏚
电感	─⌒⌒⌒─	熔断器	─▭─	二极管	─▷▏─

项目一 直流电路基础知识

2. 临摹电路图

将图 1-7 所示的电路图临摹到白纸上,并交给实训老师检查。

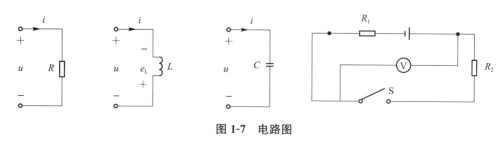

图 1-7 电路图

任务二 电路常用物理量

学习目标

【知识目标】
◎理解电流、电压、电位、电动势、电功、电功率的概念。
◎能够分辨出电流的类型。
◎能够确定电流、电压、电位的方向。

【技能目标】
◎学会正确使用电流表、电压表测量电流、电压和电位。

实例引入

电荷的移动如图 1-8 所示,有 A、B 两个带电体,A 带正电,B 带负电。我们用一根金属导线连接两个带电体,发现导线中有电荷的定向移动。两个带电体与电荷的定向移动有什么关系呢?

图 1-8 电荷的移动

实例分析

金属导体中的自由电子是运动的,并且是在做无序不规则的运动。当存在外电场时,金属导体中带负电荷的自由电子会发生定向移动,逆着电场方向运动形成了电流。

必备知识

一、电流、电压和电位

1. 电流

电流的形成如图 1-9 所示,在电路中,开关闭合时灯泡发光,说明灯泡中有电流通过。电流虽然看不见,但是可以通过各种现象被人们察觉,如灯泡发光。那么,什么是电流呢?

(1)电流的形成。电流是由带电粒子有规则地定向运动而形成的。大小和方向随时间周期性变化的电流是交流电流,用小写字母 i 表示;大小和方向不随时间周期性变化的电流是直流电流,用大写字母 I 表示。

(2)电流的大小。电流的大小常用电流强度(简称电流)来表示,用单位时间内通过导体横截面的电荷量来定义。对于直流电,在任一瞬间 t 通过电路的电荷量 q 都不变,其电流为

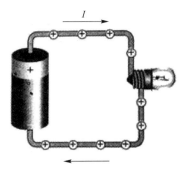

图 1-9 电流的形成

$$I = \frac{q}{t}$$

式中　I——电流强度,单位为安培,符号为 A;

　　　q——电荷量,单位为库仑,符号为 C;

　　　t——时间,单位为秒,符号为 s。

在国际单位制中,电流这个物理量的单位是安培(库仑/秒),简称"安",用大写字母"A"表示。另外还有千安(kA)、毫安(mA)、微安(μA),它们的换算关系如下:

$$1\ kA = 10^3\ A;\quad 1\ A = 10^3\ mA;\quad 1\ mA = 10^3\ \mu A$$

(3)电流的参考方向。电流不仅有大小,还有方向。正、负电荷有规则地流动都能形成电流,习惯上规定正电荷定向移动的方向为电流方向。因此,在金属导体中,电流方向与自由电子定向移动的方向相反;在电解液中,电流方向与正离子的移动方向相同,与负离子的移动方向相反。

为解决复杂电路中电流方向的问题,引入了电流参考方向的概念。电流参考方向一经选定,电流就成为一个代数量,有正负之分。分析电路前,先任意假设一个电流的参考方向。

如图 1-10 所示,电流的参考方向一般用实线箭头表示,可以画在线上,如图 1-10(a)所示;也可以画在线外,如图 1-10(b)所示;还可以用双下标表示,如图 1-10(c)所示,其中,I_{ab} 表示电流的参考方向是由 a 点指向 b 点。这 3 种表示方式意义相同,可以互相代用。

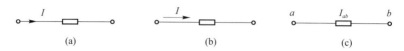

图 1-10 电流的参考方向

(a)用画在线上的实线箭头表示；(b)用画在线外的实线箭头表示；(c)用双下标表示

图 1-11 为电流参考方向与实际方向示意图。分析电路时，若计算结果为正值，表明电流的实际方向与参考方向相同，如图 1-11(a)所示；若计算结果为负值，则表明电流的参考方向与实际方向相反，如图 1-11(b)所示。

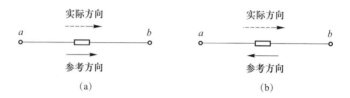

图 1-11 电流参考方向与实际方向示意图

(a)$I>0$；(b)$I<0$

电路中所标注的电流方向都是指参考方向，根据电流计算结果的正负和参考方向，就可以确定实际电流的方向了。在未设定参考方向的情况下，讨论电流的正负是毫无意义的。

【例 1-1】 电路如图 1-12 所示，说明电流的实际方向。

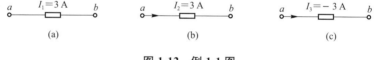

图 1-12 例 1-1 图

解：

(1)图 1-12(a)中，没有给出电流的参考方向，所以实际方向不能确定。

(2)图 1-12(b)中，电流参考方向由 a 指向 b，$I_2=3$ A>0，为正值，说明电流实际方向与参考方向一致，由 a 流向 b。

(3)图 1-12(c)中，电流参考方向由 a 指向 b，$I_3=-3$ A<0，为负值，说明电流实际方向和参考方向相反，由 b 流向 a。

2. 电压

(1)电压的概念。水压形成水流如图 1-13 所示，水槽 A 的水位高于水槽 B 的水位，当打开阀门时，A 槽与 B 槽形成水压，水由 A 槽流向 B 槽。同理，在元件的两端外加电压，使自由电子在静电力作用下定向移动，形成电流，使灯泡发光，电压形成电流如图 1-14 所示，而电压是由电荷之间的引力或压力(即静电力)作用产生的。电压是指静电力把单位正电荷从电场中 a 点移到 b 点所做的功，用字母 U_{ab} 表示，定义式为

$$U_{ab}=\frac{W_{ab}}{q} \tag{1-1}$$

式中 U_{ab}——电压，单位为伏特，符号为 V；

W_{ab}——功，单位为焦耳，符号为 J；

q——电荷量，单位为库仑，符号为 C。

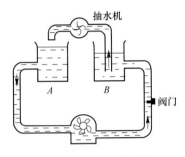

图 1-13 水压形成水流

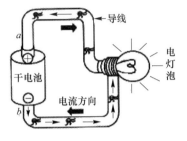

图 1-14 电压形成电流

(2) 电压的单位。电压的单位为伏特（V）。常用的电压单位还有千伏（kV）、毫伏（mV）、微伏（μV）。

$$1\ kV=10^3\ V$$
$$1\ V=10^3\ mV=10^6\ \mu V$$

(3) 电压的方向。电压的实际方向为正电荷在静电力作用下的运动方向，即电压的方向由正极指向负极。在电路分析中，也经常规定电压的参考方向，在选定的参考方向下，当电压为正值时，表示电压的实际方向与参考方向相同；反之，则电压的实际方向与参考方向相反。电压的参考方向的 3 种表示方法如图 1-15 所示。

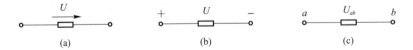

图 1-15 电压参考方向的 3 种表示方法

(a) 用箭头表示；(b) 用正负极表示；(c) 用双下标表示

3. 电位

电位在数值上等于电场力把单位正电荷从某点移动到参考点所做的功，即某点和零电位之间的电压。

如图 1-16 所示，选择电路中的任意一点 A 作为参考点，那么 B 点的电位等于电场力把单位正电荷从该点移到参考点 A 所做的功。参考点的电位等于零。参考点可以任意选择，通常以大地作为参考点。电位用符号 V 表示。如 V_A 表示 A 点的电位，V_B 表示 B 点的电位。电位的单位也是伏特。

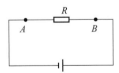

图 1-16 简单电路

在电场中，任意两点（如 A、B）之间的电压就等于这两点的电位之差，即

$$U_{AB}=V_A-V_B \tag{1-2}$$

【例 1-2】 如图 1-17 所示电路中，已知 $U=10\text{ V}$，$U_{BC}=-6\text{ V}$，试求：(1) U_{AC}；(2) 分别以 B 点和 C 点作为参考点时，A 点的电位和 A、B 两点之间的电压 U_{AB}。

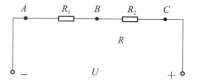

图 1-17 例 1-2 图

解：
(1) $U_{AC}=-U=-10(\text{V})$；
(2) 以 B 点为参考点，则 $V_B=0(\text{V})$；
因 $U_{BC}=V_B-V_C$，所以 $V_C=V_B-U_{BC}=0-(-6)=6(\text{V})$；
因 $U_{AC}=V_A-V_C$，所以 $V_A=U_{AC}+V_C=-10+6=-4(\text{V})$；
$$U_{AB}=V_A-V_B=-4-0=-4(\text{V})；$$
(3) 以 C 点为参考点，则 $V_C=0(\text{V})$；
因 $U_{BC}=V_B-V_C$，所以 $V_B=V_C+U_{BC}=0+(-6)=-6(\text{V})$；
因 $U_{AC}=V_A-V_C$，所以 $V_A=U_{AC}+V_C=-10+0=-10(\text{V})$；
$$U_{AB}=V_A-V_B=-10-(-6)=-4(\text{V})。$$

由计算结果可知，电压与电位的根本区别在于某两点间的电压值是绝对的，与参考点无关；某点电位的高低是相对的，随参考点而改变。

重要提示：电压和电流一样，不仅有大小而且有方向。电压的方向总是从高电位到低电位，即电位降低的方向。对于负载来说，电压的方向由正极指向负极。

二、电源和电动势

1. 电源

电气设备要工作，必须要有电源。电源的种类很多，如干电池或蓄电池把化学能转化成电能，光电池把太阳能转化成电能，发电机把机械能转化成电能等。电源正极电位高，负极电位低，接通负载后，在电源外部的电路中，电流从高电位点流向低电位点；在电源内部，电流从负极流向正极。

2. 电源力

在电场力的作用下，正电荷总是由高电位点经过负载移动到低电位点，如图 1-18 所示。当正电荷由极板 A 经外电路移动到极板 B 时，与极板 B 上的负电荷中和，使 A、B 极板上聚集的正、负电荷数减少，两极板间电位差随之减少，电流随之减小，直至正、负电荷完全中和，电流中断。要保证电路中有持续不断的电流，A、B 极板间必须有一个与电场力 F_2 的方向相反的非静电力 F_1 存在，它能把正电荷从 B 极板源源不断地移动到 A 极板，保证 A、B 两极板间电压不变，电路中才能有持续不变的电流。这种存在于电源内部的非静电性质的力 F_1 叫作电源力。

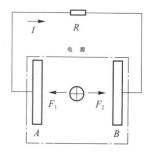

图 1-18 电源电路

3. 电动势

在电源内部，电源力不断地把正电荷从低电位点移动到高电位点。在这个过程中，电源力要反抗电场力而做功，这个做功过程就是电源将其他形式的能转化成电能的过程。对于不同的电源，电场力做功的性质和大小不同，为此引入电动势这个物理量。

在电源内部，电源力把正电荷从低电位点（负极板）移动到高电位点（正极板）反抗电场力所做的功与被移动电荷的电量的比，叫作电源的电动势。用公式表示为

$$E=\frac{W}{q} \tag{1-3}$$

式中　W——电源力移动正电荷做的功，单位是焦耳，符号为 J；

　　　q——电源力移动的电荷量，单位是库仑，符号为 C；

　　　E——电源电动势，单位是伏特，符号为 V。

电源内部电源力的方向由负极指向正极，因此，电源电动势的方向规定为由电源的负极（低电位点）指向正极（高电位点）。

在电源内部的电路中，电源力移动正电荷形成电流，电流的方向是从负极指向正极；在电源外部的电路中，电场力移动正电荷形成电流，电流的方向是从正极指向负极。

4. 电动势与电压的区别

电动势和电压的单位都是伏特，都反映电位差，也都有方向，但两者还是有区别的。

（1）电动势与电压具有不同的物理意义。电动势是衡量电源把其他形式的能转换成电能这一本领的物理量，表示非电场力（外力）做功的本领；而电压是衡量电路把电能转换成其他形式的能这一本领的物理量，表示电场力做功的本领。

（2）对于一个电源来说，既有电动势又有电压，但电动势只存在于电源内部。电动势的大小决定于电压本身，与电源材料和结构有关，而与外电路的负载无关。电源的电动势在数值上等于电源两端的开路电压，即电源不接负载时的电压。

（3）电动势与电压的方向相反。电动势是从低电位指向高电位，即电位升高的方向；而电压是从高电位指向低电位，即电位降低的方向。

重要提示：在电源外部的电路中，电流从高电位点流向低电位点；在电源内部，电流则从负极流向正极。电动势与电压的方向相反。

三、电功和电功率

1. 电功

电能是由其他形式的能量转化而来的，而电能又可以转换成为其他形式的能。例如，当电灯有电流通过时便会发光，这就是将电能转化为光能和热能的过程；电流通过电动机后，电动机能带动电动车或风扇等机器运转、做功，这便是电能转化为机械能的过程；而蓄电池充电，则是电能转换为化学能的过程。

通俗来讲，电流将电能转换成其他形式能量的过程所做的功，称为电功，用字母 W 表示，单位为焦耳，简称焦，用符号 J 表示，用公式表示为

$$W=UIt \tag{1-4}$$

式中　U——电路两端的电压；

　　　I——电路中的电流；

　　　t——通电时间。

在生活中，经常会用到另一个表示电功的单位——千瓦·时(kW·h)，俗称度，它和焦[耳]的换算关系为

$$1\ \text{kW·h} = 3.6 \times 10^6\ \text{J}$$

2. 电功率

单位时间内电流所做的功称为电功率。其中，单位时间为秒(s)，所做的功就是指电功。电功率用大写英文字母 P 表示，单位为瓦特，简称瓦，用符号 W 表示，它是描述电流做功快慢程度的物理量，用公式表示为

$$P = \frac{W}{t} = \frac{UIt}{t} = UI$$

即

$$P = UI \qquad (1\text{-}5)$$

式中　P——负载消耗的电功率，单位为瓦特，符号为 W；

　　　U——电路两端的电压；

　　　I——电路中的电流。

其他常用的电功率单位还有千瓦(kW)、毫瓦(mW)等，它们之间的换算关系为

$$1\ \text{kW} = 10^3\ \text{W} = 10^6\ \text{mW}$$

【例 1-3】（1）房间内有一个 40 W 的节能灯，其工作一天(按 8 h 计算)消耗多少度电？(2) 1 度电可供 1 000 W 的空调工作多长时间？

解：（1）根据电功率计算公式，40 W 节能灯工作一天消耗的电能为

$$W = UIt = Pt = 40 \times 10^{-3} \times 8 = 0.32\ (\text{kW·h})$$

（2）1 度电等于 1 kW·h，其可供 1 000 W 的空调工作的时间为

$$t = \frac{W}{P} = \frac{1}{1\ 000 \times 10^{-3}} = 1\ (\text{h})$$

【例 1-4】　手机充电器的输出电压为 5 V，输出电流为 1 A，则手机充电器的输出功率是多少？

解：根据功率计算公式，手机充电器的输出功率为

$$P = UI = 5 \times 1\ (\text{W}) = 5\ (\text{W})$$

总结提升

1. 电荷的定向移动形成电流。电流的大小用单位时间内通过导体横截面的电荷量来定义，即 $I = \dfrac{q}{t}$。规定正电荷定向移动的方向为电流方向。

2. 电压的大小等于单位正电荷因受电场力作用从 a 点移动到 b 点所做的功，即 $U_{ab} = \dfrac{W_{ab}}{q}$。电压的方向规定为从高电位指向低电位的方向。电位在数值上等于电场力把单位正

电荷从某点移动到参考点所做的功,即某点和零电位之间的电压。

3. 在电源内部,电源力把正电荷从低电位点(负极板)移到高电位点(正极板)反抗电场力所做的功与被移动电荷的电量的比,叫作电源的电动势,即 $E=\dfrac{W}{q}$。

4. 电动势和电压既有联系,又有区别。

5. 电流流经负载时,将电能转化为其他形式的能量(如光能、热能、机械能等),这种能量的传递和转换现象都是电流在做功。电流在一段电路上所做的功,与这段电路两端的电压、电路中的电流和通电时间成正比,即 $W=qU=UIt$。电功的单位是焦耳,符号为 J。

6. 电流在单位时间内所做的功叫作电功率。如果在时间 t 内,电流通过导体所做的功为 W,那么电功率为:$P=\dfrac{W}{t}$。电功率的单位是瓦特,简称瓦,符号为 W。

思考与练习

一、填空题

1. 计算器中的电流很小,大约为 100 μA,也就是_____ A;雷电是一种常见的自然现象,发生雷电时的电流高达 $2×10^5$ A,相当于_____ mA。

2. 电冰箱工作时压缩机转动,说明有_____通过压缩机。

3. 家中照明灯泡工作时电流强度是 0.27 A,手电筒灯泡工作时电流强度是 300 mA,正常工作时照明灯泡工作电流强度是手电筒灯泡工作时电流强度的_____倍。

4. 手电筒电路中电流从电池的_____极流出,经灯泡的灯丝再流向电池的_____极。与正极相连的导线中通过的电流强度_____与负极相连的导线中通过的电流强度。

5. 日常交流电的电压是_____ V,对人体的安全电压是_____ V。

6. 电位是_____值,它的大小与参考点选择_____;电压是_____值,它的大小与参考点选择_____。

7. 电路中两点间的电位差叫作_____。

8. 把 $q=1.5×10^{-8}$ C 的电荷从电场中的 A 点移到电位 $V_B=10$ V 的 B 点,电场力做 $3×10^{-8}$ J 负功,那么 AB 间的电压 $U_{AB}=$_____,A 点电位 $V_A=$_____;若将电荷从 A 点移到 C 点电场力做 $6×10^{-8}$ J 的正功,则 C 点电位 $V_C=$_____,$U_{BC}=$_____。

9. 在电源外部电路中,电流由_____极流向_____极,是_____力做功;在电源内部电路中,电流由_____极流向_____极,是_____力做功。

10. 在电源内部,电源力做了 12 J 的功,将 8 C 电荷量的正电荷由负极移到正极,则电源的电动势是_____ V,若要将 12 C 的电荷由负极移到正极,则电源力需做_____ J 的功。

11. 额定功率为 1 200 W 的电热水器,在 220 V 额定电压下使用,5 min 产生_____ J 热量。

二、选择题

1. 下列说法中正确的是( )。

   A. 导体中有大量的自由电子,只要导体构成回路导体中就有电荷通过

B. 电路两端只要有电压，就会有电流

C. 电压的作用是使负极上聚集的负电荷通过电路流向正极

D. 电压使电路中形成电流

2. 下列电器设备中，利用电流热效应的是(　　)。

  A. 电动机 B. 电饭锅 C. 电风扇 D. 电视机

3. 让标有"220 V/800 W"的电炉和标有"220 V/800 W"的电动机都正常工作相同的时间，则它们产生的热量(　　)。

  A. 电炉多 B. 电动机多 C. 一样多 D. 无法判断

4. 对于电功率的认识，以下说法正确的是(　　)。

  A. 电功率越大的用电器做功一定多

  B. 电功率是反映电流做功多少的物理量

  C. 做相同的功，时间短的用电器功率大

  D. 两个电器工作时，通电时间短的电功率大

5. 一只"6 V/6 W"和一只"6 V/3 W"的灯泡串联起来接入某电源两端，闭合开关后只有一只灯泡正常发光，另一只发光很暗，则电源电压为(　　)。

  A. 8 V B. 9 V C. 10 V D. 12 V

三、计算题

如图1-19所示的电路中，电源电压不变，灯L标有"6 V/3 W"字样。当开关S闭合时，灯L正常发光，电流表的示数为0.6 A。求：①通过灯L的电流；②在10 s内，电流通过电阻R_2所做的功。

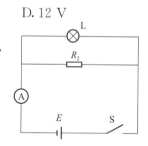

图1-19　计算题的图

拓展阅读

伏　特

伏特（见图1-20），全名为亚历山德罗·伏特（Alessandro Volta，1745—1827），出生于意大利科莫一个富有的天主教家庭。伏特在青年时期就开始了电学实验，后发明了伏特电堆，这是历史上的神奇发明之一。他发现导电体可以分为两大类：第一类是金属，它们接触时会产生电势差；第二类是液体（现称为电解质），它们与浸没在里面的金属之间电势差不大。伏特把一些第一类导电体和第二类导电体相连接，使每一个接触点上产生的电势差可以相加，他把这种装置称为电堆。电堆能产生连续的电流，且其强度的数量级比从静电起电机得到的电流大，由此开始了一场真正的科学革命。

图1-20　伏特

后人为了纪念他，把电压的单位定为伏特。

技能操作

电压及电位的测量

通过上面的学习我们已经知道什么是电压和电位,下面通过课堂实践学习如何测量电压及电位的值。

1. 实训器材

指针式万用表 1 块,5 V 直流电源 1 台,开关 1 个,10Ω、20Ω 和 30Ω 电阻各 1 个,导线若干。

2. 实训内容

在实训老师的指导下,按照表 1-2 所示的电路连接图和操作要点,分别测量电路的电流、电压及电位,将测量结果填入表 1-3 中。

表 1-2 测量电压和电位

项目	测量图	说明
测电压		先将红、黑表笔分别接在被测电阻的两侧,然后闭合开关并记录数据
测电位		在测量电位时,先将黑表笔接入参考点 e,再将红表笔分别接在 a、b、c、d 点,然后闭合开关测量相应电位,并记录数据

表 1-3　电压和电位的测量数据

项目	I/mA	U_{ac}/V	U_{cd}/V	U_{de}/V	V_a/V	V_b/V	V_c/V	V_d/V
理论计算值								
实际测量值								

任务三　电阻和欧姆定律

学习目标

【知识目标】
◎ 理解电阻的含义。
◎ 了解电阻定律及电阻与温度的关系。
◎ 掌握欧姆定律，能够应用欧姆定律解题。

【技能目标】
◎ 能够熟练识别并应用生活中的各种电阻。

实例引入

日常生活中，电炉子、电暖器、电褥子等电热器具通电后会发热，这种现象是如何产生的呢？

实例分析

电热器具通电后发热是因为它们具有一定的电阻，通电的电阻消耗电能从而产生热量。电阻又与哪些因素有关呢？

必备知识

一、电阻

1. 电阻的概念

导体中的电荷在定向移动时，常与其他原子或电子碰撞而受到阻碍，这种导体对电流的阻碍作用称为电阻。例如，灯泡、电热炉等电器中都存在这种阻碍作用。不仅金属导体有电阻，其他物体也有电阻。电阻用符号 R 表示，单位为欧姆（Ω）。常用的单位还有千欧（kΩ）、兆欧（MΩ）等，它们之间的关系如下：

$$1 \text{ kΩ} = 1\,000 \text{ Ω} \qquad 1 \text{ MΩ} = 1\,000 \text{ kΩ}$$

重要提示：任何物体都有电阻，而导体的电阻是由它本身性质决定的，它不随导体两端电压的大小而变化，即使没有加上电压，导体仍有电阻。

2. 电阻器

由工厂专门制造的具有一定阻值的元件，被称为电阻器，简称电阻。电阻器是电路中最常用到的元件，分为固定电阻器和可变电阻器两大类。日常生活中常接触到的各种电阻器如图 1-21 所示。

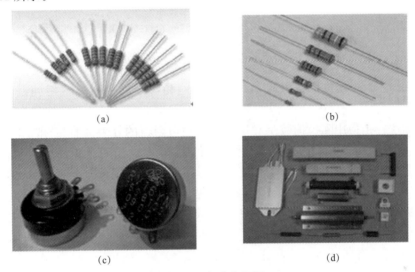

图 1-21 各种电阻器
(a)碳膜电阻器；(b)金属膜电阻器；(c)可调电位器；(d)水泥电阻器

汽车上常见的电阻器为可变电阻器。可变电阻器根据接线和作用不同又分为变阻器和电位器两种。变阻器是一种两线式的可变电阻器，可以用来调节负载元件的电流大小，如图 1-22(a)所示，汽车仪表盘上的调光器就是变阻器的应用实例；电位器是一个三线式的可变电阻器，其作用为分压作用，如图 1-22(b)所示，它是现今汽车电脑所常用的输入传感器。

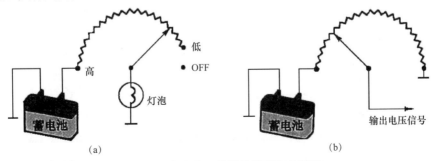

图 1-22 汽车上两种常见的可变电阻器
(a)变阻器；(b)电位器

除以上常见电阻器外，还有一些具有特殊功能的电阻器，称为特殊电阻器。特殊电阻器种类较多，如光敏电阻器、压敏电阻器、热敏电阻器等，如图1-23所示。汽车上常用的特殊电阻器为热敏电阻器。

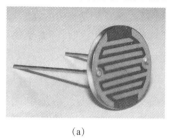 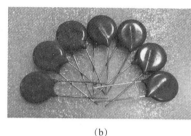 

(a) (b) (c)

图 1-23 特殊电阻器

(a)光敏电阻器；(b)压敏电阻器；(c)热敏电阻器

3. 识别电阻器

电阻器的主要参数包括：电阻值、允许偏差和额定功率等，常用到以下3种标示方法。

(1)直标法：是指用阿拉伯数字和单位符号在电阻器的外表面直接标出电阻值和允许偏差的方法。例如：56 kΩ±2.8 kΩ 表示其阻值为 56 kΩ，允许偏差为±2.8 kΩ。

(2)文字符号法：是指用阿拉伯数字和字母按照一定的规律排列来表示电阻器电阻值的方法，其允许偏差也用字母表示。如 2K7，表示其阻值为 2.7 kΩ，允许偏差为±10%。

(3)色标法：是指用不同颜色的色环来表示电阻器的电阻值和允许偏差的方法。色标法色环的意义如表1-4所示。

常用的色标法有四环标注法和五环标注法。

四环标注法：主要用于表示普通电阻的阻值，标注法如图1-24所示。例如，某电阻器的色环颜色依次是黄、紫、橙、金，则此电阻器的电阻值为 $47×10^3$ Ω＝47 kΩ，允许偏差为±5%。

五环标注法：主要用于表示精密电阻的阻值，标注法如图1-25所示。例如，某电阻器的色环颜色依次是红、紫、黑、银、棕，则其标称阻值为 $270×10^{-2}$ Ω＝2.7 Ω，允许偏差为±1%。

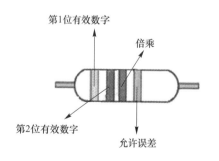

图 1-24 四环标注法

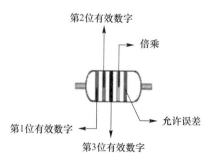

图 1-25 五环标注法

表 1-4 色标符号的意义

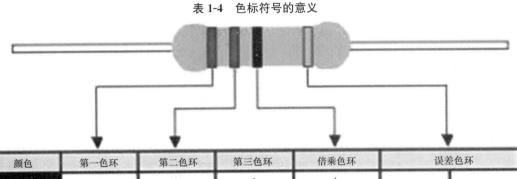

颜色	第一色环	第二色环	第三色环	倍乘色环	误差色环	
黑色	0	0	0	1		
棕色	1	1	1	10	±1%	F
红色	2	2	2	100	±2%	G
橙色	3	3	3	1K		
黄色	4	4	4	10K		
绿色	5	5	5	100K	±0.5%	D
蓝色	6	6	6	1M	±0.25%	C
紫色	7	7	7	10M	±0.10%	B
灰色	8	8	8		±0.05%	A
白色	9	9	9			
金色				0.1	±5%	J
锦色				0.01	±10%	K
无					±20%	M

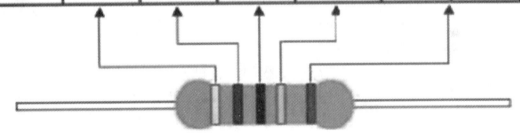

4. 电阻定律

导体电阻的大小不仅和导体的材料有关，还和导体的尺寸有关。实验证明，当温度一定时，金属导体的电阻与导体的长度成正比，与横截面积成反比，还与材料的导电性能有关，这个实验规律叫作电阻定律。均匀导体的电阻可用公式表示为

$$R = \rho \frac{L}{S} \tag{1-6}$$

式中　ρ——导体的电阻率，其值由导体材料的性质决定，单位为欧·米，符号为 $\Omega \cdot m$；

　　　L——导体的长度，单位为米，符号为 m；

　　　S——导体的横截面积，单位为平方米，符号为 m^2；

R——导体的电阻值,单位为欧姆,符号为 Ω。

电阻率 ρ 是反映材料导电性能的参数,与材料的几何形状无关,而与导体材料和导体所处的条件有关。在一定温度下,对同一种材料,ρ 是常数。表 1-5 列出了 20 ℃时几种常用材料的电阻率。

表 1-5　20 ℃时几种常用材料的电阻率

用途	材料	电阻率 $\rho/(\Omega\cdot m)$
导电材料	银	1.65×10^{-8}
	铜	1.75×10^{-8}
	铝	2.83×10^{-8}
	低碳钢	1.30×10^{-7}
电阻材料	铂	1.06×10^{-7}
	钨	5.30×10^{-8}
	康铜	5.00×10^{-7}
	碳	1.00×10^{-6}

导体的电阻不仅和材料性质、尺寸有关,还和温度有关。对于金属导体而言,温度升高使分子的热运动加剧,而自由电子数几乎不随温度变化,电荷运动时碰撞次数增多,受到的阻碍作用加大,导体的电阻增加。有些半导体和电解液,温度升高,自由电荷数目增加所起的作用超过分子热运动加剧所起的阻碍作用,电阻减小。电阻随温度的变化关系式表示为

$$R_2=R_1[1+\alpha(t_2-t_1)] \tag{1-7}$$

式中　R_1——导体在温度 t_1 时的电阻;

R_2——导体在温度 t_2 时的电阻;

α——导体的温度系数,单位为℃$^{-1}$。

【例 1-5】　一根铜导线长 2 000 m,横截面积为 2 mm^2,导线的电阻是多少?

解:查表可知,铜的电阻率 $\rho=1.75\times10^{-8}$ $\Omega\cdot m$,由电阻定律可求得

$$R=\rho\frac{L}{S}=1.75\times10^{-8}\times\frac{2\,000}{2\times10^{-6}}=17.5(\Omega)$$

5. 欧姆定律

1) 部分电路欧姆定律

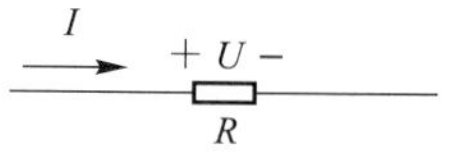

图 1-26 所示的不含电动势而只有电阻的部分电路中,电路中电流 I 与电阻两端的电压 U 成正比,与电阻 R 成反比。这个从实验中得到的结论叫作部分电路欧姆定律。

图 1-26　不含电动势而只有电阻的部分电路

图中电阻 R 上的电压参考方向与电流参考方向是一致的,即电流从电压的正极性端流入元件而从它的负极性端流出,叫作关联参考方向。部分电路欧姆定律可以用公式表示为

$$I=\frac{U}{R} \tag{1-8}$$

式中　　I——电路中的电流强度,单位是安培,符号为 A;
　　　　U——电阻两端的电压,单位是伏特,符号为 V;
　　　　R——电阻,单位是欧姆,符号为 Ω。

电流和电压的正比关系可以用伏安特性曲线来表示。伏安特性曲线是以电压 U 为横坐标,以电流 I 为纵坐标画出的 U-I 关系曲线。线性电阻元件的伏安特性曲线如图 1-27 所示,伏安特性曲线是直线时,称为线性电阻;伏安特性曲线不是直线时,则称该电阻为非线性电阻。由线性电阻组成的电路叫作线性电路。

线性电阻中电流的真实方向总是从电压的正极性端流向负极性端,即从高电位点流向低电位点,所以上述欧姆定律表达式只在关联参考方向时才成立。

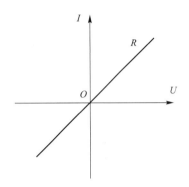

图 1-27　线性电阻元件的伏安特性曲线

重要提示:

①当 U、I 间为非关联参考方向(U、I 参考方向相反)时,欧姆定律应写成 $I=-\dfrac{U}{R}$,式中"—"号不可漏掉。

②电阻值不随电压、电流变化而改变的电阻,叫作线性电阻,由线性电阻组成的电路叫作线性电路;电阻值随电压、电流的变化而改变的电阻,叫作非线性电阻,含非线性电阻的电路叫作非线性电路。欧姆定律只适用于线性电路。

【例 1-6】　已知某灯泡两端的电压为 220 V,灯泡的电阻为 1 210 Ω,求通过灯泡的电流。

解: 由部分电路欧姆定律可得

$$I=\frac{U}{R}=\frac{220}{1\,210}=0.182(\text{A})$$

【例 1-7】　某导体两端电压为 3 V,通过导体的电流为 0.5 A,导体的电阻为多少?当电压改变为 6 V 时,电阻为多少?此时通过导体的电流又为多少?

分析: 电阻的大小与电压无关,$R=\dfrac{U}{I}$ 仅仅意味着利用加在电阻两端的电压和通过电阻的电流可以量度电阻的大小,而绝不意味着电阻的大小是由电压和电流决定的。

解:

由部分电路欧姆定律可得

$$R=\frac{U}{I}=\frac{3}{0.5}=6(\Omega)$$

当电压改变为 6 V 时,电阻不变,$R=6\ \Omega$,此时电流为

$$I'=\frac{U'}{R}=\frac{6}{6}=1(\text{A})$$

【例 1-8】　设人体电阻最小值为 800 Ω,当通过人体的电流达到 45 mA 时就会对人体造成伤害,试求安全工作电压。

解：由部分电路欧姆定律得
$$U = IR = 800 \times 45 \times 10^{-3} = 36 (\text{V})$$
即安全工作电压 $U \leqslant 36$ V。

针对不同的工作环境，国家标准规定了几个安全电压级别，分别是 12 V、24 V 和 36 V。

2）全电路欧姆定律

由电动势为 E、内阻为 r_0 的电源与外电路形成的闭合电路称为全电路，如图 1-28 所示。图中，E 和 r_0 构成电源内电路，R 为外电路的等效电阻。

全电路欧姆定律的内容是：全电路中的电流与电源的电动势 E 成正比，与电路中的总电阻（外电路电阻 R 和内电路电阻 r_0）成反比，即

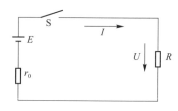

图 1-28 全电路欧姆定律

$$I = \frac{E}{R + r_0} \tag{1-9}$$

式中　I——电路中的电流，单位为安培，符号为 A；
　　　E——电源电动势，单位为伏特，符号为 V；
　　　R——外电路电阻，单位为欧姆，符号为 Ω；
　　　r_0——电源的内阻，单位为欧姆，符号为 Ω。

全电路欧姆定律也可以写成
$$E = I(R + r_0) = U + U_0$$

式中，$U = IR$ 是外电路上的电压，也是电源的端电压；$U_0 = Ir_0$ 是内电路上的电压。电源电动势等于内电路电压与外电路电压的和。

进一步做数学变换得
$$E = IR + Ir_0 \tag{1-10}$$

由于 $IR = U$，因此全电路中的路端电压 $U = E - Ir_0$，当 R 增大时，I 减小，Ir_0 减小，U 增大；当 $R \to \infty$（断路）时，$I \to 0$，则 $U = E$，即断路时，端电压等于电源电动势。

重要提示：

当 R 减小时，I 增大，则 U 减小，当 $R = 0$ 时，则 $U = 0$，这种情况叫作短路。此时 $I = E/r_0$，由于 r_0 很小，所以短路电流 I 很大，可能烧毁电源，甚至引起火灾，为此电路中必须有短路保护装置。

【**例 1-9**】已知电源电动势 $E = 24$ V，内阻 $r_0 = 4$ Ω，$R = 8$ Ω。求：电路中的电流、电源端的电压、负载上的电压和电源内阻上的电压。

解：由欧姆定律得电路中的电流为
$$I = \frac{E}{R + r_0} = \frac{24}{4 + 8} = 2 (\text{A})$$

电源端的电压为
$$U = E - Ir_0 = 24 - 2 \times 4 = 16 (\text{V})$$

负载 R 上的电压为
$$U = IR = 2 \times 8 = 16 (\text{V})$$

电源内阻 r_0 上的电压为

$$U=Ir_0=2\times 4=8(\text{V})$$

6. 电阻的连接方式

1)二端网络和等效变换

具有两个端子与外电路相连的网络称为二端网络,如图 1-29 所示。每一个二端元件是一个最简单的二端网络。二端网络的图形符号是一个方框和两个引出端,框内写上"N"字。对于二端网络,从一个端子流出的电流必然等于从另一个端子流入的电流。因此二端网络也称为单口网络。二端网络的端子电流、端子间电压分别称为端口电流、端口电压。

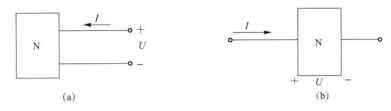

图 1-29 二端网络

(a)两个端子在一侧的二端网络;(b)两个端子在两侧的二端网络

内部不含电源的二端网络称为无源二端网络,用 P 表示,如图 1-30 所示。图 1-30(b) 是图 1-30(a)的电路符号。内部含有电源的二端网络称为有源二端网络,用 A 表示,如图 1-31 所示。

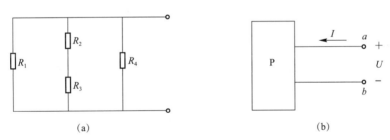

图 1-30 无源二端网络

(a)电路图;(b)电路符号

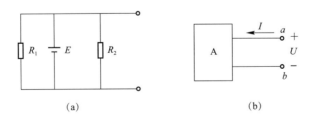

图 1-31 有源二端网络

(a)电路图;(b)电路符号

如果两个二端网络的端口电流与端口电压完全相同,那么这两个二端网络对外称为等效二端网络。对于两个等效的二端网络，总可以用一个去替换另一个，这种替换称为等效变换。等效二端网络的内部结构虽然不同，但对于外电路而言，它们的影响完全相同，即等效二端网络互换后，它们的外部情况不变，故"等效"指"外部等效"，对网络内部不等效。

一个内部无电源的电阻性二端网络，总有一个电阻元件与之等效，这个电阻元件的阻值叫作该网络的等效电阻，如图 1-32 所示。

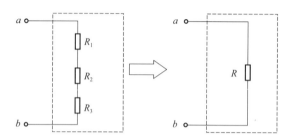

图 1-32　电阻性二端网络的等效电阻

2）电阻串联电路

把几个电阻依次连接起来，组成无分支的电路，叫作电阻串联电路。图 1-33（a）所示为 3 个电阻组成的串联电路图，图 1-33（b）为其等效电路图。

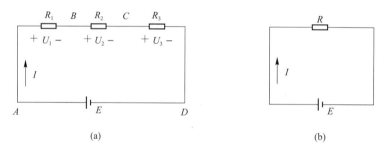

(a)　　　　　　　　　　　　　　(b)

图 1-33　电阻串联电路

(a)3 个电阻组成的串联电路图；(b)3 个电阻组成的串联电路图的等效电路图

(1)串联电路中电流处处相等。

电流是电荷的定向移动形成的，因为串联电路中没有分支，电荷不可能在电路中的任何一个地方积累，所以在任何相等的时间内，通过电路任一横截面的电荷数必然相同，即串联电路中电流处处相等，R_1 上的电流 I_1、R_2 上的电流 I_2、R_3 上的电流 I_3 满足如下关系：

$$I_1 = I_2 = I_3$$

当 n 个电阻串联时，有

$$I_1 = I_2 = I_3 = \cdots = I_n = I \tag{1-11}$$

式中，I 为串联电路中的电流；I_1、I_2、I_3、$\cdots$、I_n 为各电阻上的电流。

(2)串联电路两端的总电压等于各电阻的分电压之和。

用电压表对图 1-33(a)所示电路中的每个元件进行测量，发现每个电阻的电压总是小

于电源两端的电压，而电源两端的电压等于各电阻分电压之和。由电压与电位的关系可得
$$U_1=U_{AB}=V_A-V_B,\ U_2=U_{BC}=V_B-V_C,\ U_3=U_{CD}=V_C-V_D$$
上面三式相加得
$$U_1+U_2+U_3=V_A-V_B+V_B-V_C+V_C-V_D=V_A-V_D=U_{AD}$$
即
$$U=U_1+U_2+U_3$$

当 n 个电阻串联时，有
$$U=U_1+U_2+U_3+\cdots+U_n \tag{1-12}$$
式中，U 为总电压；U_1、U_2、U_3、$\cdots$、U_n 是各个电阻的电压。

(3) 电路的总电阻等于各串联电阻之和。

在图 1-33(a) 所示的电路中，用 R 代表串联电路总电阻，I 代表电流，根据欧姆定律可知：
$$U=IR,\ U_1=IR_1,\ U_2=IR_2,\ U_3=IR_3$$
又由于串联电路中
$$U=U_1+U_2+U_3$$
代入得
$$IR=(R_1+R_2+R_3)I$$
故
$$R=R_1+R_2+R_3$$
式中，R 称为 R_1、R_2、R_3 的串联等效电阻，其意义是用电阻 R 代替 R_1、R_2、R_3 后，对电路没有任何影响，不改变电路的电流和电压。在图 1-33 中，图 1-33(b) 是图 1-33(a) 的等效电路，其电流的大小、方向都不变。

当 n 个电阻串联时，有
$$R=R_1+R_2+R_3+\cdots+R_n \tag{1-13}$$
当 n 个相同的电阻 R_0 串联时，有
$$R=nR_0 \tag{1-14}$$

(4) 串联电路中的电压分配关系。

由于串联电路中的电流处处相等，因此
$$I_1=I_2=I_3=\cdots=I$$
又因为
$$I_1=\frac{U_1}{R_1},\ I_2=\frac{U_2}{R_2},\ I_3=\frac{U_3}{R_3}$$
所以
$$I=\frac{U_1}{R_1}=\frac{U_2}{R_2}=\frac{U_3}{R_3}=\frac{U}{R} \tag{1-15}$$
式(1-15)表明，串联电路中各个电阻两端的电压与各个电阻的阻值成正比。

当两只电阻串联时，因为
$$I=\frac{U}{R_1+R_2}$$

所以

$$\begin{cases} U_1 = IR_1 = \dfrac{R_1}{R_1+R_2}U \\ U_2 = IR_2 = \dfrac{R_2}{R_1+R_2}U \end{cases} \qquad (1\text{-}16)$$

式(1-16)为两个电阻串联时的分压公式，在复杂电路中可直接应用。当电阻串联使用时，电阻阻值越大，分得的电压也越大。

(5)串联电路中的功率分配关系。

在线性电阻电路中，电阻上消耗的功率 $P=UI$，而 $U=IR$，因此，$P=I^2R$。故各个电阻消耗的功率分别为

$$P_1 = I^2 R_1, \quad P_2 = I^2 R_2, \quad P_3 = I^2 R_3$$

所以

$$I^2 = \dfrac{P_1}{R_1} = \dfrac{P_2}{R_2} = \dfrac{P_3}{R_3} = \dfrac{P}{R} \qquad (1\text{-}17)$$

式(1-17)表明，串联电路中各个电阻所消耗的功率与各个电阻阻值成正比。

【例1-10】 三个电阻 R_1、R_2、R_3 组成串联电路，$R_1=2\ \Omega$，$R_2=3\ \Omega$，电阻 R_2 两端的电压 $U_2=9\ V$，总电压为 $18\ V$，求电路中的电流及电阻 R_3 的阻值。

解：根据欧姆定律，有

$$I_2 = \dfrac{U_2}{R_2} = \dfrac{9}{3} = 3(\text{A})$$

因为串联电路中的电流处处相等，所以 $I=I_1=I_2=I_3=3\ A$。由此可知，电阻 R_1 上的电压降为

$$U_1 = I_1 R_1 = 2\times 3 = 6(\text{V})$$

所以电阻 R_3 上的电压为

$$U_3 = U - U_1 - U_2 = 18 - 9 - 6 = 3(\text{V})$$

根据欧姆定律可求得 R_3 的阻值为

$$R_3 = \dfrac{U_3}{I_3} = \dfrac{3}{3} = 1(\Omega)$$

【例1-11】 如图 1-34 所示，有一盏弧光灯，额定电压 $U_1=40\ V$，正常工作时通过的电流 $I=5\ A$，在 $U=220\ V$ 的照明电路中该怎样使用？

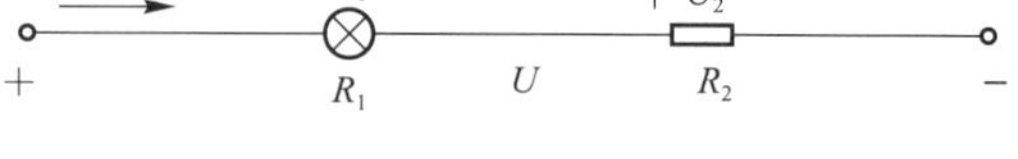

图 1-34 例 1-11 图

解：因为照明电路的电压为 220 V，远高于弧光灯的额定电压 40 V，所以把弧光灯直接连入照明电路是不行的。利用串联电路的总电压等于分电压之和的原理，将弧光灯与一阻值适当的电阻 R_2 串联，即用 R_2 的分压作用，使弧光灯上得到额定电压 40 V。分压电阻 R_2 上的电压为

$$U_2 = U - U_1 = 220 - 40 = 180(\text{V})$$

R_2 和弧光灯 R_1 串联，弧光灯正常工作时，R_1、R_2 上通过的电流都是 5 A。所以

$$R_2 = \frac{U_2}{I} = \frac{180}{5} = 36(\Omega)$$

总之，串联电阻具有分压作用，起分压作用的电阻称为分压电阻。在电源电压较高时，通过串联分压电阻，可以使额定电压低的负载获得所需的正常工作电压；在电源电压或负载变化时，通过串联限流电阻，可以避免电路中出现过大的电流。

电子线路中经常用到的电位器也是利用电阻串联的分压原理工作的。图 1-35 所示为电位器电路图，它是一个带有滑动触头的三端电阻器，上端至滑动触头的阻值为 R_1；滑动触头至下端的阻值为 R_2。R_1、R_2 两电阻串联，且流过的电流相等。输入电压 U 施加于电位器 R_P 两端，输出电压 U_2 从电阻 R_2 两端取出，U_2 的大小由滑动触头的位置决定，触头上移，R_2 变大，则 U_2 变大；触头下移，R_2 变小，则 U_2 变小，因此，改变触头的位置就可以改变 U_2 的大小，从而得到连续可调的输出电压。

串联电阻的分压原理还可以用来扩大电压表的量程。一般所使用的电压表表头多采用微安级的电流表表头，表头有两个重要的参数：表头内阻 R_g 和满刻度电流 I_g。内阻 R_g 为几百到几千欧，满刻度电流 I_g 为几十微安到几毫安。当通过表头的电流为满刻度电流时，表头指针偏转到最大刻度，所以 I_g 又称为满偏电流。如果要测量较高的电压，通过表头的电流 I 将会超过 I_g，这样会烧毁表头内的线圈。

如果合理选择一个电阻 $R(R > R_g)$ 和表头串联，电阻将承担大部分被测电压，这样，表头的电压即可被限制在允许的数值内，从而达到扩大电压表量程的目的。串联电阻越大，扩大的量程就越大。串联上分压电阻并在刻度盘上直接标出电压值，就可以把电流表改装成电压表了，单量程电压表如图 1-36 所示。

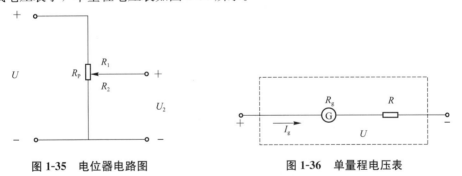

图 1-35 电位器电路图　　　　图 1-36 单量程电压表

【例 1-12】 若将一只内阻 $R_g = 1\ \text{k}\Omega$，满偏电流为 $I_g = 100\ \mu\text{A}$ 的电流表改成量程为 5 V 的电压表，问应该串联一只多大的分压电阻 R？

解：电流表允许测量的最大电压为

$$U_g = R_g I_g = 1\,000 \times 100 \times 10^{-6} = 0.1(\text{V})$$

电流表与分压电阻 R 串联后能够测量的总电压 $U = 5$ V，则分压电阻 R 上的电压为 $U_R = U - U_g$，其电流为 I_g，根据欧姆定律得

$$R = \frac{U_R}{I_g} = \frac{U - U_g}{I_g} = \frac{5 - 0.1}{100 \times 10^{-6}} = 49(\text{k}\Omega)$$

因此，要使该电流表能测量 5 V 电压，需串联一只 49 kΩ 的分压电阻。

若表头参数仅内阻已知，可用如下公式：

$$R=\frac{U-U_g}{U_g}R_g=\left(\frac{U}{U_g}-1\right)R_g=(n-1)R_g=49(\text{k}\Omega)$$

即 $R=(n-1)R_g$，其中 $n=\dfrac{U}{U_g}$ 称为电压扩大倍数。

【例 1-13】 将例 1-12 中的电流表扩大成双量程的电压表：如图 1-37 所示，使用 A、B 端子时，量程为 5 V；使用 A、C 端子时，量程为 250 V。求分压电阻 R_1、R_2 的阻值。

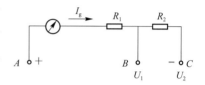

图 1-37 双量程电压表

解：A 为公共端，当使用 A、B 端子时，分压电阻为 R_1。R_1 的求法同例 1-12，为 49 kΩ。当使用 A、C 端子时，分压电阻为 R_1 和 R_2 串联。测量 250 V 电压时，流过表头和 R_1 上产生的电压为 U_1，因此 R_2 上的电压为 U_2-U_1。根据欧姆定律得

$$R_2=\frac{U_2-U_1}{I_g}=\frac{250-5}{100\times 10^{-6}}=2.45(\text{M}\Omega)$$

因此，根据分压原理，可以将微安表扩大成多量程的电压表。

3) 电阻并联电路

把两个或两个以上电阻并列连接起来，电阻两端承受的是同一个电压的电路，叫作电阻并联电路。图 1-38(a) 所示为 3 个电阻组成的并联电路，图 1-38(b) 所示为其等效电路。

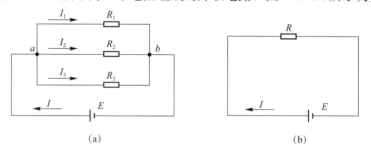

图 1-38 电阻并联电路

(a) 3 个电阻组成的并联电路图；(b) 3 个电阻组成的并联电路的等效电路图

(1) 电路中各个电阻两端的电压相等。

每个电阻上的电压就是电阻两端的电位差，由于并联电路各个电阻的一端连在一起，另一端也连在一起，如图 1-38(a) 所示，各电阻两端电位差相等，因此各并联电阻两端的电压相同，即

$$U_1=U_2=U_3=V_a-V_b$$

若有 n 个电阻并联，则

$$U_1=U_2=U_3=\cdots=U_n \tag{1-18}$$

(2) 并联电路总电流等于各支路电流之和。

由于做定向运动的电荷不会停留在电路中的任何一个地方，所以流入 a 点的电流始终

等于从 b 点流出的电流，即 $I=I_1+I_2+I_3$，如图 1-38(a)所示。

若有 n 个电阻并联，则
$$I=I_1+I_2+I_3+\cdots+I_n \tag{1-19}$$

(3)并联电路总电阻的倒数等于各并联电阻的倒数之和。

用 R 表示并联电路的总电阻，U 表示电压，根据欧姆定律，在图 1-38(a)中有
$$I=\frac{U}{R}, \quad I_1=\frac{U}{R_1}, \quad I_2=\frac{U}{R_2}, \quad I_3=\frac{U}{R_3}$$

由于
$$I=I_1+I_2+I_3$$

因此
$$\frac{U}{R}=\frac{U}{R_1}+\frac{U}{R_2}+\frac{U}{R_3}$$

等式两边约去 U，得
$$\frac{1}{R}=\frac{1}{R_1}+\frac{1}{R_2}+\frac{1}{R_3} \tag{1-20}$$

即并联电路总电阻的倒数等于各个电阻的倒数之和。

若有 n 个相同的电阻 R_0 并联，则
$$R=\frac{R_0}{n}$$

若有两只电阻并联，则
$$\frac{1}{R}=\frac{1}{R_1}+\frac{1}{R_2}=\frac{R_1+R_2}{R_1 R_2}$$

因此，等效电阻为
$$R=\frac{R_1 R_2}{R_1+R_2} \tag{1-21}$$

式(1-21)常被称为"积比和"公式，即两个电阻并联的等效电阻等于两个电阻之积比两个电阻之和。

(4)电阻并联电路的电流分配关系。

在电阻并联电路中，由于各电阻两端电压相等，即
$$U=U_1=U_2=U_3$$

又由于
$$U_1=I_1 R_1, \quad U_2=I_2 R_2, \quad U_3=I_3 R_3$$

因此
$$U=I_1 R_1=I_2 R_2=I_3 R_3 \tag{1-22}$$

式(1-22)表明，并联电路中通过各个电阻的电流与它的阻值成反比。

当两只电阻并联时，等效电阻为
$$R=\frac{R_1 R_2}{R_1+R_2}$$

所以，R_1 上的电流为

$$I_1 = \frac{U}{R_1} = \frac{R}{R_1}I = \frac{R_2}{R_1+R_2}I$$

这就是两个电阻并联时的分流公式，在复杂电路中可直接应用。它表明，在电阻并联电路中，电阻小的支路通过的电流大；电阻大的支路通过的电流小。

并联电阻可以分掉一部分电流，并联电阻的这种作用称为分流作用，用于这种用途的电阻叫作分流电阻。

(5)电阻并联电路的功率分配关系。

并联电路中，有

$$U_1 = U_2 = U_3 = \cdots = U$$

又因为

$$P_1 = \frac{U^2}{R_1},\ P_2 = \frac{U^2}{R_2},\ P_3 = \frac{U^2}{R_3},\ \cdots,\ P_n = \frac{U^2}{R_n}$$

所以

$$U^2 = P_1R_1 = P_2R_2 = P_3R_3 = \cdots = P_nR_n \tag{1-23}$$

式(1-23)表明，并联电路中各个电阻消耗的功率和它的阻值成反比。

【例 1-14】 在两个电阻的并联电路中，已知 $R_1 = 5\ \Omega$，流过 R_1 的电流 $I_1 = 0.2\ \text{mA}$，$R_2 = 2\ \Omega$，求 R_2 上的电流及电路的总电流，以及总功率和各电阻上的功率。

解： 根据欧姆定律和并联电路的特点，可得

$$U = IR = I_1R_1 = 0.2 \times 5 = 1\ (\text{mV})$$

此电压既是电阻 R_1 上的电压，又是电阻 R_2 上的电压，也是两电阻等效电阻上的电压。由欧姆定律得 R_2 上的电流为

$$I_2 = \frac{U}{R_2} = \frac{1}{2} = 0.5\ (\text{mA})$$

可见，电阻并联电路中有如下关系

$$\frac{I_1}{I_2} = \frac{R_2}{R_1}$$

总电流等于各分电流之和，得

$$I = I_1 + I_2 = 0.2 + 0.5 = 0.7\ (\text{mA})$$

也可先求出总电阻，再用欧姆定律求出总电流。

R_1 上的功率

$$P_1 = UI_1 = 1 \times 10^{-3} \times 0.2 \times 10^{-3} = 2 \times 10^{-7}\ (\text{W})$$

R_2 上的功率

$$P_2 = UI_2 = 1 \times 10^{-3} \times 0.5 \times 10^{-3} = 5 \times 10^{-7}\ (\text{W})$$

总功率

$$P = UI = U(I_1 + I_2) = UI_1 + UI_2 = 7 \times 10^{-7}\ (\text{W})$$

所以

$$P = P_1 + P_2$$

上式表明，电路的总功率等于消耗在各并联电阻上的功率之和。

【例 1-15】 如图 1-39(a)所示，供电线路的电压为 220 V，每根输电导线的电阻 $R_1 = 1$

Ω，电路中并联了 11 盏额定值为"220 V/100 W"的电灯和 22 盏额定值为"220 V/60 W"的电灯。求：(1)仅 11 盏额定值为"220 V/100 W"的电灯工作时，每盏电灯的电压和功率以及电路的总电流；(2)33 盏灯都工作时，每盏"220 V/100 W"电灯的电压和功率以及电路的总电流。

解：(1)等效电路如图 1-39(b)所示。

每盏"220 V/100 W"的电灯电阻为

$$R = \frac{U^2}{P} = \frac{220^2}{100} = 484(\Omega)$$

11 盏电灯并联后的等效电阻为

$$R_n = \frac{R}{n} = \frac{484}{11} = 44(\Omega)$$

根据分压公式，可得每盏电灯的电压为

$$U_L = \frac{R_n}{2R_1 + R_n} U = \frac{44}{46} \times 220 = 210.43(\text{V})$$

每盏电灯的功率为

$$P_L = \frac{U_L^2}{R} = \frac{210.43^2}{484} = 91.49(\text{W})$$

总电流为

$$I = \frac{U}{2R_1 + R_n} = \frac{220}{46} = 4.78(\text{A})$$

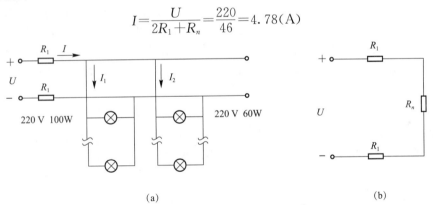

图 1-39 例 1-15 图
(a)电路图；(b)等效电路图

(2)当 33 盏电灯全部工作时，每盏"220 V/100 W"电灯的电阻为 484 Ω，11 盏 100 W 电灯并联后的等效电阻为 $R_n' = 44(\Omega)$。

每盏"220 V/60 W"的电灯电阻为

$$R' = \frac{U^2}{P} = \frac{220^2}{60} = 806.67(\Omega)$$

22 盏 60 W 电灯并联后的等效电阻为

$$R_n'' = \frac{R'}{22} = \frac{806.67}{22} = 36.67(\Omega)$$

33 盏电灯全部关联在电路中，等效电阻为

$$R_n''' = \frac{R_n'R_n''}{R_n'+R_n''} = \frac{44\times 36.67}{44+36.67} = 20(\Omega)$$

根据分压公式，可得每盏电灯的电压为

$$U_L = \frac{R_n'''}{2R_1+R_n'''}U = \frac{20}{22}\times 220 = 200(V)$$

每盏"220 V/100 W"的电灯的功率为

$$P_{L1} = \frac{U_L^2}{R} = \frac{200^2}{484} = 82.64(W)$$

每盏"220 V/60 W"的电灯的功率为

$$P_{L2} = \frac{U_L^2}{R'} = \frac{200^2}{806.67} = 50(W)$$

总电流为

$$I = \frac{U}{2R_1+R_n'''} = \frac{220}{22} = 10(A)$$

从上述例题可知，33 盏电灯全部打开时比仅打开 11 盏灯时加在电灯上的电压减小了，每盏灯上消耗的功率也减小了。因为 33 盏电灯全部打开时，负载增加了（电阻减小了），总电流增大了，在输电线上的电压降就大。这就是为什么用电高峰时（比如晚上七八点钟）的灯光比深夜时暗的原因。

在电工测量中，通常用并联电阻的方法来扩大电流表的量程。我们知道，电流表表头的满度电流很小，不能用来测量较大的电流。为了使它能测量较大的电流，可以合理选择一个分流电阻 R（使 $R < R_g$）并联在表头两端，R 将承担大部分被测电流，而通过表头的电流只是被测电流中很小的一部分，从而达到扩大量程的目的。分流电阻 R 越小，扩大的量程越大。

图 1-40(a)所示为单量程电流表电路示意图。如果要制成多量程电流表，并联不同分流电阻即可。图 1-40(b)所示为双量程电流表电路示意图。图中端子"—"为电流表的公共端。工作原理如下：当 I_1 和"—"端子与外电路连接时，表头内阻 R_g 与 R_1 串联后再与 R_2 分流，电流表的量程为 I_1；当 I_2 和"—"端子与外电路相连接时，表头内阻 R_g 与 R_1+R_2 分流，电流表量程为 I_2。同理，可制成多量程的电流表。

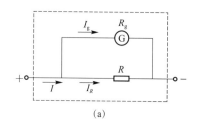
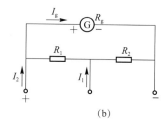

图 1-40 电流表
(a)单量程电流表；(b)双量程电流表

【例 1-16】 有一只微安表，满偏电流为 $I_g = 100\ \mu A$，内阻 $R_g = 1\ k\Omega$，要改装成量程为 $I = 100\ mA$ 的电流表，试求所需分流电阻 R。

解：分流电阻 R 上流过的电流为

$$I_R = I - I_g = (100 - 0.1) \times 10^{-3} = 99.9 \times 10^{-3} (\text{A})$$

分流电阻 R 上的电压为

$$U = I_g R_g = 0.1 \times 10^{-3} \times 1 \times 10^3 = 0.1 (\text{V})$$

分流电阻 R 为

$$R = \frac{U}{I_R} = \frac{0.1}{99.9} \times 10^3 = 0.001 (\text{k}\Omega) = 1 (\Omega)$$

因此，要使该电流表能测量 100 mA 的电流，需并联一只 1 Ω 的分流电阻。若表头参数仅内阻已知，可用如下公式

$$R = \frac{U}{I - I_g} = \frac{I_g R_g}{n I_g - I_g} = \frac{R_g}{n - 1} = 1 (\Omega)$$

即

$$R = \frac{R_g}{n - 1}$$

其中 $n = I/I_g$ 称为电流量程扩大倍数。

4）电阻混联电路

（1）电阻混联电路的定义。

既有电阻串联又有电阻并联的电路称为电阻混联电路。混联电路在实际工作和生活中有着广泛的应用。图 1-41 所示为两种电阻混联电路。

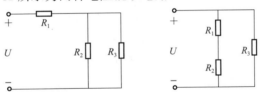

图 1-41 电阻混联电路

（2）逐步化简法。

逐步化简法是一种简单的方法，是将电阻混联电路中容易看清串、并联关系的部分首先进行等效，并逐步进行，最终等效成一个电阻。电阻混联电路的逐步化简法如图 1-42 所示。

【例 1-17】 如图 1-42(a)所示，已知 $R_1 = R_2 = 1$ Ω，$R_3 = 2$ Ω，$R_4 = 6$ Ω，$R_5 = 8$ Ω。求：(1)等效电阻 R_{AB}；(2)若端电压 $U = 18$ V，求 R_4 上的电压和电流。

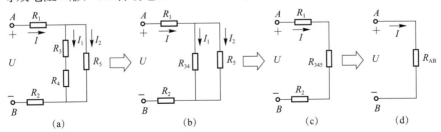

图 1-42 电阻混联电路的逐步化简法

解：（1）画出等效电路图 1-42(b)，电阻 R_3、R_4 串联，其等效电阻为

$$R_{34}=R_3+R_4=2+6=8(\Omega)$$

画出等效电路图 1-42(c)，电阻 R_{34} 和 R_5 并联，且阻值相等，其等效电阻为

$$R_{345}=\frac{R_5}{2}=4(\Omega)$$

画出等效电路图 1-42(d)，电阻 R_1、R_2、R_{345} 串联，其等效电阻为

$$R_{AB}=R_1+R_2+R_{345}=1+1+4=6(\Omega)$$

（2）求总电流

$$I=\frac{U}{R}=\frac{18}{6}=3(A)$$

因为 R_{34} 和 R_5 相等，所以 R_4 上的电流为 1.5 A。

R_4 上的电压为

$$U_4=I_1 R_4=1.5\times 6=9(V)$$

（3）等电位分析法。

分析计算电阻混联电路的关键是理清串、并联关系，将不易看清串、并联的电路加以规范，改画成串、并联关系清晰的电路，再按电阻串、并联关系，逐一将电路化简。弄清电路结构是解题的基础，下面具体介绍解电阻混联电路的等电位分析法。

a. 确定等电位点、标出相应的符号。导线的电阻和理想电流表的电阻可以忽略不计，可以认为导线和电流表连接的两点是等电位点。对等电位点标出相应的符号。

b. 画出串、并联关系清晰的等效电路图。由等电位点先确定电阻的连接关系，再画电路图。先画电阻最少的支路，再画次少的支路，从电路的一端画到另一端。

c. 求解。根据欧姆定律，电阻串联、并联的特点和电功率计算公式列出方程求解。

【例 1-18】 电阻混联电路的等电位分析法如图 1-43 所示，已知 $R=10\ \Omega$，电源电动势 $E=6\ V$，内阻 $r=0.5\ \Omega$，试求电路中的总电流 I。

解： 首先将图 1-43(a)所示的电路进行整理，理清电路中的电阻串、并联关系。由于短接线上没有电压降，A、C 是等电位点，B、D 是等电位点，因此 $U_{AB}=U_{AD}=U_{CB}=U_{CD}$。画出等效电路，如图 1-43(b)所示。

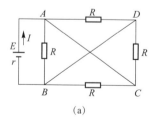
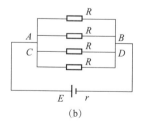

(a)　　　　　　　　　　　　(b)

图 1-43　电阻混联电路的等电位分析法

(a)电路图；(b)等效电路图

4 只电阻并联的等效电阻为

$$R_总=\frac{R}{4}=2.5(\Omega)$$

根据全电路欧姆定律，电路中的总电流为

$$I=\frac{E}{R+r}=\frac{6}{2.5+0.5}=2(A)$$

可见，当电路中有短接线时，适宜用等电位法分析电路。

由以上例题可知，混联电路计算的一般步骤如下：

(1)首先对电路进行等效变换，画出等效电路图。

(2)计算各电阻串联和并联的等效电阻，再计算电路总的等效电阻。

(3)由电路总的等效电阻和电路的端电压计算电路的总电流。

(4)根据电阻串联的分压关系和电阻并联的分流关系，逐步推算出各部分电压和电流。

总结提升

1. 导体对电流的阻碍作用称为电阻。电阻用符号 R 表示，单位为欧姆(Ω)。

2. 当温度一定时，金属导体的电阻与导体的长度成正比，与横截面积成反比，还与材料的导电性能有关，这个规律叫作电阻定律，即 $R=\rho\frac{L}{S}$。

3. 导体中电流 I 与它两端的电压 U 成正比，与它的电阻 R 成反比。这就是部分电路欧姆定律，即 $I=\frac{U}{R}$。全电路中的电流与电源的电动势 E 成正比，与电路的总电阻(外电路电阻 R 和内电路电阻 r_0 之和)成反比，称为全电路欧姆定律，即 $I=\frac{E}{R+r_0}$。

4. 把几个电阻依次连接起来，组成无分支的电路，叫作电阻串联电路。串联电路的特点是：串联电路中电流处处相等；串联电路两端的总电压等于各电阻的分电压之和；电路的总电阻等于各串联电阻之和；串联电路中各个电阻两端的电压与各个电阻的阻值成正比；串联电路中各个电阻所消耗的功率与各个电阻阻值成正比。

5. 把两个或两个以上的电阻并列地连接起来，电阻两端承受的是同一个电压的电路叫作电阻并联电路。并联电路的特点是：并联电路中各个电阻两端的电压相等；并联电路总电流等于各支路电流之和；并联电路总电阻的倒数等于各个电阻的倒数之和；并联电路中各个电阻消耗的功率和它的阻值成反比

6. 既有电阻串联又有电阻并联的电路叫作电阻混联电路。求解电阻混联电路的关键是将串、并联关系不易看清的电路逐步化简，使所画电路的串、并联关系清晰后再进行求解。

思考与练习

一、填空题

1. 部分电路欧姆定律表述为：在某段纯电阻电路中，电路中的电流 I 与电阻两端的电压 U 成_____，与电阻 R 成_____，其表达式为_____。

2. 全电路欧姆定律表述为：闭合电路中的电流与_____成正比，与电路的_____成反比，其表达式为_____。

3. 一根长 100 m，横截面积为 10 mm² 的铜导线，它的电阻是_____ Ω；若将它均匀拉长为原来的 2 倍，拉长后的阻值是_____ Ω。

4. 在一段导体两端加 2 V 电压时，通过它的电流强度是 0.4 A，这段导体的电阻是_____ Ω；如果在它两端不加电压，通过它的电流强度是_____ A，这段导体的电阻是_____ Ω。

5. 在电阻串联电路中，电流_____。电路的总电压与分电压的关系为_____。电路的等效电阻与分电阻的关系为_____。

6. 两个电阻串联，$R_1:R_2=1:2$，总电压为 60 V，则 U_1 的大小为_____。

7. 有两个电阻，当它们串联时总电阻为 10 Ω，当它们并联时总电阻为 2.4 Ω，这两个电阻分别是_____ Ω 和_____ Ω。

8. 两电阻并联，$R_1:R_2=3:4$，电流 I_1 比 I_2 大 4 A，则 I_1 为_____。

9. 两电阻 R_1、R_2 并联，$R_1:R_2=2:3$，在关联参考方向下，两电阻上电流 I_1 和 I_2 之比为_____。

二、问答题

1. 在温度一定的情况下，导体电阻的大小由哪些因素决定？写出导体电阻的表达式。

2. 伏安特性曲线是一条经过坐标原点的曲线时，该元件是否为线性元件？非线性电阻元件的电压和电流之间是否符合欧姆定律？

3. 当开关都闭合时，画出图 1-44 中各电路中的电流方向，并判定各灯之间的连接方式。

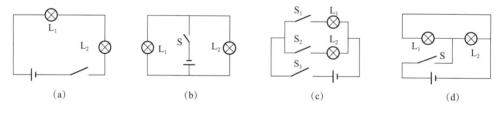

图 1-44　问答题 3 图

4. 当开关都闭合时判定图 1-45 电路中哪些灯亮，哪些灯不亮。

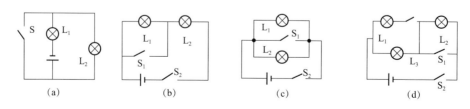

图 1-45　问答题 4 图

5. 图 1-46 中各电路图是否正确？如果不正确请指出错误原因。

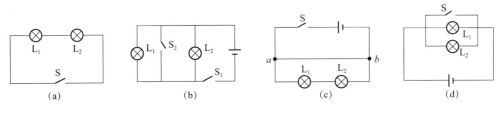

图 1-46　问答题 5 图

6. 根据图 1-47 中的实物图，画出电路图。

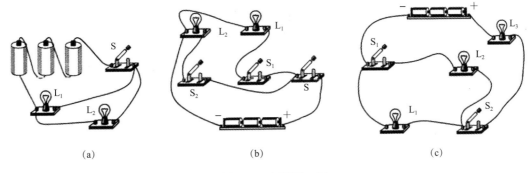

图 1-47　问答题 6 图

7. 用笔画线代替导线，根据图 1-48(a) 的电路图连接图 1-49(b) 的实物图。

8. 如图 1-49 所示，①当只闭合开关 S_1 时，发光的灯是（　　），它们是（　　）联的；②当只闭合开关 S_2 时，发光的灯是（　　），它们是（　　）联的；③当只闭合开关 S_3 时，发光的灯是（　　），它们是（　　）联的；④当只闭合开关 S_1、S_3 时，发光的灯是（　　），它们是（　　）联的；⑤当同时闭合开关 S_1、S_2、S_3 时，发光的灯是（　　），它们是（　　）联的。

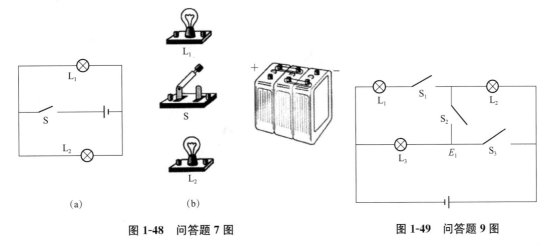

图 1-48　问答题 7 图　　　　　　　图 1-49　问答题 9 图

9. 如图 1-50 所示电路中，电压表 V_1 示数为 2.5 V，电压表 V_2 的示数为 3.8 V，则电压表 V 的示数应为_____V。

10. 如图 1-51 所示是一位同学连接的电路，他要测量 L_1 两端的电压，问电路中有几处错误？请在图上用铅笔改过来，并画出电路图。

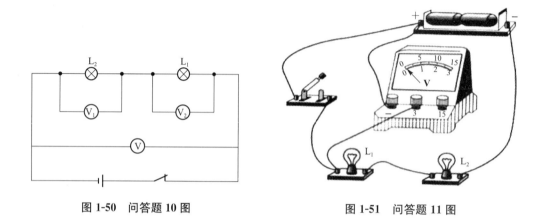

图 1-50　问答题 10 图　　　　　图 1-51　问答题 11 图

三、计算题

1. 一铜线绕成的线圈，15 ℃时阻值为 20 Ω，30 ℃时线圈的阻值为多少欧？（铜的温度系数 $\alpha=0.004$ ℃$^{-1}$）

2. 已知某电源的电动势 $E=1.65$ V，在电源两端上接一个 $R=5$ Ω 的电阻，测得电阻中的电流 $I=300$ mA，求电阻两端的电压和电源的内阻。

3. 如图 1-52 所示电路，已知 $R_1=14$ Ω，$R_2=9$ Ω，当开关处于位置 1 时，安培表读数为 0.2 A，当开关处于位置 2 时，安培表读数为 0.3 A，求电源的电动势和内电阻。

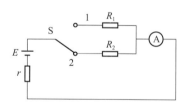

图 1-52　计算题 3 图

4. 有 1 Ω、4 Ω、6 Ω、9 Ω 的 4 个电阻串联，其等效电阻是多少？

5. 有 4 Ω、8 Ω、12 Ω 的 3 个电阻并联，其等效电阻是多少？

6. 需要 1 个 600 Ω 的电阻，然而手边只有 300 Ω、200 Ω、100 Ω 的电阻若干个，应该怎么办？

7. 有 3 个电阻 R_1、R_2、R_3，阻值都是 3 Ω，试画出 3 个电阻的 4 种连接方法，并计算 4 种连接方法下的等效电阻。

8. 利用若干 30 Ω 和 50 Ω 的电阻，用电阻的串联、并联或混联的方法，分别得到 80 Ω、25 Ω、40 Ω 和 60 Ω 的电阻值，并用连接图表示出来。

拓展阅读

欧 姆

欧姆(见图 1-53),全名为乔治·西蒙·欧姆(Georg Simon Ohm,1789—1854),生于德国埃尔朗根城,父亲是个锁匠。欧姆的父亲自学了数学和物理方面的知识,并教给少年时期的欧姆,唤起了欧姆对科学的兴趣。16 岁时他进入埃尔朗根纽伦堡大学研究数学、物理和哲学,由于经济困难,中途辍学,到 1813 年才完成博士学业。

图 1-53 欧姆

技能操作

测量电阻

在实训老师的指导下,根据电阻色环标记读出电阻标称阻值及允许偏差,然后用万用表测量其实际数值。

实训器材:指针式万用表 1 块,不同阻值的色环电阻 5 个。

实训内容:测量电阻时,将红、黑表笔分别接在"+"与"COM"的插孔上,然后选择量程,将转换开关旋动至"Ω"挡中合适位置,最后将表笔跨接在被测电阻两端,电阻的识读与检测如图 1-54 所示。需要注意的是,图 1-54(a)所示为错误接法,如果持电阻时手指接触电阻两端,则会因为人体电阻并联在被测电阻上,导致测量出现误差,正确接法如图 1-54(b)所示。

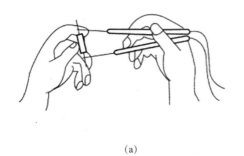
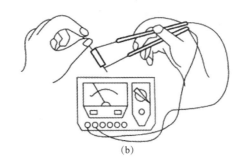

(a)　　　　　　　　　　　　(b)

图 1-54 电阻的识读与检测
(a)错误接法;(b)正确接法

万用表电阻挡的读数应从右向左读,测量值为读数和量程的乘积。测量后,将实际数值记录下来填入表 1-6 中,并与电阻标称阻值对照。

项目一　直流电路基础知识

表 1-6　电阻的识读与检测

序号	色环标记	标称阻值	允许偏差	测量值
1				
2				
3				
4				
5				

任务四　基尔霍夫定律及应用

学习目标

【知识目标】
◎理解支路、节点、回路、网孔等基本概念。
◎掌握基尔霍夫两定律所阐述的内容。
◎应用基尔霍夫两定律进行计算。

【技能目标】
◎能够利用基尔霍夫定律分析电路。

实例引入

1847 年，德国著名科学家基尔霍夫通过大量的实验，发现了电路中的两个重要定律，即基尔霍夫电流定律和基尔霍夫电压定律，为我们解决电路，特别是解决复杂电路中的问题提供了有力的理论依据。

实例分析

在实际电子电路中，常会遇到大量的复杂电路，它们不能直接运用电阻串、并联的计算方法来分析电路。这种不能用串、并联分析方法化简成无分支单回路的电路，叫作复杂电路。图 1-55 就是一个复杂电路。复杂电路的解决方法很多，但它们都以欧姆定律和基尔霍夫定律为依据。基尔霍夫定律具有普遍性，既适用于直流电路，也适用于交流电路，同时还适用于含有电子元器件的非线性电路。

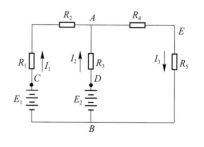

图 1-55　复杂电路

任务四 基尔霍夫定律及应用

必备知识

在讨论基尔霍夫定律之前，先介绍电路中几个常用的名词术语。

(1) 支路。由一个或几个元件首尾相接构成的无分支电路称为支路。在同一条支路中电流处处相等。在图1-55所示电路中，该电路共有3条支路，即ACB支路、ADB支路、AEB支路，其中ACB支路、ADB支路中含有电源，这两条支路称为有源支路，AEB支路中不含电源，故这条支路称为无源支路。

(2) 节点。3条或3条以上支路的连接点称为节点。在图1-55所示电路中，有A、B两个节点。

(3) 回路。电路中的任何一条闭合路径都称为回路。在图1-55所示的电路中，有ACBDA回路、ADBEA回路和ACBEA回路。

(4) 网孔。中间无支路穿过的回路称为网孔，如图1-55所示电路的ACBDA回路、ADBEA回路都是网孔。可见，网孔是不能再分的回路。

一、基尔霍夫电流定律（KCL 定律）

基尔霍夫电流定律也叫作节点电流定律、基尔霍夫第一定律，它研究的是通过某一节点的各支路电流之间的关系。根据电流连续性原理，任何节点上都不可能有电荷的积累，所以在任何时刻流入节点的电流之和一定等于流出节点的电流之和，即

$$\sum I_\text{入} = \sum I_\text{出} \tag{1-24}$$

在图1-56所示假设的电流参考方向下，对于节点A，可得5条支路电流的关系为

$$I_1 + I_3 = I_2 + I_4 + I_5$$

通常规定流入节点的电流为正电流，流出节点的电流为负电流，则基尔霍夫电流定律也可以写成

$$\sum I = 0 \tag{1-25}$$

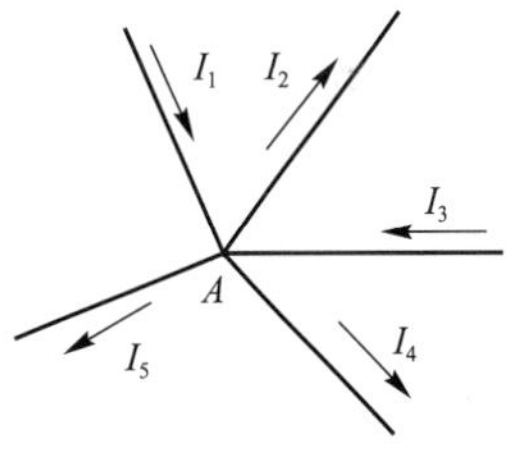

图1-56 电流定律举例说明

因此，对于图1-56中节点A，有

$$I_1 + I_3 - I_2 - I_4 - I_5 = 0$$

上式表明，任何时刻，在电路的任一节点上，所有支路的电流代数和为零，这就是基尔霍夫电流定律。显然，以上两个公式是同一定律的两种形式。

基尔霍夫电流定律不仅适用于节点，也可以推广应用于任何一个假想封闭面S，S被称为广义节点（见图1-57），即通过任一封闭面的电流代数和为零。在图1-57(a)中，虚线围成的封闭面S被看作是一个广义节点，运用基尔霍夫电流定律，有$I_1 + I_2 - I_3 = 0$。在图1-57(b)中，广义节点的电流方程为$I_B + I_C - I_E = 0$。

实际上，电路和电源总是通过两根导线相连接的，如图1-58所示。假设电路B为封闭面S，运用基尔霍夫电流定律可知，流过两根导线的电流必然相等。当一根导线被切断

时，另一根导线中的电流一定为零。

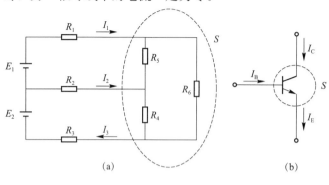

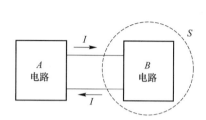

图 1-57 广义节点
(a)电阻构成的广义节点；(b)三极管构成的广义节点

图 1-58 两电路间电流关系

重要提示：

只能对流过同一节点(包括广义节点)的各支路电流列节点电流方程，列节点电流方程时，首先假设未知电流的参考方向，并且标注在电路图上。若计算结果为正值，表明该支路电流实际方向与参考方向相同；若计算结果为负值，表明该支路电流实际方向与参考方向相反。

【**例 1-19**】 如图 1-59 所示电桥电路，已知 R_1 上电流 $I_1=40$ mA，R_2 上电流 $I_2=15$ mA，R_3 上电流 $I_3=5$ mA，求其余电阻上的电流。

解： 先任意标定未知电流 I_4、I_5、I_6 的参考方向，如图 1-59 中箭头所示。

在节点 a 应用基尔霍夫电流定律，列节点电流方程为
$$I_1=I_2+I_4$$
求出 $I_4=I_1-I_2=40-15=25$(mA)(电流方向如图)

同理，在节点 d、c 应用基尔霍夫电流定律，列节点电流方程为：

对于节点 d 有　　　　　　　　$I_2+I_5=I_3$

对于节点 c 有　　　　　　　　$I_3=I_1+I_6$

于是可得

$$I_5=I_3-I_2=5-15=-10\text{(mA)}$$
$$I_6=I_3-I_1=5-40=-35\text{(mA)}$$

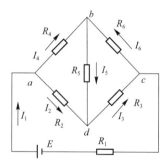

图 1-59 例 1-19 图

I_5、I_6 的实际电流方向与参考方向相反。

二、基尔霍夫电压定律(KVL 定律)

基尔霍夫电压定律又叫作回路电压定律、基尔霍夫第二定律，它说明一个闭合回路中各部分电压间的关系。它指出：在任一时刻，对任一闭合回路，各段电压的代数和等于

零，即
$$\sum U = 0$$

图1-60为某一复杂电路中的一个闭合回路，先对回路任意指定一个绕行方向，如图中虚线箭头所示。凡元件的电压参考方向与绕行方向一致（电阻电压的参考方向从"＋"极到"－"极）时，该电压取"＋"，反之取"－"。根据基尔霍夫电压定律，可得

$$U_{AB}+U_{BC}+U_{CD}+U_{DE}=0$$

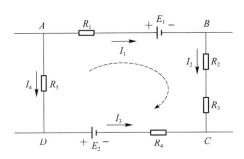

图1-60　某一复杂电路中的一个闭合回路

其中
$$U_{AB}=I_1 R_1 + E_1$$

代入得回路电压方程为
$$E_1+I_1 R_1+I_2 R_2+I_2 R_3-I_3 R_4-E_2-I_4 R_5=0$$

因此，列回路电压方程的步骤如下：

(1)任意假设各支路电流的参考方向和回路的绕行方向。

(2)确定电阻电压降的符号。当电流的参考方向与选定的绕行方向相同时，电阻压降取正值，反之取负值。

(3)确定电源电动势的符号。通常把电动势当作电压来处理，当选定的绕行方向与电动势的方向（由电源负极指向电源正极）相反时，电动势取正值，反之取负值。

基尔霍夫电压定律可推广用于不闭合的假想回路，将不闭合的两端点间电压列入回路电压方程。图1-61所示为某个电路的一部分，a、b为两个端点，端电压为U_{ab}（参考方向如图所示），对假想回路$adcba$列回路电压方程，得

$$I_1 R_1+E_1+E_2-I_2 R_2+I_3 R_3-U_{ab}=0$$

图1-61　基尔霍夫电压定律在不闭合电路中的应用

【例1-20】 如图1-62所示电路，应用基尔霍夫电压定律列出回路电压方程，并列出电压U的表达式。

解：应用基尔霍夫电压定律得

$$U+IR-E=0$$

同时，可以求得电路中任意两点之间的电压U和电路中的电流I，即

$$U=E-IR$$

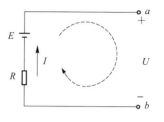

图1-62 例1-20图

【例1-21】 在图1-63所示的电桥电路中，已知$I_1=25$ mA，$I_3=16$ mA，$I_4=12$ mA，求其余各支路中的电流值。

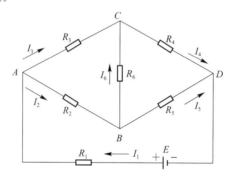

图1-63 例1-21图

解：任意标出未知电流I_2、I_5和I_6的参考方向，如图所示。应用基尔霍夫电流定律，在节点A列出电流方程为

$$I_1-I_2-I_3=0$$

可求出

$$I_2=I_1-I_3=25-16=9(\text{mA})$$

应用基尔霍夫电流定律，分别在节点B及节点C列出节点电流方程为

$$I_2-I_5-I_6=0$$
$$I_3-I_4+I_6=0$$

可以求出

$$I_6=I_4-I_3=12-16=-4(\text{mA})$$

则

$$I_5=I_2-I_6=9-(-4)=13(\text{mA})$$

解出I_6为负值，表明I_6的实际方向与标出的参考方向相反。

三、基尔霍夫定律的应用

基尔霍夫定律是电路的基本定律之一，它阐明了电路中各支路电流之间和回路中各电压之间的基本关系，不仅适用于复杂直流电路，同样适用于交流电路。这里介绍一种应用基尔霍夫定律求解各支路电流的方法，称为支路电流法。

以支路电流为未知量，应用基尔霍夫定律列出节点电流方程和回路电压方程，组成方程组求解各支路电流的方法叫作支路电流法，它是应用基尔霍夫定律解题的基本方法。

应用支路电流法求各支路电流的步骤如下：

(1) 任意标出各支路电流的参考方向和网孔回路的绕行方向（网孔绕行方向要保持一致，均为顺时针方向或均为逆时针方向）。

(2) 根据基尔霍夫电流定律列出独立节点的节点电流方程。要注意的是，如果电路有 n 个节点，可以列出 $(n-1)$ 个独立的节点电流方程。

(3) 根据基尔霍夫电压定律列出独立回路的回路电压方程。为保证方程的独立，一般选择网孔来列回路电压方程。

(4) 代入已知数，解联立方程组求出各支路电流。

图 1-64 所示为三支路、三回路、两个节点、两个网孔的复杂电路。根据基尔霍夫电流定律可列节点电流方程。

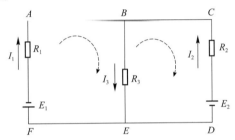

图 1-64 三支路、三回路、两个节点、两个网孔的复杂电路

对于节点 B，有节点电流方程
$$I_1 + I_2 = I_3$$

对于节点 E，有节点电流方程
$$I_3 = I_1 + I_2$$

可见，以上两个方程完全相同。因此，两个节点只有一个独立的节点电流方程。可以证明，n 个节点只能列 $(n-1)$ 个独立的节点电流方程。

总共需求三条支路电流，用数学中列方程求未知量的方法，需联立三个独立方程式。已列了一个节点电流方程，另外两个方程由基尔霍夫电压定律列回路电压方程得到。

ABEFA 回路的电压方程为
$$I_1 R_1 + I_3 R_3 + E_1 = 0$$

BCDEB 回路的电压方程为
$$-I_2 R_2 + E_2 - I_3 R_3 = 0$$

联立三个方程
$$\begin{cases} I_3 = I_1 + I_2 \\ I_1 R_1 + I_3 R_3 + E_1 = 0 \\ -I_2 R_2 + E_2 - I_3 R_3 = 0 \end{cases}$$

即可解得各支路电流。

【例 1-22】 如图 1-65 所示电路中，已知 $E_1=130$ V，$E_2=117$ V，$R_1=1$ Ω，$R_2=0.6$ Ω，$R_3=24$ Ω。求各支路电流 I_1、I_2、I_3 的值。

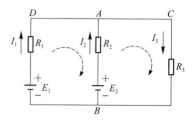

图 1-65　例 1-22 图

解：(1)选定的各支路电流参考方向及回路绕行方向如图 1-65 所示。

(2)电路中只有两个节点 A 和 B，只能列一个独立的节点电流方程，对于节点 A，可列出节点电流方程为

$$I_1 + I_2 - I_3 = 0$$

(3)根据基尔霍夫第二定律，可列出两个网孔的回路电压方程。

$ABDA$ 回路的电压方程为

$$R_1 I_1 - R_2 I_2 - E_1 + E_2 = 0$$

$ACBA$ 回路的电压方程为

$$R_2 I_2 + R_3 I_3 - E_2 = 0$$

(4)代入已知数解联立方程组

$$\begin{cases} I_1 + I_2 - I_3 = 0 \\ I_1 - 0.6 I_2 - 130 + 117 = 0 \\ 0.6 I_2 + 24 I_3 = 117 \end{cases}$$

整理后的方程组为

$$\begin{cases} I_1 + I_2 - I_3 = 0 \\ I_1 - 0.6 I_2 = 13 \\ 0.6 I_2 + 24 I_3 = 117 \end{cases}$$

解得

$$I_1 = 10 (\text{A}) \qquad I_2 = -5 (\text{A}) \qquad I_3 = 5 (\text{A})$$

I_1、I_3 为正值，说明电流实际方向与标明的参考方向相同；I_2 为负值，说明电流的实际方向与标明的参考方向相反。

总结提升

1. 确定节点、支路、回路和网孔的概念。

2. 在任何时刻流入节点的电流之和等于流出该节点的电流之和，即 $\sum I_入 = \sum I_出$，这就是基尔霍夫电流定律。基尔霍夫电流定律不仅适用于节点，也可以推广应用于任何一个假想的封闭面，即广义节点。

3. 在任一时刻，对任一闭合回路，各段电压的代数和等于零，即 $\sum U = 0$，这就是基尔霍夫电压定律。基尔霍夫电压定律可推广用于不闭合的假想回路，将不闭合的两端点间电压列入回路电压方程即可。

4. 以支路电流为未知量，应用基尔霍夫定律列出节点电流方程和回路电压方程，

组成方程组求解各支路电流的方法叫支路电流法。它是应用基尔霍夫定律解题的基本方法。

思考与练习

一、填空题

1. 同一支路中流经各元件的电流_____。
2. 应用基尔霍夫定律计算出某支路电流是正值，表明该支路电流的_____方向与_____方向相同；支路电流为负值时，表明_____。
3. 基尔霍夫第一定律又叫作_____定律，其数学表达式为_____。
4. 基尔霍夫第二定律又叫作_____定律，其数学表达式为_____。

二、判断题

1. 电路中任一节点流入电流之和一定等于流出电流之和。（　　）
2. 电路中的回路一定是网孔。（　　）

三、计算题

1. 电路如图 1-66 所示，试计算电流 I_1。

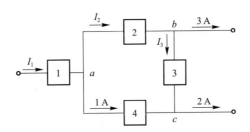

图 1-66　计算题 1 图

2. 如图 1-67 所示电路，已知 $I_1 = 7$ A，$I_2 = 4$ A，$I_3 = 6$ A，$I_6 = 5$ A，试求流过 R_4、R_5 的电流值。

3. 图 1-68 所示为某复杂电路中的一个闭合回路，根据基尔霍夫第二定律写出回路电压方程。

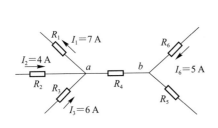

图 1-67　计算题 2 图

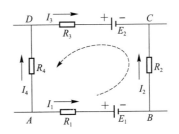

图 1-68　计算题 3 图

4. 如图 1-69 所示电路，列出各网孔的回路电压方程。

5. 如图 1-70 所示，已知 $E=12$ V，$R_1=6$ Ω，$R_2=4$ Ω，$R_3=3$ Ω，求各电路中的电流值。

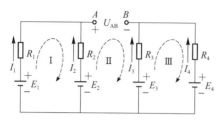

图 1-69　计算题 4 图

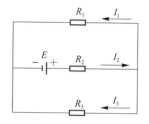

图 1-70　计算题 5 图

拓展阅读

基尔霍夫

基尔霍夫（见图 1-71），全名为古斯塔夫·罗伯特·基尔霍夫(Gustav Robert kirchhoff，1824—1887)，德国物理学家，1824 年 3 月 12 日出生于普鲁士的柯尼斯堡（今为俄罗斯加里宁格勒），21 岁时他发表了第一篇论文，提出了稳恒电路网络中电流、电压、电阻关系的两条电路定律，即著名的基尔霍夫电流定律(KCL)和基尔霍夫电压定律(KVL)，发展了欧姆定律，解决了电器设计中电路方面的难题。

图 1-71　基尔霍夫

基尔霍夫主要从事光谱、辐射和电学方面的研究，1859 年他发明了分光仪，并与化学家 R.W. 本生共同创立了光谱分析法，并用此法发明了元素铯和铷。他将光谱分析法应用于太阳的组成上，将太阳光谱与地球上的几种元素的光谱相比较，从而发现太阳上有许多地球上常见的元素，如钠、镁、铜、锌、钡、镍等。基尔霍夫著有《理论物理学讲义》《光谱化学分析》等。

技能操作

基尔霍夫定律的验证

分析图 1-72 所示电路，写出节点 A 的各电流的代数和，并在表 1-7 中写出图中各段电路的电压表达式。

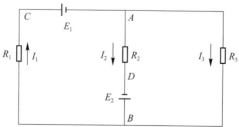

图 1-72　电路

流经节点 A 的各电流的代数和 $\sum I =$ _____。

表 1-7 各段电路电压表达式

项目	表达式
U_{AD}	
U_{DB}	
U_{BC}	
U_{CA}	
U_{AR_3B}	

复习题

一、填空题

1. 电路由四部分组成，分别为_____、_____、_____、_____；电路有三种工作状态，分别是_____、_____、_____。

2. 汽车电路主要由_____、_____两部分组成，汽车电路的特点是_____、_____、_____、_____；汽油车一般采用_____ V 电压，重型柴油车采用_____ V 电压。

3. 把 $q = 3.0 \times 10^{-8}$ C 的电荷从电场中的 A 点移到电位 $V_B = 14$ V 的 B 点，电场力做 3×10^{-8} J 负功，那么 AB 间的电压 $U_{AB} =$ _____，A 点电位 $V_A =$ _____；若将电荷从 A 点移到 C 点电场力做 9×10^{-8} J 的正功，则 C 点电位 $V_C =$ _____，$U_{BC} =$ _____。

4. 电压是_____值，它的大小与参考点选择_____；电位是_____值，它的大小与参考点的选择_____。日常交流电的电压是_____ V，工业电压是_____ V，在干燥环境中，对人体安全的电压是_____ V。

5. 在一段导体两端加 4.2 V 电压时，通过它的电流强度是 0.2 A，这段导体的电阻是_____ Ω；如果在它两端不加电压，通过它的电流强度是_____ A，这段导体的电阻是_____ Ω。

6. 额定功率为 1 600 W 的电热水器，在 220 V 额定电压下使用，10 min 产生_____ J 的热量。

7. 在一批电阻中，有的色环为红绿橙金，其阻值为_____ Ω；有的为棕红橙金，则其阻值为_____ Ω；有的为棕红红红棕，其阻值为_____ Ω；有的为贴片电阻，标示值为 103，其阻值为_____ Ω；有的标示值为 6R8，其阻值为_____ Ω。

8. 在一日常交流电路中，已知电路的日常有效电压为 220 V，用电器的额定电功率为 60 W，则该用电器正常工作时流过它本身的电流为_____ A，频率为_____ Hz。

项目一 直流电路基础知识

二、判断题

1. 完整的电路通常都是由电源、传输导线、控制电器和负载四部分组成的。（　）
2. 从定义上讲，电位和电压相似，电位改变电压也跟着改变。（　）
3. 阻值大的电阻一定较阻值小的电阻流过的电流小。（　）
4. 线性电阻两端电压为 10 V，电阻值为 100 Ω，当电压升至 20 V 时，电阻值将为 200 Ω。（　）
5. 导体的长度和横截面积都增大一倍，其电阻值不变。（　）
6. 导体的电阻与导体的温度有关，一般金属材料的电阻是随温度的升高而增加的。（　）
7. 沿顺时针和逆时针列写基尔霍夫电压定律方程，其结果是相同的。（　）
8. 在任一瞬间，任一闭合回路沿绕行方向各部分电压的代数和为零，这是基尔霍夫电流定律。（　）
9. 基尔霍夫电压定律也适用于假想封闭面。（　）
10. 在任何闭合的直流电路中，流入电路的电流等于流出电路的电流。（　）
11. 蓄电池的放电过程就是一个内部化学能的转化过程。（　）
12. 汽车电路一般由电源、负载、导线和控制装置四部分组成。（　）

三、选择题

1. 通常电工术语"负载大小"是指（　）。
   A. 等效电阻　　B. 实际电功率　　C. 实际电压　　D. 负载电流
2. 下列元件不能直接接在电源两端的是（　）。
   A. 用电器　　B. 电压表　　C. 电流表　　D. 电阻器
3. 阻值不随外加电压或电流的大小而改变的电阻叫（　）。
   A. 热敏电阻　　B. 可变电阻　　C. 线性电阻　　D. 非线性电阻
4. 电阻 $R_1=200$ Ω，$R_2=200$ Ω，并联后的总电阻为（　）。
   A. 150 Ω　　B. 200 Ω　　C. 400 Ω　　D. 100 Ω
5. 电路中，电源内电阻端电压为零时的电路状态为（　）。
   A. 通路　　B. 开路　　C. 短路　　D. 空载
6. 关于电流的方向下列说法正确的是：（　）。
   A. 人们习惯上以正电荷运动方向为电流的实际方向
   B. 人们习惯上以正电荷的运动方向作为电流的正方向
   C. 在金属导体中，实际电流的方向就是电子的运动方向
   D. 电流的正方向必须与电流的实际方向一致
7. 电源电动势在数值上与（　）相等。
   A. 端电压
   B. 电源两端的开路电压
   C. 电压正负极间的电位数
   D. A 或 B 或 C
8. 电位的正确概念是：（　）。
   A. 电场力移动单位正电荷所做的功
   B. 电源力移动单位正电荷所做的功

C. 电源力单位时间移动电荷所做的功

D. 电场力把单位正电荷从某点移到参考点所做的功

9. 用来衡量电场力对电荷做功能力的物理量是( )。

   A. 电压   B. 电动势   C. 电位   D. 电流

10. 电压的方向规定为( )即为( )的方向。

   A. 由高电位端指向低电位端/电位降低

   B. 由低电位端指向高电位端/电位升高

   C. 由高电位端指向低电位端/电位升高

   D. 由低电位端指向高电位端/电位降低

11. 100 W/220 V 的灯泡, 其额定电流和等效电阻为( )。

   A. 0.2 A 和 110 Ω   B. 0.45 A 和 484 Ω

   C. 0.9 A 和 484 Ω   D. 0.45 A 和 242 Ω

12. 有额定值为 5 W/500 Ω 的电阻, 其额定电流及使用时电压不得超过( )。

   A. 0.01 A/5 V   B. 0.1 A/50 V   C. 1 A/500 V   D. 1 A/50 V

13. 电动势 $E=10$ V, 内阻 $R_0=1$ Ω 的电源, 发生短路时, 其电流和功率分别为( )。

   A. 10 A/10 W   B. 10 A/100 W   C. 0 A/0 W   D. 10 A/0 W

14. 电源开路电压为 12 V, 短路电流是 30 A, 则内阻为( ), 短路时, 电压产生的电功率是( )。

   A. 0.4 Ω/360 W   B. 0.4 Ω/12 W   C. 0.25 Ω/360 W   D. 30 Ω/12 W

15. 某导体两端电压为 10 V, 通过的电流为 1 A, 当两端电压降为 50 V 时, 导体的电阻应为( )Ω。

   A. 10   B. 15   C. 50   D. 0

16. 基尔霍夫第一定律: 在电路中, 如果好几根导线连接在一个节点上, 则流进节点的总电流( )流出节点的总电流。

   A. 大于   B. 小于   C. 等于   D. 无关

17. 全电路欧姆定律是根据( )推出的。

   A. 欧姆定律   B. 基尔霍夫第一定律

   C. 基尔霍夫第二定律   D. 能量守恒定律

18. 基尔霍夫第一定律的表达式为( )

   A. $\sum I = 0$ B. $\sum E = \sum IR$

   C. $I=E/(R+r)$ D. $I=U/R$

19. 基尔霍夫第一定律的依据是( )

   A. 欧姆定律   B. 全电流定律

   C. 法拉第定律   D. 电荷守恒定律

20. 设定电路中各支路电流方向如图 1-73 所示, 那么 I_1 的电流应为( )。

   A. 5 A   B. −5 A

   C. 1 A   D. −1 A

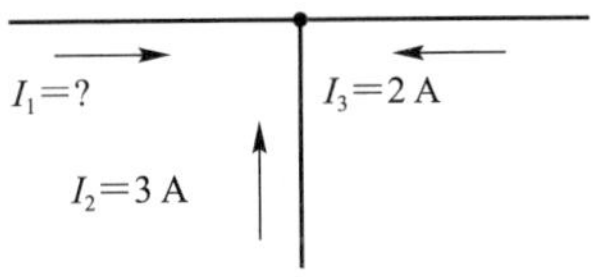

图 1-73 选择题 20 图

四、简答题

1. 在汽车电路中，什么叫负极搭铁，它有什么优点？
2. 简述色环电阻各色环代表的数字及五环电阻的读法。

五、计算题

1. 已知某电源的电动势 $E=5$ V，在电源两端上接一个 $R=6$ Ω 的电阻，测得电阻中的电流 $I=400$ mA，求：电阻两端的电压和电源的内阻。

2. 利用若干 40 Ω 和 60 Ω 的电阻，用电阻的串联、并联或混联的方法，分别得到 100 Ω、24 Ω、40 Ω 和 60 Ω 的电阻值，并用连接图表示出来。

3. 如图 1-74 所示，电源电动势 $E_1=E_2=12$ V，内电阻不计，$R_1=R_2=R_3=6$ Ω，求 A、B 两点间的电压。

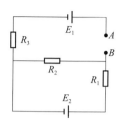

图 1-74　计算题 3 图

项目二
电容器与电感器

电容器(简称电容)和电感器(简称电感)是电路中除电阻外最常用的元件。电容器是一种能够储存和释放电场能量的理想元件；电感器是一种能够储存和释放磁场能量的理想元件，它们在电子产品和动力设备中有着广泛的应用。在汽车电路中，电容器主要应用在传统点火系统以及转向灯闪光器中，电感器主要应用在点火线圈、电磁阀和滤波电路中。本项目主要介绍电容器与电感器的基本概念和基本特性。

任务一　电容的基础知识

学习目标

【知识目标】
◎ 了解电容器的概念及基本特征。
◎ 了解电容器的主要参数。

【技能目标】
◎ 能够识别常用的电容器。
◎ 能够用万用表判断电容器好坏。

实例引入

在家用电器中，收音机的选台(调谐)，洗衣机、电风扇、空调电动机的起动和运行，都离不开电容器。图 2-1 为电风扇起动电容器。

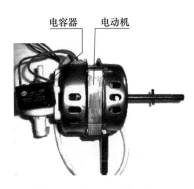

图 2-1　电风扇起动电容器

项目二 电容器与电感器

实例分析

电容器的种类很多，不同种类的电容器的性能、用途不同；而同一种类的电容器也有许多不同的规格和用途。在电子技术中，电容器常用于滤波、耦合、移相、选频等；在电力系统中，电容器可以用于电动机的起动与运行以及提高电力系统的功率因数。要合理选用电容器，就必须对电容器的参数和种类有充分的了解。

必备知识

一、电容器

两个相距很近的导体中间用绝缘物质隔开就构成了电容器（简称电容），用符号 C 表示。组成电容器的两个导体叫作极板，中间的绝缘物质叫作电容器介质（电介质），电容器的结构如图 2-2 所示。

电容器最基本的特性是能够储存电荷，即电容器是储能元件。把一个原来不带电的电容器的两个极板分别接到电源 E 的正、负极上，电容器的两极板间便有了电压 U。电容器的充电和放电如图 2-3 所示，在电场力的作用下，自由电子定向运动，使 A 极板带有正电荷，B 极板带有等量的负电荷，此过程称为电容器的充电，如图 2-3（a）所示。电荷的移动一直到两极板的电压与电源的电动势相等为止。这样，在两个极板间的介质中建立了电场，电容器存储了一定量的电荷和电场能量。

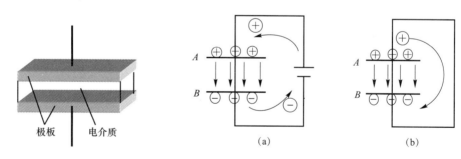

图 2-2 电容器的结构　　　图 2-3 电容器的充电和放电
　　　　　　　　　　　　　　（a）充电；（b）放电

电容器的基本作用除了充电外，还有放电。现在我们将充电后的电容器直接用导线短接，则极板上的正、负电荷便会相互中和，电容器恢复不带电的状态，此过程称为电容器的放电，如图 2-3（b）所示。

电容器的种类很多，常见的电容器外形如图 2-4 所示。

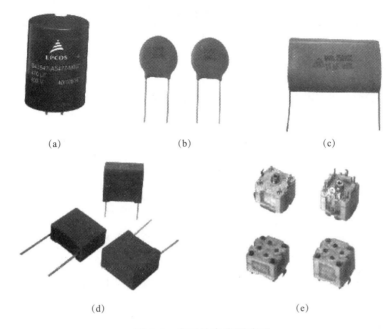

图 2-4 常见的电容器外形

(a)电解电容器；(b)陶瓷电容器；(c)云母电容器；(d)薄膜电容器；(e)可变电容器

二、电容的概念

电容器两极板上所储存的电荷随着外接电源电压的增高而增加。对于某一个电容器而言，其中任意一个极板所储存的电荷量，与两个极板间电压的比值是一个常数，但对于不同的电容器，这一比值则不同，因此，常用这一比值来表示电容器存储电荷的本领。如果电容器两极板间的电压为 U 时，电容器任意一极板所带电荷量是 Q，那么 Q 与 U 的比值就叫作电容器的电容量(简称电容)，用字母 C 表示，即

$$C=\frac{Q}{U} \tag{2-1}$$

式中　C——电容器的电容量，单位是法拉，符号为 F；

Q——一个极板上的电荷量，单位是库仑，符号为 C；

U——两极板间的电压，单位是伏特，符号为 V。

如果加在电容器两个极板间的电压是 1 V，每个极板储存的电荷量是 1 C 时，则电容器的电容量是 1 F。

在实际应用中，法拉(F)的单位太大，常使用较小的单位，有毫法(mF)、微法(μF)、纳法(nF)和皮法(pF)，它们之间的换算关系是：

1 法拉(F)＝1 000 毫法(mF)＝1 000 000 微法(μF)

1 微法(μF)＝1 000 纳法(nF)＝1 000 000 皮法(pF)

其中，微法(μF)和皮法(pF)应用最多。

电容器的图形符号如表 2-1 所示。

表 2-1　电容器的图形符号

名称	电容器	电解电容器		半可变电容器	可变电容器	双联电容器
图形符号		有极性	无极性			

重要提示：电容大小是电容器的固有特性，与外界环境无关。习惯上，将电容器简称为电容，所以符号 C 具有双重意义，它既代表电容器元件，也代表电容器的参数电容量。

【**例 2-1**】 将 4.7 μF 的电容器接到 1 000 V 的直流电源上，充电结束后，求电容器极板上储存的电荷量。

解：根据电容的定义式

$$C=\frac{Q}{U}$$

得

$$Q=CU$$

将 $C=4.7$ μF$=4.7\times10^{-6}$ F，$U=1\,000$ V$=10^3$ V 代入上式中，得

$$Q=4.7\times10^{-6}\times10^3=4.7\times10^{-3}\,(C)$$

故电容器极板上储存的电荷量为 4.7×10^{-3} C。

三、平行板电容器

平行板电容器如图 2-5 所示。

设平行板电容器的面积为 S，两平行板间的距离为 d，两平行板间的电介质的介电常数为 ε。理论和实验证明，平行板电容器的电容量与极板面积 S 及电介质的介电常数 ε 成正比，与两极板间的距离 d 成反比。其数学表达式为

$$C=\varepsilon\frac{S}{d} \qquad (2-2)$$

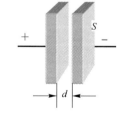

图 2-5　平行板电容器

式中　ε——电容器中电介质的介电常数，单位为法拉每米，符号为 F/m；

S——两极板的相对有效面积，单位为平方米，符号为 m²；

d——两极板间的距离，单位为米，符号为 m；

C——电容量，单位为法拉，符号为 F。

式(2-2)说明，对于一个平行板电容器而言，它的电容是一个确定值，其大小仅与电容器极板面积大小、相对位置及极板间的电介质有关；与两极板间电压的大小、极板所带

电荷量的多少无关。

不同电介质的介电常数是不同的,真空中的介电常数用 ε_0 表示,实验证明

$$\varepsilon_0 = 8.85 \times 10^{-12} (\text{F/m})$$

其他电介质的介电常数与真空中的介电常数的比值,叫作某种物质的相对介电常数,用 ε_r 来表示,即

$$\varepsilon_r = \frac{\varepsilon}{\varepsilon_0} \tag{2-3}$$

则

$$\varepsilon = \varepsilon_r \varepsilon_0$$

相对介电常数没有单位,它用来表征电介质对电容量的影响程度。常用电介质的相对介电常数如表 2-2 所示。

表 2-2 常用电介质的相对介电常数

介质名称	相对介电常数(ε_r)	介质名称	相对介电常数(ε_r)	介质名称	相对介电常数(ε_r)
空气	1	云母	7.0	蜡纸	4.3
石英	4.2	木材	4.5～5.0	五氧化二钽	11.6
人造云母	5.2	聚苯乙烯	2.2	超高频瓷	7.0～8.5
酒精	35	三氧化二铝	8.5	变压器油	2.0～2.2
纯水	80	玻璃	5.0～10		

重要提示:并不是只有电容器才有电容,实际上任何两个相互绝缘的导体之间都存在着电容。例如,两根输电线之间,输电线与大地之间都存在着电容;三极管三个电极之间也存在着电容(也称为分布电容)。因其电容量很小,有时可以忽略不计,但在高频电路中其作用明显显现出来。

【例 2-2】 将 10 μF 真空电容器的两极板间的距离增大 1 倍后,其间充满云母介质,求云母电容器的电容。

解:查表 2-2,得云母的相对介电常数 $\varepsilon_r = 7$。
真空电容器的电容为

$$C_1 = \varepsilon_0 \frac{S}{d} \qquad ①$$

云母电容器的电容为

$$C_2 = \varepsilon_r \varepsilon_0 \frac{S}{2d} \qquad ②$$

由式②除以式①,得到

$$\frac{C_1}{C_2} = \frac{2}{\varepsilon_r}$$

则

$$C_2 = \frac{\varepsilon_r}{2} C_1 = \frac{7}{2} \times 10 = 35 (\mu F)$$

因此云母电容器的电容为 35 μF。

四、电容器的主要参数

电容器的主要参数有：标称容量、允许误差和额定电压。

1. 标称容量

标称容量是指电容器外壳上标明的此电容器的电容值。如 1 000 μF、3p3 等。

2. 允许误差

允许误差是指电容器的实际电容量与标称电容量在允许范围内的误差，也称允许偏差。允许误差等于实际电容量与标称电容量的差值与标称电容量的比值，一般用百分数表示。有的电容器的允许误差是用字母表示的。

电容器的允许误差分为 5 级：00 表示允许误差为±1%，0 表示允许误差为±2%，J 表示允许误差为±5%，K 表示允许误差为±10%，M 表示允许误差为±20%等。

3. 额定电压

额定电压是指电容器在规定的温度范围内，能够长时间稳定工作所能承受的最大直流电压值或最大交流电压值，又称为额定工作电压，俗称耐压。一般直接标注在电容器表面。常用的耐压有 10 V、16 V、25 V、50 V、100 V、160 V、250 V、400 V、500 V、1 000 V 等。

五、电容器的识别

电容器容量的标注方法主要有直标法、数字表示法、文字符号法和色标法。

1. 直标法

直标法是指在电容器外壳上直接标出标称容量、允许偏差和额定电压等的标注方法。电容器的直标法如图 2-6 所示。图 2-6 所示电容器的标称容量为 2 200 μF，额定电压为 25 V。

2. 数字表示法

数字表示法又称数码法，体积较小的电容器常采用数字表示法。一般由 3 位整数组成，第 1 位、第 2 位为有效数字，第 3 位表示有效数字后面 0 的个数，单位为皮法（pF），但是第 3 位数是 9 时则表示为 10^{-1}。电容器的数字表示法如图 2-7 所示。

图 2-7 所示的"104"表示容量为 100 000 pF，"K"表示允许偏差为±10%，"100 V"表示额定工作电压为 100 V。

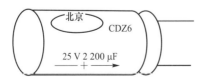

图 2-6　电容器的直标法

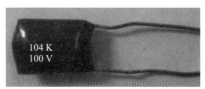

图 2-7　电容器的数字表示法

3. 文字符号法

在电容器外壳上用数字和字母标注出电容器的标称容量及允许偏差的标注方法。标称容量用数字及小写字母表示，将容量的整数部分写在容量单位标志符号的前面，小数部分写在容量单位标志符号的后面，如图2-8所示。

电容器的文字符号法如图2-8所示，"160 V"表示额定工作电压为160 V，"1 μ8"表示电容量为1.8 μF，"J"表示允许偏差为±5%。

图2-8　电容器的文字符号法

4. 色标法

电容器容量的色标法原则上与电阻(位)器类似。对于圆片或矩形片状等电容，非引线端部分的一环为第1色环，以后以此类推为第2、第3色环。黑、棕、红、橙、黄、绿、蓝、紫、灰、白分别表示0～9的10个数字，通常第1、第2色环为电容器的有效数值，第3色环为倍乘数，第4色环为允许偏差，第5色环为额定电压等级。

电容器容量色标的第5色环一般为电压等级特性或工作电压，其工作电压按由小到大依次为黑、棕、红、橙、黄、绿、蓝、紫、灰、白，两者之间相差5～10 V。

采用色环表示的电容器的单位为皮法(pF)。

【例2-3】　电容器的色标示例。

标称电容量为0.047 μF、允许偏差为±5%的电容器的色标法如图2-9所示。

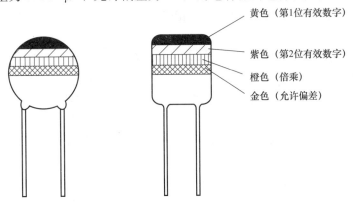

图2-9　电容器的色标法

总结提升

1. 两个相距很近的导体中间用绝缘物质隔开就构成了电容器(简称电容)，用符号C表示。如果电容器两极板间的电压为U时，电容器任意一极板所带电荷量是Q，那么Q与U的比值就叫作电容器的电容量(简称电容)，用字母C表示，即$C=\dfrac{Q}{U}$。电容量的单位是法拉，符号为F。

2. 电容器的主要参数为标称容量、允许误差和额定电压，其中标称容量和额定电压最重要。

3. 电容器容量的标注方法主要有直标法、数字表示法、文字符号法和色标法。

思考与练习

一、填空题

1. 两个相距很近的导体中间用绝缘物质隔开就构成了电容器(简称电容)。组成电容器的两个导体叫作_____，中间的绝缘物质叫作_____。

2. 电容器最基本的特性就是能够储存_____，即电容器是_____元件。

3. 电容器的基本作用是_____和_____。

4. 1 F=_____ mF, 1 F=_____ μF, 1 F=_____ nF, 1 F=_____ pF。

5. 某电容器采用数码法备注"103"，则其标称容量为_____。

6. 某电容器外壳上备注为"250V 4μ7J"，则其标称容量为_____，允许误差为_____，额定工作电压为_____。

二、选择题

1. 某电容器外壳上备注为"250V 4μ7J"，则其容量标注的方法为( )。

    A. 直标法   B. 数字表示法   C. 色标法   D. 文字符号法

2. 某电解电容器外壳上标注为"25V 10μF"，则用指针式万用表判断其好坏时，万用表的挡位应选择( )。

    A. $R \times 10\ \Omega$ 挡   B. $R \times 100\ \Omega$ 挡   C. $R \times 1\ k\Omega$ 挡   D. $R \times 10\ k\Omega$ 挡

三、计算题

1. 一个电容器两端外加 20 V 直流电压时，一个极板所带的电荷量为 5×10^{-6} C，求其电容量。

2. 将 1 200 pF 的电容器接到 500 V 的直流电源上，充电结束后，求电容器极板上储存的电荷量。

3. 平行板电容器两极板间正对面的面积为 20 cm^2，两极板间的距离为 0.1 mm。求介质为真空时该电容器的电容。

4. 如图 2-10 所示电路中，$E=5$ V，$R_1=20\ \Omega$，$R_2=30\ \Omega$，$C=10\ \mu F$，求电容器极板上所带的电荷量。

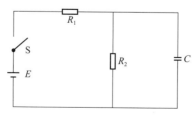

图 2-10　计算题 4 图

四、简答题

简述用万用表判断电容器好坏的方法。

拓展阅读

法拉第

法拉第(见图 2-11),全名为迈克尔·法拉第(Michael Faraday,1791—1867),英国物理学家、化学家,也是著名的自学成才的科学家。出生于萨里郡纽因顿一个贫苦铁匠家庭。仅上过小学。1831 年,他做出了关于力场的关键性突破。1815 年 5 月,法拉第回到皇家研究所在戴维指导下进行化学研究。1824 年 1 月当选皇家学会会员,1825 年 2 月任皇家研究所实验室主任,1833—1862 年任皇家研究所化学教授。1846 年荣获伦福德奖章和皇家勋章。

图 2-11 法拉第

虽然没有得到足够的正式教育,但法拉第是历史上最具有影响力的科学家之一。实际而言,他时常被认为是科学史上最优秀的实验家。他详细地研究了在载流导线四周的磁场,提出了磁场线的说法,并因此建立了电磁场的概念。法拉第观察到磁场会影响光线的传播,找出了两者之间的关系。还发现了电磁感应的原理、抗磁性、法拉第电解定律。尔后他还发明了一种电磁旋转机器,就是今天电动机的雏形。由于法拉第的努力,电磁现象开始出现在具有实际用途的科技发展中。法拉第在化学方面也颇有建树,他发现了苯,研究氯晶笼化合物,发明了本生灯的早期形式及氧化数,同时也推广了阳极、阴极、电极和离子等术语。法拉第最终当上了第一位也是最重要的一位大英皇家科学研究所的富勒化学教授。

法拉第是一位优秀的实验家,能够用清楚和简单的语言传达思想,但其数学能力只限于最简单的代数,对其他更高阶的数学像是三角学并不熟悉。詹姆斯·克拉克·麦克斯韦综合了法拉第与其他学者的研究,写下了麦克斯韦方程,成为现代电磁理论的基石。为了纪念法拉第,在国际单位制里,电容的单位采用法拉。

技能操作

用万用表判断电容器的好坏

实训器材:指针式万用表 1 块,电容器若干。

实训内容:使用指针式万用表测量电容器电容,一般挡位的选取原则是:电容大,挡位小;电容小,挡位大。电容量如果大于 47 μF,选取 $R \times 100$ Ω 挡;如果在 1~47 μF 之间,选取 $R \times 1$ kΩ 挡;如果小于 1 μF 时,选取 $R \times 10$ kΩ 挡。

具体测量方法:首先短接电容器的两个引脚,使其释放可能储存的电荷,然后将表笔分别接到电容器的两级,观察万用表指针的摆动情况。

若万用表指针摆动,然后慢慢恢复到起点,则该电容器是好的;
若万用表指针不动,则该电容器已是开路状态;
若万用表指针到"0 Ω"处不动,则该电容器已击穿短路;
若万用表指针停在中间某位置,则该电容器漏电。
实训操作:将对电容器的观察与测量结果填入表2-3中。

表2-3 电容器观察与测量记录表

电容编号	电容器标称容量	万用表测量挡位	万用表指针摆动情况	电容器测量阻值	电容器状态

任务二 电感器的基础知识

学习目标

【知识目标】
◎了解电感器的概念及基本特征。
◎了解电感器的主要参数。

【技能目标】
◎能够识别常用的电感器。
◎能够使用万用表判断电感器的好坏。

实例引入

在日常生活中,常常会遇见由导线绕制而成的线圈,例如,日光灯电路中的镇流器(见图2-12)、汽车点火线圈(见图2-13),里面都有线圈,这样的线圈称为电感线圈,也叫作电感器或电感。

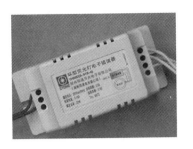

图 2-12 镇流器

图 2-13 汽车点火线圈

实例分析

电感器是电路中的基本元件之一，和电阻、电容一样广泛用于各种电气设备中。在电子技术中，电感器常用于交流信号的电源滤波、扼流、谐振选频等；在汽车电路中，电感器也常应用于汽车的点火线圈、电磁阀等电路中。下面我们了解一下电感器相关知识。

必备知识

一、电感器

电感器是能够把电能转化为磁能而储存起来的元件，是一种储能元件，它所存储的是磁场能量（或者说它能以磁的形式储存电能）。他是利用电磁感应的原理来工作的。

最简单的电感器如图 2-14 所示，它是利用漆包导线绕制而成，称为电感线圈，电感线圈根据线圈的类型可分为空心线圈和铁芯线圈。

电感器的种类繁多，常见的电感器外形如图 2-15 所示。

图 2-14 电感线圈

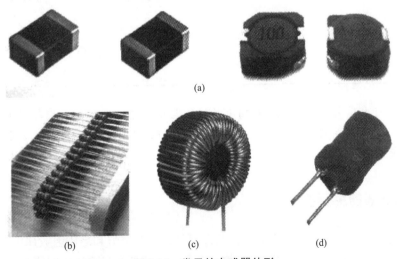

图 2-15 常见的电感器外形

(a)贴片电感器；(b)色码电感器；(c)阻流圈；(d)"工"字形电感

二、电感的概念

将电感器中通入电流,每匝线圈产生的磁通称为自感磁通。线圈的结构不同,产生自感磁通的能力也不同,为了衡量这种能力的大小,引入了自感系数(又称电感量,简称电感)这一物理量,用大写字母 L 表示。自感系数的计算公式为

$$L = \frac{N\Phi}{I}$$

式中　L——线圈的自感系数,单位为亨利,简称亨,符号为 H;

　　　Φ——每匝线圈的磁通,单位为韦伯,简称韦,符号为 Wb;

　　　N——线圈的匝数;

　　　I——线圈中通过的电流,单位为安培,简称安,符号为 A。

在实际应用中,常用的电感单位还有:毫亨(mH)、微亨(μH)和纳亨(nH),它们与亨(H)的换算关系为

$$1\ H = 10^3\ mH = 10^6\ \mu H = 10^9\ nH$$

【例 2-4】　将 100 匝的空心线圈中通过 20 A 电流时,测量得到每匝线圈产生的磁通量为 2×10^{-3} Wb,求该线圈的电感量。

解:空心线圈的电感为

$$L = \frac{N\Phi}{I} = \frac{100 \times 2 \times 10^{-3}}{20} = 0.01 (H)$$

因此该线圈的电感量为 0.01 Wb。

电感器的图形符号如表 2-4 所示。

表 2-4　电感器的图形符号

名称	空心电感器	铁芯电感器	铁氧体电感器	可变电感器	抽头电感器
图形符号	⌒⌒⌒	⌒⌒⌒	- - - ⌒⌒⌒	⌒⌒⌒ ↗	↓ ⌒⌒⌒ ↑

重要提示:电感大小是电感器的固有特性,与外界环境无关。人们习惯上往往又称电感器为电感,所以当我们听到"电感"一词时,它既可以表示一个物理量——电感量,又表示一个电子元件——电感器。

三、电感器的主要参数

电感器的主要参数有:电感量(L)、允许偏差、额定电流和品质因数(Q)。

(1)电感量(L):是电感器的固有参数,它表示电感器通过交流电时产生感应电动势能

力的强弱。

电感器电感量的大小主要取决于线圈的圈数(匝数)、绕制方式、有无磁芯及磁芯材料等。通常线圈匝数越多、截面积越大、绕制越密集，电感量就越大；有磁芯的线圈比无磁芯的线圈电感量大；磁芯磁导率越大的线圈，电感量越大。线圈内若装入铜芯，电感量会减小。

(2) 允许偏差：是指电感器的实际电感量与标称值之间的误差。对于滤波、振荡电感线圈，允许偏差为±5%；对于一般耦合、扼流线圈等电感器，允许偏差为±20%。固定电感器允许偏差分别为Ⅰ、Ⅱ、Ⅲ三挡，即±5%、±10%、±20%。

(3) 额定电流：又称标称电流，是指电感器正常工作时允许通过的最大电流，主要用于高频电感器和大功率谐振线圈。若工作电流接近或超过额定电流，电感器会因发热而使性能变差，甚至烧毁。

(4) 品质因数(Q)：又称 Q 值，是衡量电感器质量的主要参数。电感器的 Q 值越高，其损耗越少，效率越高，品质就越好。

四、电感器的识别

电感器的标注方法主要有直标法、文字符号法、数字表示法和色标法。

(1) 直标法：是指在电感器外壳上直接标出电感器的标称电感量、允许偏差和额定电流等参数的方法，电感器的直标法如图 2-16 所示。

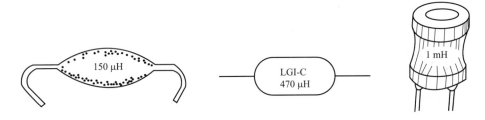

图 2-16 电感器的直标法

(2) 文字符号法：是指将电感器的标称电感量和允许偏差用数字和文字按一定的规律组合标示在电感器外壳上。采用这种表示方法的通常是一些小功率电感器，其单位通常为 nH(纳亨)或μH(微亨)，用 N 或 R 表示小数点。例如，4N7 代表电感量为 4.7 nH，4R7 代表电感量为 4.7 μH，47N 代表电感量为 47 mH。

(3) 数字表示法：数字表示法的标记方法与电容相同，单位为μH(微亨)。例如，102 表示电感量为 1 000 μH。

(4) 色标法：是指在电感器表面涂上不同的色环来表示电感量的方法(与色环电阻、色环电容类似)，通常用四环表示。靠近电感体一端的色环为第 1 色环，露着电感体本色较多的另一端为第 4 色环。其第 1 色环为十位数，第 2 色环为个位数，第 3 色环为应乘的倍数(单位为μH)，第 4 色环为偏差环。各种颜色代表的数字与色环电阻或色环电容相同，如表 2-5 所示。

表 2-5　各种颜色代表的数值

颜色	第1色环	第2色环	第3色环	第4色环	颜色	第1色环	第2色环	第3色环	第4色环
黑	0	0	10^0	±20%	蓝	6	6	10^6	—
棕	1	1	10^1	±1%	紫	7	7	10^7	—
红	2	2	10^2	±2%	灰	8	8	10^8	—
橙	3	3	10^3	±3%	白	9	9	10^9	—
黄	4	4	10^4	±4%	金	—	—	10^{-1}	±5%
绿	5	5	10^5	—	银	—	—	10^{-2}	±10%

例如，某电感器体上的颜色环依次为红、棕、棕、金，则该电感器的电感量为 210 μH，允许偏差为±5%。

总结提升

1. 由导线绕制而成的线圈称为电感线圈，也叫电感器或电感，其文字符号是 L。根据电感线圈的构造特性可以分为空心电感线圈和铁芯电感线圈。

2. 电感线圈有两个主要参数，一个是标称电感，另一个是额定电流（标称电流）。

3. 电感器的标注方法主要有直标法、文字符号法、数字表示法和色标法。其表示方法与电容器的方法非常类似。

思考与练习

一、填空题

1. 由导线绕制而成的线圈称为_____，也叫_____，其电感量是一个_____。其文字符号是_____。

2. 电感大小是电感器的固有特性，与外界环境无关。当我们听到"电感"一词时，它既表示一个_____，又可以表示一个_____。

3. 电感线圈有两个主要参数，一个是_____，另一个是_____。

4. 电感器在允许的工作环境下能承受的最大电流值称为_____值。

5. 某电感器采用色环标注时，色环颜色依次为蓝、灰、棕、金，则该电感器的电感量为_____，允许偏差为_____。

二、选择题

1. 将某电感线圈中插入铜芯，此时该电感线圈的电感量会（　　）。
   A. 不变　　　　B. 增大　　　　C. 减小　　　　D. 不能确定

2. 某电感器的表面上标注有"103"，则该电感器的电感量为（　　）。
   A. 103 μH　　　B. 10 000 nH　　C. 10 000 mH　　D. 10 000 μH

三、简答题

简述电感器的电感量大小与有关因素及其变化。

四、计算题

螺旋管线圈的匝数为40匝时，其电感量为1.2 mH；若匝数改为60匝，其他条件不变，则其电感量为多少？

拓展阅读

亨利

图2-17 亨利

亨利（见图2-17），全名为约瑟夫·亨利（Joseph Henry，1797—1878），美国科学家。他是以电感单位"亨利"留名的大物理学家，在电学上有杰出的贡献。他发明了继电器（电报的雏形），比法拉第更早发现了电磁感应现象，还发现了电子自动打火的原理，但没有及时去申请专利。他被认为是本杰明·富兰克林之后最伟大的美国科学家之一，对于电磁学贡献颇大。

亨利为电报机的发明做出了贡献，实用电报的发明者莫尔斯和惠斯通都采用了亨利发明的继电器。亨利把电磁铁改换成使用绝缘导线的强力电磁铁，用继电器把每个备有电池的电路串联起来，把文字信号通过中继转发出去，电路中的一条导线可用地线代替，而不需要两条往返导线。图2-18为亨利雕像。

亨利实际上是电报的发明者，但是，不重名利的亨利没有申请专利权。这样，发明电报和荣誉就落到莫尔斯的头上。当然，莫尔斯发明的由点、画组成的"莫尔斯电码"，是他对电报的独特贡献。

此外，亨利还发明了继电器、无感绕组等，他还改进了一种原始的变压器。亨利曾发明过一台像跷跷板似的原始电动机，从某种意义上来说这也许是他在电学领域中最重要的贡献，因为电动机能带动机器，在起动、停止、安装、拆卸等方面，都比蒸汽机来得方便。如今，电动机已成为电气时代的标志了。

图2-18 亨利雕像

技能操作

用万用表判断电感器的好坏

实训器材：指针式万用表1块，电感器若干。

实训内容：检测电感器的好坏时，首先进行外观检查，观察线圈有无松动、引脚有无折断、线圈是否烧毁或外壳是否烧焦等。若有上述现象，则表明电感器已损坏。

如果电感器外观良好，可以用万用表的欧姆挡测量线圈的直流电阻来进一步检查。一般高频电感器的直流电阻在零点几到几欧姆之间；中频电感器的直流电阻在几欧姆到几十欧姆之间；低频电感器的直流电阻在几十欧姆到几百欧姆之间，甚至达到几千欧姆。

用万用表 $R\times 1\Omega$ 挡测量线圈的直流电阻时：

若电阻值无穷大，则说明线圈已经开路损坏；

若电阻值比正常值小很多，则说明线圈有局部短路；

若电阻值为零，则说明线圈完全短路。

注意：有的电感器的线圈少或线径粗，直流电阻值很小，即使用万用表 $R\times 1\Omega$ 挡进行测量时，电阻值也可能为零，这属于正常现象。

实训操作：将对电感器的外部检查与测量结果填入表2-6或表2-7中。

表2-6 电感器的外部检查

序号	电感器类型	外观检查情况描述	外观结论

表2-7 万用表测量及判断情况

序号	电感器类型	万用表测量挡位	电感器直流电阻测量值	电感器状态

复习题

一、填空题

1. 电容器所带的_____与它的两极板间的_____的比值，叫作电容器的电容。
2. 电解电容的两个引脚，为电容器的正极与负极，其中长脚为_____，短脚为_____。
3. 连接在电源两极板上的平行板电容器，当两极板间的距离减小时，电容器的电容 C 将_____，带电量 Q 将_____，电势差 U 将_____，极板间的电场强度 E 将_____。（填"增大""减小"或"不变"）
4. 电容器在工作时，将电能转换为_____储存起来，与电池正极相连的极板上聚集_____，与电池负极相连的极板上聚集_____。
5. 电容的常见单位有_____、_____、_____、_____。
6. $0.025\ \text{F} = $_____$\mu\text{F}$；$1\ \text{nF} = $_____$\mu\text{F}$。
7. 电容是表征_____的物理量，如果某电容器的电量每增加 6～10 C，两极板之间的电势差就加 1 V，则该电容器的电容为_____。
8. 电容器的最基本特性是_____，基本作用是_____、_____。
9. 电容器和电感器都属于_____元件。
10. 电感线圈的两个重要参数分别是_____和_____。

二、判断题

1. 平行板电容器的电容随两极板距离的增大而增大。（ ）
2. 电容器的电容量会随着它所带的电荷量的多少发生变化。（ ）
3. 对于确定的电容器，它所充的电量跟它两极板间所加电压的比值保持不变。（ ）
4. 电容器的电容越大，所带的电量就越多。（ ）
5. 电容器的电容跟它两端所加的电压成反比。（ ）
6. 用电源对平行板电容器充电后，两极板一定带有等量异种电荷。（ ）
7. 电容器使用时只需考虑工作电压，不必考虑电容器的引出线与电源的哪个极相连。（ ）
8. 两个相互靠近彼此绝缘的人，虽然不带电，但他们之间有电容。（ ）
9. 电容器两极板间的电压越大，电容越大。（ ）
10. 电容器所带电荷量增加 1 倍，两极板间电压也增加 1 倍。（ ）
11. 电容在电路中具有阻断直流电，通过交流电的作用。（ ）
12. 电感元件中流过的电流越大，储存的磁场能量就越多。（ ）
13. 电感元件两端的电压为零时，其储能一定为零。（ ）
14. 直流电路中电感元件可视为短路，则此时的自感值 L 也为零。（ ）
15. 在空心电感线圈中插入铁芯，可使自感值 L 增加。（ ）

三、选择题

1. 下列关于电容器和电容的说法中,不正确的是(　　)。
   A. 根据 $C=Q/U$ 可知,电容器的电容与其所带的电荷量成正比,与两极板间的电压成反比
   B. 对于确定的电容器,其所带的电荷量与两极板间的电压(小于击穿电压且不为 0)成正比
   C. 无论电容器的电压如何变化(小于击穿电压且不为 0),它所带的电荷量与电压比值恒定不变
   D. 电容器的电容是表示电容器容纳电荷本领的物理量,其大小与加在两极板上的电压无关

2. 电容 A 的电容比电容 B 的电容大,这表明(　　)。
   A. A 所带的电荷量比 B 多
   B. A 比 B 有更大的容纳电荷的本领
   C. A 的体积比 B 大
   D. 两电容器的电压都改变 1 V 时,A 的电荷量改变比 B 的大

3. 下列关于电容器充电放电的说法中正确的是(　　)。
   A. 充放电过程中外加电路有瞬间电流
   B. 充放电过程中外加电路有恒定电流
   C. 充电过程中电源提高的电能全部转化为内能
   D. 放电过程中电容器的电场能逐渐减小

4. 下列关于电容器的说法中正确的是(　　)。
   A. 电容越大的电容器,带电荷量也一定越大
   B. 电容器不带电时,其电容为零
   C. 由 $C=Q/U$ 可知,C 不变时,只要 Q 不断增加,则 U 可无限制地增大
   D. 电容器的电容跟它是否带电无关

5. 一个电容器的规格是"10 μF 50 V",则(　　)。
   A. 这个电容器加上 50 V 的电压时,电容量才是 10 μF
   B. 这个电容器的最大电容量为 10 μF,带电荷量较少时,电容量小于 10 μF
   C. 这个电容器上的电压不能低于 50 V
   D. 这个电容器的电容量总等于 10 μF

6. 将可变电容器动片旋出一些,则(　　)。
   A. 电容器的电容增大　　　　　　　B. 电容器的电容减小
   C. 电容器的电容不变　　　　　　　D. 以上说法都有可能

7. 在欧姆定律中,电流的大小与(　　)成正比。
   A. 电阻　　　　B. 电压　　　　C. 电容　　　　D. 电感

8. 下列关于电容器和电容量的说法正确的是(　　)。
   A. 任何两个彼此绝缘又相互靠近的导体都可以看成是一个电容器
   B. 用电源对平行板电容器充电后,两极板一定带有等量同种电荷

C. 某一电容器带电量越多，它的电容量就越大

D. 某一电容器两极板间的电压越高，它的电容量就越大

四、简答题

1. 收音机中用来选台的调谐电容是哪种电容器？它是如何调节频率的？

2. 列举身边应用电容器的例子，并分析电容器在电路中所起的作用。

3. 列举身边应用电感器的例子，并分析电感器在电路中所起的作用。

五、计算题

1. 一个电容器，其电容量为 0.1 μF，当电容器的两端所加电压为 2 V 时，它所带的电荷量是多少？

2. 如图 2-19 所示电路，$R_1=40\ \Omega$，$R_2=10\ \Omega$，$E=40\ \text{V}$，$C=0.5\ \mu\text{F}$。求电容器两端的电压和极板间的电荷量。

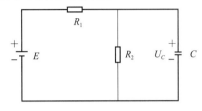

图 2-19　计算题 2 图

单相正弦交流电路

　　交流电路是电工电子基础的重点内容之一,是学习电机、电器和电子技术的理论基础。在现代工农业生产、国防以及人们日常生活中,动力、电热、照明等方面均广泛使用交流电,并且交流电在发电、输送、用电上比直流电更加经济、方便。单相正弦交流电路是交流电路中最基本、最简单的一种,也是学习三相交流电路的基础。

　　现代汽车电控系统是集新技术、新工艺和新材料于一体的高科技产物。虽然它的可靠性越来越高,但由于工作条件恶劣,故仍然是汽车行驶过程中故障最多的部件,也是检测诊断和维修的重点和难点。正确使用仪器仪表,快速准确地诊断电控系统故障,是正确维修电控系统的前提,也是维修技术的重要组成部分。对常用仪器仪表的了解是进一步学习汽车专用仪器仪表的基础。

　　本项目从交流电的基本概念入手,学习交流电的表示方法、简单正弦交流电路以及常用仪器仪表的使用。

任务一　交流电的基本概念

学习目标

【知识目标】
◎理解正弦交流电的特征。
◎了解正弦交流电的表示方法。

【技能目标】
◎能够正确使用试电笔。
◎掌握分析各种基本电路的能力。

实例引入

　　当前,电已与人们的生活密切相关,如果没有电,人们的生活状态是无法想象的。电灯、电话、电视、电脑、电冰箱等电器无一不与电有关,电到底是什么呢?通过本项目对正弦交流电基本知识的学习,使我们对电有一个全面的认识。

任务一 交流电的基本概念

实例分析

单相交流电在生活、生产等方面有着广泛的应用，家用电器、照明灯具等都是单相交流电。正弦交流电是交流电最基本、最简单的一种，所以正弦交流电在交流电中拥有特殊的地位。本任务将重点讨论正弦交流电，本书如果没有特殊说明，所有的交流电都是指正弦交流电。

必备知识

一、直流电与交流电

现如今，交流电和直流电的使用涉及人们日常生产生活的方方面面，交流电和直流电拥有各自的优缺点，适用于生活中的不同方面。

（一）直流电

图 3-1 所示电路中，电流流向始终不变（箭头为电流方向）。电流是由电池正极流出，经导线、灯泡，回到电池负极。在通路中，电流的方向始终不变，所以我们将输出这种固定电流方向的电源，称为直流电源，简称直流电（Direct Current），缩写为 DC，如家用干电池、汽车铅蓄电池等，如图 3-2 所示。

图 3-1 电流方向

电池提供的是直流电。

图 3-2 直流电

（二）交流电

发电厂的发电机是利用动力使发电机中的线圈运转，每转 180°发电机输出电动势、电压、电流的方向就会变换一次，因此电动势、电压、电流的大小也会随时间做规律性的变化，这种电动势、电压、电流的方向、大小会随时间改变的电源就称为交流电源，简称交流电（Alternating Current），缩写为 AC，图形符号用"～"表示，如家用 220 V 电源，交流电如图 3-3 所示。

墙上的插座提供的是交流电。

图 3-3 交流电

项目三 单相正弦交流电路

交流电可分为周期性交流电和非周期性交流电。其中按正弦规律周期性变化的交流电称为正弦交流电。由交流电组成的电路称为交流电路。交流电的波形一般有交流正弦波、交流方波、交流三角波和交流锯齿波等,常见交流电波形如图3-4所示。

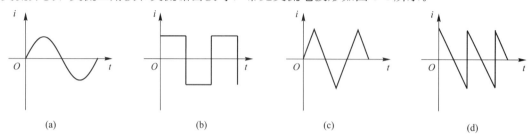

图 3-4　常见交流电波形

(a)交流正弦波；(b)交流方波；(c)交流三角波；(d)交流锯齿波

重要提示：

①交流、直流仅仅是指电流的方向,与大小无关。

②直流电也可能是电流方向不变,但是大小一直在变的电流。

③交流电可以通过整流变成直流电(最简单的方法是用一个二极管就变成了大小变化的直流电)。

二、正弦交流电的产生

(一)正弦交流电产生的基本原理——电磁感应

正弦交流电通常由交流发电机产生,其产生原理如图3-5所示。实验中,线圈在匀强磁场中匀速转动,可以观察到电流表的指针随线圈转动而摆动,且线圈每转动一周,指针左右摆动一次。实验说明线圈中产生了感应电动势,从而产生了感应电流,并且其大小和方向随时间做周期性变化,这就是正弦交流电产生的基本原理。

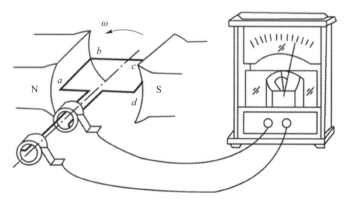

图 3-5　交流电产生原理

(二)正弦交流电产生的过程

正弦交流电产生的过程如图 3-6 所示。

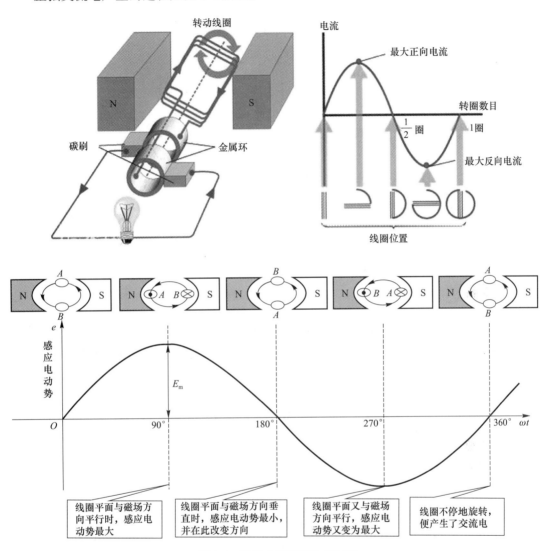

图 3-6 正弦交流电产生的过程

(三)交流电的感应电动势和感应电流

设磁感应强度为 B,磁场中线圈一边的长度为 L,平面从中性面开始转动,经过时间 t,线圈转过的角度为 ω,这时,其单侧线圈切割磁感线的线速度与磁感线的夹角也为 ωt,所产生的感应电动势 $e_1=BLv\sin\omega t$,所以整个线圈所产生的感应电动势为 $e=2BLv\sin\omega t$。其中 $2BLv$ 为感应电动势的最大值,设为 E_m,则

$$e=E_m\sin\omega t \tag{3-1}$$

上式为正弦交流电电动势的瞬时值表达式,也称为解析式。

电压瞬时值表达式为

$$u = U_\mathrm{m}\sin\omega t \tag{3-2}$$

电流瞬时值表达式为

$$i = I_\mathrm{m}\sin\omega t \tag{3-3}$$

三、正弦交流电的特征参数

为了准确描述正弦交流电，引入以下几个概念。

(一)交流电的周期、频率和角频率

1. 周期

交流电变化一周所需要的时间称为周期，用符号 T 表示，单位为秒(s)，正弦交流电的周期如图3-7所示。

2. 频率

交流电在1 s内重复变化的次数，称为交流电的频率。用符号 f 表示，单位是赫兹(Hz)。

周期和频率互为倒数，即

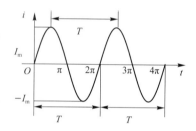

图 3-7　正弦交流电的周期

$$f = \frac{1}{T} \tag{3-4}$$

我国动力和照明用电的标准频率为 50 Hz(习惯上称为工频)，少数国家如美国、日本采用 60 Hz 的频率。

3. 角频率

正弦交流电在单位时间内变化的弧度数称为角频率，用符号 ω 表示，单位为弧度/秒(rad/s)。

在一个周期 T 内，正弦交流电变化了 2π 弧度，角频率为

$$\omega = \frac{2\pi}{T} = 2\pi f \tag{3-5}$$

重要提示：

①我国工业和民用电的频率 $f=50$ Hz(称为工频)，其周期 $T=1/50=0.02$ s，角频率 $\omega=2\pi/T=2\pi f=314(\mathrm{rad/s})$。

②周期、频率和角频率都是表示交流电变化快慢的物理量。

(二)交流电的瞬时值、最大值和有效值

1. 瞬时值

瞬时值是指正弦交流电某一个时刻的值，用小写字母表示。电动势、电压和电流的瞬时值分别用小写字母 e、u、i 表示。由于交流电是随时间变化的，所以在任一时刻的瞬时值大小和方向都不相同。

2. 最大值

正弦交流电变化时出现的最大瞬时值称为最大值，也称为振幅、幅值或峰值，用大写

字母加下标"m"表示。电动势、电压和电流的最大值分别用大写字母 E_m、U_m、I_m 表示。交流电压最大值如图 3-8 所示。

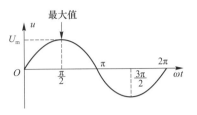

图 3-8 交流电压最大值

重要提示：

最大值在工程上具有实际意义，例如，电容器的额定电压不应小于交流电的最大值，否则电容器有可能被击穿。

3. 有效值

有效值是用来计量交流电大小的物理量。有效值是根据交流电的热效应定义的：将交流电流 i 和直流电流 I 分别通过同一电阻 R，如果在相同的时间内产生的热量相同，则此直流电的数值即为该交流电的有效值，如图 3-9 所示，我们用大写字母 E、U、I 来分别表示交流电动势、电压和电流的有效值。

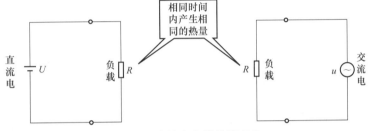

图 3-9 交流电有效值的定义

根据定义，可以求得正弦交流电的有效值与最大值之间的关系为

$$有效值 = \frac{1}{\sqrt{2}} \times 最大值 \approx 0.707 \times 最大值$$

即

$$I = \frac{I_m}{\sqrt{2}} = 0.707 I_m \tag{3-6}$$

$$U = \frac{U_m}{\sqrt{2}} = 0.707 U_m \tag{3-7}$$

$$E = \frac{E_m}{\sqrt{2}} = 0.707 E_m \tag{3-8}$$

重要提示：

我们通常说家庭电路的电压是 220 V，便是指有效值。各种使用交流电的电气设备上所标的额定电压和额定电流的数值，交流电流表和交流电压表测量的数值，都是有效值。例如，康佳电视上的额定电压如图 3-10 所示。

图 3-10 康佳电视上的额定电压

【例 3-1】 我国生活用电是 220 V(简称市电)的交流电，其最大值为多少？

解：根据正弦交流电的有效值与最大值的关系式得

$$U_m = \sqrt{2}U = \sqrt{2} \times 220 = 311(\text{V})$$

由例 3-1 可见，在选择电容器的耐压时，必须考虑电压的最大值。例如，耐压为 220 V 的电容器就不能接到有效值为 220 V 的交流电路上，因为电压的有效值是 220 V 时，其最大值为 311 V，会使电容器因过压而击穿损坏。

(三)交流电的相位、初相和相位差

1. 相位及初相

如图 3-11 所示，正弦交流电在每一时刻都是变化的，$(\omega t + \varphi_0)$ 是正弦交流电在 t 时刻所对应的角度，称为相位角，简称相位。对于某一给定的时间 t 就有对应的相位角。

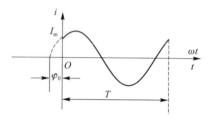

图 3-11 正弦交流电的相位

相位 $(\omega t + \varphi_0)$ 由两个部分组成，以 $t=0$ 时刻划分，在 $t=0$ 时刻以后，t 时刻所经历的角度是 ωt；在 $t=0$ 时刻以前，正弦交流电具有的角度为 φ_0。通常把 $t=0$ 时，所对应的角度 φ_0 称为初相角，简称初相。

初相的大小与时间的选择有关，习惯上规定初相的绝对值小于 π，即 $|\varphi_0| \leq \pi$。

由 3-11 所示正弦交流电流的解析式可以写成

$$i = I_m \sin(\omega t + \varphi_0) \tag{3-9}$$

2. 相位差

在正弦交流电中，有时要比较两个同频率正弦量的相位。两个同频率正弦量相位之差称为相位差，用 $\Delta\varphi$ 表示。在图 3-12 所示的两个电动势中，电动势 e_1 的初相位为 $(\omega t + \varphi_{e_1})$，电动势 e_2 的初相位为 $(\omega t + \varphi_{e_2})$，则它们的相位差为

$$\Delta\varphi = (\omega t + \varphi_{e_1}) - (\omega t + \varphi_{e_2}) = \varphi_{e_1} - \varphi_{e_2}$$

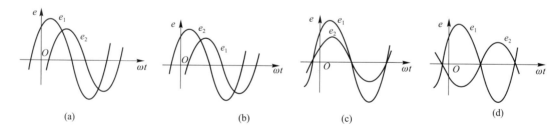

图 3-12 交流电的相位关系

(a)e_1 超前 e_2；(b)e_1 滞后 e_2；(c)e_1 与 e_2 同相；(d)e_1 与 e_2 反相

重要提示：

相位差是恒定的，与计时起点无关，不随时间改变。

相位差表示了正弦交流电的变化过程中达到最大值的顺序。交流电路相位关系如图 3-12 所示，在图 3-12 中：

(1)若 $\Delta\varphi = \varphi_{e_1} - \varphi_{e_2} > 0$,表示 e_1 超前 e_2,如图 3-12(a)所示。
(2)若 $\Delta\varphi = \varphi_{e_1} - \varphi_{e_2} < 0$,表示 e_1 滞后 e_2,如图 3-12(b)所示。
(3)若 $\Delta\varphi = \varphi_{e_1} - \varphi_{e_2} = 0$,表示 e_1 与 e_2 同相,如图 3-12(c)所示。
(4)若 $\Delta\varphi = \varphi_{e_1} - \varphi_{e_2} = \pi$,表示 e_1 与 e_2 反相,如图 3-12(d)所示。

【例 3-2】 某交流电压的瞬时值表达式为 $u = 311\sin\left(314t + \dfrac{\pi}{3}\right)$ V,电流的瞬时值表达式为 $i = 15\sin\left(314t - \dfrac{\pi}{6}\right)$ A,分别写出它们的最大值、频率、周期和初相位,并写出 u 与 i 的相位关系。

解:

$$U_m = 311(\text{V}),\ \omega = 314(\text{rad/s}),\ f = 314/(2\pi) = 50(\text{Hz}),\ T = 1/50 = 0.02(\text{s}),\ \varphi_u = \dfrac{\pi}{3}$$

$$I_m = 15(\text{A}),\ \omega = 314(\text{rad/s}),\ f = 314/(2\pi) = 50(\text{Hz}),\ T = 1/50 = 0.02(\text{s}),\ \varphi_i = -\dfrac{\pi}{6}$$

则

$$\Delta\varphi = \varphi_u - \varphi_i = \dfrac{\pi}{3} - \left(-\dfrac{\pi}{6}\right) = \dfrac{\pi}{2}$$

因此电压 u 超前电流 i 的角度为 $\dfrac{\pi}{2}$。

重要提示:

在正弦交流电中,通常把频率(角频率或周期)、最大值(峰值或有效值)、初相(相位)称为正弦交流电的三要素。

四、正弦交流电的表示方法

1. 解析式表示法

用正弦函数式表示正弦交流电随时间变化的关系的方法称为解析式表示法。正弦交流电的电流、电压和电动势的解析式分别为

$$i = I_m\sin(\omega t + \varphi_{i0}) \tag{3-10}$$

$$u = U_m\sin(\omega t + \varphi_{u0}) \tag{3-11}$$

$$e = E_m\sin(\omega t + \varphi_{e0}) \tag{3-12}$$

只需要给出时间 t 的数值,就可以求出 i、u、e 的值。

2. 波形图表示法

用正弦图形曲线来表示交流电随时间变化的关系的方法称为波形图表示法。

在平面直角坐标系中,用横坐标表示时间 t 或角度 ωt,纵坐标表示正弦量 e 的瞬时值,然后根据解析式计算出坐标系中各点的值,作出波形图。波形图表示法如图 3-13 所示。

3. 旋转矢量图表示法

旋转矢量图表示法如图 3-14 所示,正弦交流电可以用一个旋转的矢量来表示,

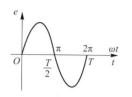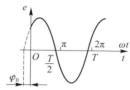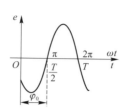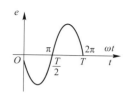

图 3-13　波形图表示法

即用正弦交流电的有效值或最大值为半径,绕原点旋转一周,其终点轨迹的值和该正弦交流电波形图上的值是一一对应的。这个矢量在电工学中常称相量。所以其矢量图也称相量图。

由前文可知,根据正弦量的三要素,当频率已知并确定后,只要求出最大值和初相,这个正弦量也就随之确定。根据正弦电路的这一特点,可以用一个与之对应的矢量来表示正弦量的最大值(振幅)和初相。

为了区别于一般矢量相,通常在相应的大写字母上加一圆点"·"来表示正弦交流电的旋转矢量。如 $\dot{I}_m$、$\dot{U}_m$、$\dot{E}_m$ 分别表示正弦交流电的电流最大矢量、电压最大矢量和电动势最大矢量;$\dot{I}$、$\dot{U}$、$\dot{E}$ 分别表示正弦交流电的电流有效矢量、电压有效矢量和电动势有效矢量。

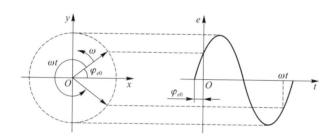

图 3-14　旋转矢量图表示法

所以,按照正弦量的大小和相位关系就可以用初始位置的有向线段在复平面上画出矢量的图形,这种图形称为矢量图。在矢量图上,矢量的长度就是正弦量的最大值或有效值,矢量与正实轴的夹角就是正弦量的初相 φ_0,如图 3-15 所示。

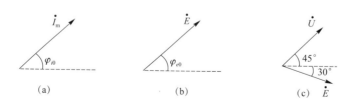

图 3-15　矢量图
(a)电流最大值矢量;(b)电动势有效值矢量;(c)电压、电动势有效值矢量

总结提升

1. 电动势、电压、电流的大小和方向随时间做周期性变化的电源统称为交流电。随时间按照正弦规律变化的交流电称为正弦交流电。在日常生活中广泛采用单相或三相正弦交流电。

2. 正弦交流电由交流发电机产生。

3. 表征正弦交流电的三要素有频率、最大值、初相。

4. 正弦交流电可用解析式表示法、波形图表示法、旋转矢量图表示法来表示。

思考与练习

一、填空题

1. 电动势、电压、电流的大小和方向都随时间变化的电源称为_____。其中按正弦规律变化的交流电称为_____。

2. _____是指正弦交流电按正弦规律变化一周所需的时间,用字母_____表示,单位为_____。

3. _____是指正弦交流电在 1 s 内按正弦规律变化的周期数,用字母_____表示,单位为_____。它和_____之间的关系是互为倒数的。

4. _____是指单位时间内正弦交流电变化的角度,用字母_____表示,单位为_____。

5. 在我国电力系统中,我国工业交流电的标准频率为_____,周期是_____。

6. 某正弦交流电电压为 $u=311\sin\left(100\pi t+\dfrac{\pi}{3}\right)$ V,则该交流电压的最大值 U_m 为_____,角频率 ω 为_____,初相 φ_0 为_____。

二、选择题

1. 我国城市生活用电 220 V 交流电指的是交流电的( )。
   A. 有效值　　　B. 最大值　　　C. 瞬时值　　　D. 差值

2. 某正弦交流电电压为 $u=311\sin\left(100\pi t+\dfrac{\pi}{3}\right)$ V,则该交流电压的有效值和频率分别是( )。
   A. 311 V　100 Hz　　　　　　B. 220 V　100 Hz
   C. 311 V　50 Hz　　　　　　 D. 220 V　50 Hz

三、计算题

1. 已知交流电压 $u=220\sin\left(100t-\dfrac{2}{3}\pi\right)$ V,试求:U_m、U、f、T、φ_0 各为多少?

2. 已知 $u_1=220\sqrt{2}\sin\left(314t-\dfrac{\pi}{3}\right)$ V,$u_2=110\sqrt{2}\sin\left(314t+\dfrac{\pi}{6}\right)$ V,试求两者间的相位

差，指出两者相位的超前、滞后关系，并用矢量图表示出来。

3. 图 3-16 所示为单相正弦交流电的波形图，其频率为 50 Hz。

(1) 写出单相交流电压 u_1 的瞬时表达式。
(2) 画出 u_1 和 u_2 的矢量图。
(3) u_1 和 u_2 哪个超前？相位差是多少？

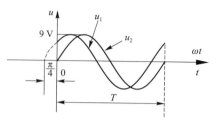

图 3-16 计算题 3 图

四、简答题

何为交流电的最大值、瞬时值和有效值？它们之间的关系是什么？

拓展阅读

赫兹

赫兹（见图 3-17），全名为海因里希·鲁道夫·赫兹（Heinrich Rudolf Hertz，1857—1894），德国物理学家，于 1888 年首先证实了电磁波的存在，并对电磁学有很大的贡献，故频率的国际单位制单位赫兹以他的名字命名。

1857 年 2 月 22 日，赫兹出生在德国汉堡一个改信基督教的犹太家庭中。曾经在德国德累斯顿、慕尼黑和柏林等地学习科学和工程学，是古斯塔夫·基尔霍夫和赫尔曼·范·亥姆霍兹的学生。1894 年，37 岁的赫兹因为败血症在波恩英年早逝。他的侄子古斯塔夫·路德维格·赫兹是诺贝尔奖获得者，古斯塔夫的儿子卡尔·海尔莫斯·赫兹创立了超声影像医学。

图 3-17 赫兹

早在少年时代赫兹就被光学和力学实验所吸引。19 岁入德累斯顿工学院学工程，由于对自然科学的爱好，次年转入柏林大学，在物理学教授亥姆霍兹指导下进行学习。赫兹 1885 年任卡尔鲁厄大学物理学教授，1889 年，接替克劳修斯担任波恩大学物理学教授，直到逝世。

赫兹对人类最伟大的贡献是用实验证实了电磁波的存在，他不仅证实了麦克斯韦的电磁理论，更为无线电、电视和雷达的发展找到了途径。赫兹还研究了紫外光线对火花放电的影响，发现了光电效应，即在光的照射下物体会释放出电子的现象。这一发现，最后成为了爱因斯坦建立光量子理论体系的基础。

技能操作

试电笔的使用

试电笔也称验电笔、测电笔，简称电笔，是用于检验导线和电气设备是否带电的辅助安全工具。它由金属体、弹簧、氖管、电阻、笔身和笔尖等组成，试电笔的构造如图 3-18 所示。

在实训老师的带领下参观学校实训室，观察各个仪器仪表并练习使用试电笔。

任务二　简单正弦交流电路

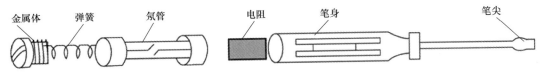

图 3-18　试电笔的构造

试电笔的使用如图 3-19 所示，使用试电笔时，右手握住笔身，食指碰触笔身尾部的金属体，正确的握法如图 3-19(a)所示。用试电笔的笔尖碰触被测体，如果被测物体带电，则试电笔中的氖管便会发光。在测量时，绝对禁止触摸试电笔笔尖，错误的握法如图 3-19(b)所示。

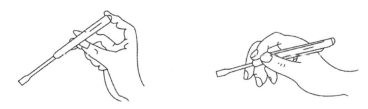

图 3-19　试电笔的使用
(a)正确的握法；(b)错误的握法

任务二　简单正弦交流电路

学习目标

【知识目标】
◎了解单一元件电路中电压、电流的关系。
◎了解 RLC 串联电路的分析方法。
◎了解 RLC 串联电路的阻抗、电压三角形、阻抗三角形、功率三角形的概念。

【技能目标】
◎能用试电笔判断火线或零线以及简单交流电路故障。
◎能分析简单基本交流电路。

实例引入

日常生活和工作中接触到的白炽灯、电熨斗等只含有电阻负载，而荧光灯、电风扇、吸尘器等既含有电阻负载又含有电容或电感负载。不同的负载在交流电作用下显现不同的特性，本任务的学习，可以让大家认识交流电路中电阻、电容和电感的特性。

项目三 单相正弦交流电路

实例分析

单一元件电路是指由交流电源与纯电阻元件、纯电容元件或纯电感元件组成的电路。它们的电路中电压与电流有何关系？电路的功率有何特点？由电阻、电容或电感组成的串联电路又有何特点？

必备知识

一、单一正弦交流电路

1. 纯电阻交流电路

在交流电路中只考虑电阻的作用的电路称为纯电阻交流电路，如图 3-20 所示，纯电阻交流电路的电路图如图 3-20（a）所示。

在纯电阻交流电路中电流与电压是同频率、同相位的正弦量，它们的波形图和相量图如图 3-20（b）和图 3-20（c）所示。

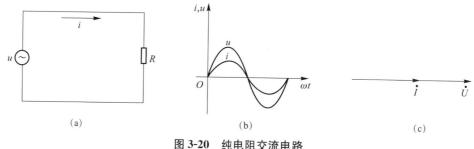

图 3-20　纯电阻交流电路
(a)电路图；(b)电压与电流波形图；(c)电压与电流相量图

通过实验证明：在纯电阻交流电路中，电流、电压和电阻三者任一时刻都符合欧姆定律。

（1）电阻元件上的电压与电流的关系。

设加在电阻两端的正弦电压瞬时值为

$$u_R = U_m \sin\omega t \text{ V} = \sqrt{2}U\sin\omega t \text{ V} \tag{3-13}$$

则流过电阻的电流瞬时值为

$$i_R = I_m \sin\omega t \text{ A} = \sqrt{2}I\sin\omega t \text{ A} \tag{3-14}$$

最大值为

$$I_m = \frac{U_m}{R} \tag{3-15}$$

有效值为

$$I = \frac{U}{R} \tag{3-16}$$

【例3-3】 将一阻值为 44 Ω 的电阻丝接到 $u=220\sqrt{2}\sin(314t+30°)$V 电源上，求通过电阻丝的电流是多少？写出电流的解析式。

解： ①由电源电压 $u=220\sqrt{2}\sin(314t+30°)$V 可知，$U_m=220\sqrt{2}$ V；

电阻丝两端电压的有效值为

$$U=U_m/\sqrt{2}=220\sqrt{2}/\sqrt{2}=220(V)$$

流过电阻丝的电流为

$$I=U/R=220/44=5(A)$$

②由于电流与电压同相，所以电流的解析式为

$$i=5\sqrt{2}\sin(314t+30°)A$$

(2) 纯电阻交流电路的功率。

在纯电阻交流电路中，电阻元件上的端电压和电流是变化的，其功率也是变化的。它的瞬时功率为

$$p=ui=\sqrt{2}U\sin\omega t \cdot \sqrt{2}I\sin\omega t = 2UI\sin^2\omega t = UI(1-\cos^2\omega t)$$

通过公式可以作出瞬时功率随时间变化的曲线，如图 3-21 所示。为了测量和计算的方便，纯电阻交流电路的功率常用有功功率来表示。有功功率是指瞬时功率在一个周期内的平均值，也称平均功率，用大写字母 P 表示，单位为 W（瓦）或千瓦（kW），它表示电阻元件的实际耗能效果。

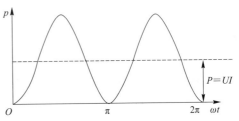

图 3-21 电阻的瞬时功率波形图

纯电阻交流电路的有功功率等于电压的有效值和电流的有效值的乘积，用公式表示为

$$P=UI=I^2R=U^2/R \tag{3-17}$$

【例3-4】 某电阻为 110 Ω 的电吹风接到电源电压为 $u=220\sqrt{2}\sin(314t+60°)$V 电源上，求电吹风的实际功率是多少？

解： 电吹风的实际功率为 $P=U^2/R=220^2/110=440(W)$。

重要提示：

①在纯电阻交流电路中，电流与电压同频、同相。
②电压与电流的最大值、有效值和瞬时值之间都满足欧姆定律。
③有功功率等于电压的有效值和电流的有效值的乘积。

2. 纯电感交流电路

由交流电源与纯电感元件组成的电路称为纯电感交流电路，如图 3-22 所示。纯电感交流电路是理想电路，实际的电感线圈都有一定的电阻，当电阻很小可以忽略不计时，电感线圈与交流电源连接成的电路可以视为纯电感交流电路。

(1) 感抗。

在图 3-22 所示电路通过交流电时，变化的电流产生了变化的磁场，电感线圈中产生的自感电动势阻碍原电流的

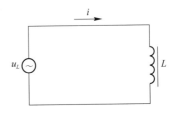

图 3-22 纯电感交流电路

项目三　单相正弦交流电路

变化，形成了电感器对交流电的阻碍作用，这种阻碍作用称为电感电抗，简称感抗，用符号 X_L 表示，单位为欧姆（Ω）。

通过实验可知：感抗的大小与电源的频率及电感器的电感量成正比，即

$$X_L = \omega L = 2\pi f L \tag{3-18}$$

式中　ω——交流电源的角频率，单位为 rad/s；

　　　f——交流电源的频率，单位为 Hz；

　　　L——电感器的电感量，单位为 H；

　　　X_L——电感器的感抗，单位为 Ω。

对于直流电来说，当 $f=0$ 时，$X_L=0$，电感器相当于短路。所以电感器在电路中有"通直流，隔交流"的特性。

(2) 电流与电压的关系。

通过实验可知：在纯电感交流电路中，电压超前电流 90°。

设在纯电感交流电路中，流过电感线圈的电流的解析式为

$$i = I_m \sin\omega t \text{ A}$$

则电感线圈两端的电压解析式为

$$u = U_m \sin(\omega t + 90°) \text{ V}$$

根据电流和电压的解析式，作出电流和电压的波形图和相量图。纯电感交流电路的电流与电压的波形图、相量图如图 3-23 所示。

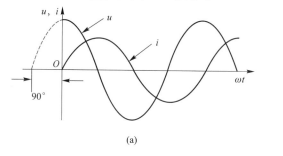 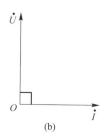

(a)　　　　　　　　　　　　(b)

图 3-23　纯电感交流电路的电流与电压的波形图和相量图
(a)波形图；(b)相量图

在纯电感交流电路中，电流与电压的最大值（或有效值）符合欧姆定律，即

$$I_m = \frac{U_m}{X_L} \quad \text{或} \quad I = \frac{U}{X_L} \tag{3-19}$$

而电流与电压的瞬时值不符合欧姆定律，即 $X_L \neq \dfrac{u}{i}$。

【例 3-5】　把一个电阻可以忽略不计的线圈接到 $u=62.8\sin(100\pi t)$ V 的电源上，线圈的电感量是 0.1 H，试求：①线圈的感抗；②电流的有效值；③电流的瞬时值表达式。

解：由 $u=62.8\sin(100\pi t)$ V，可得

$$U_m = 62.8 \text{ V}$$

$$\omega = 100\pi = 314 (\text{rad/s})，\varphi_u = 0$$

①线圈的感抗为

$$X_L = \omega L = 314 \times 0.1 = 31.4(\Omega)$$

②电流的有效值为

$$I = \frac{U}{X_L} = \frac{62.8 \times 0.707}{31.4} \approx 1.4(A)$$

③电流的瞬时值表达式为

$$I_m = \frac{U_m}{X_L} = \frac{62.8}{31.4} = 2(A)$$

$$\varphi_i = \varphi_u - 90° = -90°$$

$$i = 2\sin(100\pi t - 90°)A$$

(3)功率。

①瞬时功率。纯电感交流电路的瞬时功率为

$$p = ui = U_m \sin(\omega t + 90°) \cdot I_m \sin\omega t = -UI \sin 2\omega t$$

②有功功率。电感的有功功率 $P=0$ W，电感不消耗能量，只能将能量以磁场能的形式储存在线圈内部，它是储能元件。

③无功功率。在一个周期内电感吸收或释放的能量称为无功功率，用 Q_L 来表示，其单位为乏(var)，计算公式为

$$Q_L = UI = I^2 X_L = \frac{U^2}{X_L} \tag{3-20}$$

重要提示：

①在纯电感交流电路中，电流与电压是同频率的正弦量。
②电压超前电流 90°，但不表示电流与电压的先后。
③电流与电压的最大值(或有效值)符合欧姆定律，但瞬时值不符合欧姆定律。
④电感为储能元件，不消耗能量，有功功率为零，无功功率为电流与电压的有效值的乘积。

3. 纯电容交流电路

把电容器接到交流电源上，如果电容器的漏电电阻和分布电感可以忽略不计，这种电路叫作纯电容交流电路，如图 3-24 所示。电力补偿电容柜属于纯容性负载。

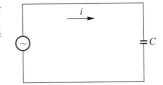

图 3-24　纯电容交流电路

(1)容抗。

在图 3-24 所示电路通过交流电时，电源与电容器之间不断地充电和放电，此时电容器会对交流电有阻碍作用，我们把这种阻碍作用叫作电容电抗，简称容抗，用 X_C 来表示，单位为欧姆(Ω)。

通过实验可知：容抗的大小与电源的频率及电容器的电容量成反比，即

$$X_C = \frac{1}{\omega C} = \frac{1}{2\pi f C} \tag{3-21}$$

式中　ω——交流电源的角频率，单位为 rad/s；
　　　f——交流电源的频率，单位为 Hz；
　　　C——电容器的电容量，单位为 F；
　　　X_C——电容器的容抗，单位为 Ω。

(2)电流与电压的关系。

通过实验可知:在纯电容交流电路中,电压滞后电流 90°或电流超前电压 90°。

设在纯电容交流电路中,电容器两端的电压解析式为

$$u = U_m \sin\omega t \text{ V}$$

则流过电容器的电流的解析式为

$$i = I_m \sin(\omega t + 90°) \text{ A}$$

根据电流和电压的解析式,作出纯电容交流电路的电流和电压的波形图与相量图,如图 3-25 所示。

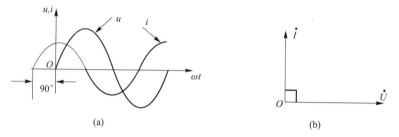

图 3-25 纯电容交流电路的电流与电压的波形图和相量图

(a)波形图;(b)相量图

在纯电容交流电路中,电流与电压的最大值(或有效值)符合欧姆定律,即

$$I_m = \frac{U_m}{X_C} \quad \text{或} \quad I = \frac{U}{X_C} \tag{3-22}$$

而电流与电压的瞬时值不符合欧姆定律,即 $X_C \neq \frac{u}{i}$。

【例 3-6】 在电容量为 5 μF 的电容器两端加上电压 $u = 311\sin(314t)$ V。试求:①电容器的容抗;②电流的有效值;③电流的瞬时值表达式。

解: 由 $u = 311\sin(314t)$ V,可得

$$U = 311/\sqrt{2} \approx 220(\text{V}), \quad \omega = 314(\text{rad/s}), \quad \varphi_p = 0$$

①电容器的容抗为

$$X_C = \frac{1}{\omega C} = \frac{1}{314 \times 5 \times 10^{-6}} = 637(\Omega)$$

②电流的有效值为

$$I = \frac{U}{X_C} = \frac{220}{637} = 0.35(\text{A})$$

③电流的瞬时值表达式为

$$i = 0.35\sqrt{2}\sin(314t + 90°) \text{ A}$$

(3)功率。

①瞬时功率。纯电容交流电路的瞬时功率为

$$p = ui = U_m \sin\omega t \cdot I_m \sin(\omega t + 90°) = UI\sin2\omega t$$

其瞬时功率波形图如图 3-26 所示。

②有功功率。电容的有功功率 $P=0$ W，电容不消耗能量，只能将能量以电场能的形式储存在电容器内部，它也是储能元件。

③无功功率。在一个周期内电容吸收或释放的能量称为无功功率，用 Q_C 来表示，其单位为乏（var），计算公式为

$$Q_C = UI = I^2 X_C = \frac{U^2}{X_C} \qquad (3\text{-}23)$$

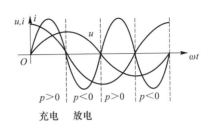

图 3-26 纯电容交流电路瞬时功率波形图

二、RLC 串联正弦交流电路

由电阻、电容和电感串联组成的交流电路，称为 RLC 串联电路，如图 3-27 所示。

根据纯电阻、纯电感、纯电容电路中电压与电流的关系，来分析 RLC 串联电路的特点。设通过 RLC 串联电路的电流解析式为

$$i = I_m \sin\omega t = \sqrt{2} I \sin\omega t \text{ A}$$

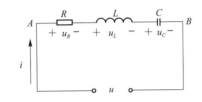

图 3-27 RLC 串联电路

则电阻两端的电压解析式为

$$u_R = U_{Rm} \sin\omega t = \sqrt{2} U_R \sin\omega t \text{ V}$$

电感两端的电压解析式为

$$u_L = U_{Lm} \sin\left(\omega t + \frac{\pi}{2}\right) = \sqrt{2} U_L \sin\left(\omega t + \frac{\pi}{2}\right) \text{ V}$$

电容两端的电压解析式为

$$u_C = U_{Cm} \sin\left(\omega t - \frac{\pi}{2}\right) = \sqrt{2} U_C \sin\left(\omega t - \frac{\pi}{2}\right) \text{ V}$$

(1) RLC 串联电路的电压关系。

根据纯电阻、纯电感、纯电容电路中电压与电流的关系，作出 i、u_R、u_L、u_C 对应的相量图，如图 3-28 所示。

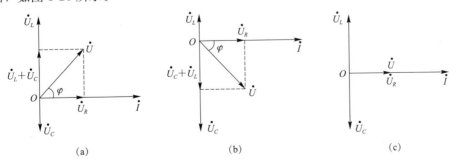

图 3-28 RLC 串联电路相量图

(a) $U_L > U_C$；(b) $U_L < U_C$；(c) $U_L = U_C$

① 电压与电流的相位关系。

由图 3-28(a)可知，当 $X_L > X_C$ 时，$U_L > U_C$，此时电路总电压 u 超前电流 i 锐角 φ，电路呈电感性，称为电感性电路；

由图 3-28(b)可知，当 $X_L < X_C$ 时，$U_L < U_C$，此时电路总电压 u 滞后电流 i 锐角 φ，电路呈电容性，称为电容性电路；

由图 3-28(c)可知，当 $X_L = X_C$ 时，$U_L = U_C$，此时电感 L 与电容 C 两端的电压大小相等、方向相反，电路总电压等于电阻上的电压。总电压与电流相位相同。

我们把 RLC 串联电路中总电压与电流相位相同，电路呈电阻性的状态称为串联谐振。

② 电压与电流的大小关系。

根据电压三角形[见图 3-29(a)]，总电压为

$$U = \sqrt{U_R^2 + (U_L - U_C)^2} = I\sqrt{R^2 + (X_L - X_C)^2} = I\sqrt{R^2 + X^2} = I|Z| \tag{3-24}$$

$$|Z| = \sqrt{R^2 + (X_L - X_C)^2} \tag{3-25}$$

$$I = \frac{U}{|Z|} \tag{3-26}$$

其中，$|Z|$ 叫作电路的总阻抗，单位为 Ω；$X = X_L - X_C$ 叫作电抗，它是电感与电容共同作用的结果，单位也为 Ω。

由电阻 R、电抗 $X_L - X_C$ 为直角边，阻抗 $|Z|$ 为斜边构成了一个直角三角形，称为阻抗三角形，如图 3-29(b)所示，可以看出阻抗三角形与电压三角形相似，电压三角形各边除以电流 I 就得到了阻抗三角形。在阻抗三角形中，R 与 $|Z|$ 的夹角 φ 叫作阻抗角，其大小等于电压与电流的相位差 φ。

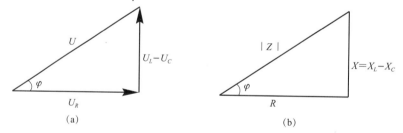

图 3-29　RLC 串联电路电压三角形和阻抗三角形
(a)电压三角形；(b)阻抗三角形

(2) RLC 串联电路的功率。

① 有功功率。

有功功率是指电阻消耗的功率，即

$$P_R = U_R I = UI\cos\varphi \tag{3-27}$$

② 无功功率。

无功功率是指电感、电容共同存在时的无功功率，用符号 Q 来表示，即

$$Q = |U_L - U_C|I = UI\sin\varphi \tag{3-28}$$

电感、电容在储能过程中，电感与电容之间，电感、电容与电源之间不断地进行能量交换，还起着改善电路的功率因数、改变电路性能的作用。

③视在功率。

视在功率是指电路中的总电压有效值与电流有效值的乘积,用符号 S 表示,单位为伏安(V·A)或千伏安(kV·A),即

$$S=UI$$

视在功率表征电源提供的总功率,也用来表示交流电源的容量。

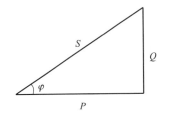

图 3-30 RLC 串联电路的功率三角形

将电压三角形各边同时乘以电流有效值 I,就得到了 RLC 串联电路的功率三角形,如图 3-30 所示。

由功率三角形可知

$$S=\sqrt{P^2+Q^2} \tag{3-29}$$

$$P=S\cos\varphi \tag{3-30}$$

$$Q=S\sin\varphi \tag{3-31}$$

【例 3-7】 在 RLC 串联电路中,已知电阻为 40 Ω,电感为 223 mH,电容为 80 μF,电路两端的电压为 $u=311\sin(314t)$ V。试求:①电路的阻抗;②电流的有效值;③各元件两端电压的有效值;④电路的有功功率、无功功率及视在功率;⑤电路的性质。

解: 由 $u=311\sin(314t)$ V 可得:

$$U_m=311(V),\ \omega=314(rad/s)$$

①电路的感抗为

$$X_L=\omega L=314\times 223\times 10^{-3}\approx 70(\Omega)$$

电路的容抗为

$$X_C=\frac{1}{\omega C}=\frac{1}{314\times 80\times 10^{-6}}\approx 40(\Omega)$$

电路的阻抗为

$$Z=\sqrt{R^2+(X_L-X_C)^2}=\sqrt{40^2+(70-40)^2}=50(\Omega)$$

②电压的有效值为

$$U=\frac{U_m}{\sqrt{2}}=\frac{311}{1.414}\approx 220(V)$$

电流的有效值为

$$I=\frac{U}{Z}=\frac{220}{50}=4.4(A)$$

③各元件两端电压的有效值为

$$U_R=RI=40\times 4.4=176(V)$$
$$U_L=X_L I=70\times 4.4=308(V)$$
$$U_C=X_C I=40\times 4.4=176(V)$$

④电路的有功功率、无功功率及视在功率为

$$P=U_R I=176\times 4.4=774.4(W)$$
$$Q=(U_L-U_C)I=(308-176)\times 4.4=580.8(var)$$
$$S=UI=220\times 4.4=968(V\cdot A)$$

项目三　单相正弦交流电路

⑤电路的性质：因为 $U_L > U_C$，所以电路呈电感性。

(3)功率因数。

为了表征电源功率被利用的程度，把有功功率与视在功率的比值称为功率因数，用 λ 或 $\cos\varphi$ 表示，即

$$\cos\varphi = \frac{P}{S} \quad (3\text{-}32)$$

对于同一个电路，电压三角形、阻抗三角形和功率三角形都相似，所以

$$\cos\varphi = \frac{P}{S} = \frac{U_R}{U} = \frac{R}{|Z|} \quad (3\text{-}33)$$

功率因数反映电路中的有功功率与视在功率之比。就电源而言，功率因数越高，电能转变为其他形式的能量比例就越大。提高功率因数可充分发挥电源设备的潜在能力，提高经济效益。

总结提升

1. 由交流电源与纯电阻元件构成了纯电阻交流电路。纯电阻交流电路中，电流与电压同频、同相；电流与电压的瞬时值、最大值和有效值均服从欧姆定律；有功功率也是平均功率，等于电压的有效值与电流的有效值的乘积。

2. 由交流电源与纯电感元件组成的电路称为纯电感交流电路。纯电感交流电路中，电流与电压的最大值(或有效值)符合欧姆定律；电压超前电流 90°；有功功率为零，其物理意义是纯电感不消耗能量，反映出纯电感交流电路中能量的相互转换。把单位时间内瞬时功率的最大值叫作无功功率，用 Q_L 来表示，单位为乏(var)。

3. 把电容器接到交流电源上，如果电容器的漏电电阻和分布电感可以忽略不计，这种电路就叫作纯电容交流电路。在纯电容交流电路中，电流与电压的最大值(或有效值)符合欧姆定律；电流超前电压 90°；有功功率为零，无功功率等于电流与电压的有效值的乘积，用 Q_C 来表示，单位为乏(var)。

4. 由电阻、电感和电容串联组成的电路，称为 RLC 串联电路。在 RLC 串联电路中，若 $X_L > X_C$，则电路呈电感性；若 $X_L < X_C$，则电路呈电容性；若 $X_L = X_C$，则电路呈电阻性，此时的电路又称为谐振电路。

5. 为了表征电源功率被利用的程度，把有功功率与视在功率的比值称为功率因数，用 λ 或 $\cos\varphi$ 表示，即 $\lambda = \cos\varphi = \frac{P}{S}$。提高功率因数具有重要的现实意义。

思考与练习

一、填空题

1. 交流电路中只含有电阻的电路，叫_____。
2. 已知交流电源电压 $u = 311\sin(314t + 45°)$ V，若电路中接上一个电阻负载 $R = 220\ \Omega$，

则电路中的电流的有效值为_____，电流的解析式为_____。

3. 在纯电感正弦交流电路中，电压与电流的相位差是_____。

4. 感抗表示线圈对_____所呈现的阻碍作用。

5. $L=0.1$ H 的电感，在工频下的感抗为_____，在 1 kHz 时的感抗为_____。

6. $C=40$ μF 的电容，在工频下的容抗为_____，在 1 kHz 时的容抗为_____。

7. 一电容元件 $C=100$ μF，其电压 $u_C=200\sqrt{2}\sin(\omega t+30°)$ V，在关联参考方向下，电流 $I_C=$_____，$i_C=$_____。

8. 一电容元件，其电压 $u_C=100\sqrt{2}\sin(314t-60°)$ V，电流有效值 $I=5$ A，则电容 $C=$_____。

9. 工频电路中，一电容元件的容抗与 0.2 H 电感的感抗相等时，此时电容 $C=$_____。

10. 在 RLC 串联电路中，X 叫作_____，它是_____和_____共同作用的结果，其大小 $X=$_____。

二、选择题

1. 在纯电阻交流电路中，电阻两端的电压与电流的相位关系是(　　)。

　　A. 电压超前电流 90°　　　　　　B. 电压与电流同相
　　C. 电压滞后电流 90°　　　　　　D. 无法确定

2. 若交流电路中某元件两端电压为 $100\sin(628t-30°)$ V，电流为 $5\sin(628t-30°)$ A，u、i 为关联方向，则该元件为(　　)。

　　A. 电阻　　　　B. 电容　　　　C. 电感　　　　D. 无法确定

3. 如图 3-31 所示，表示纯电阻上的电压与电流相量关系的是(　　)。

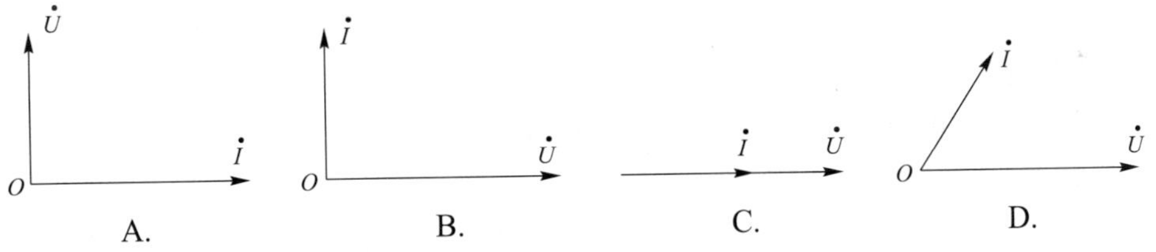

图 3-31　选择题 3 图

4. 一个灯泡通过一个线圈与一个交流电源相连接，如图 3-32 所示。一个条形铁棒插入线圈后灯泡的亮度会(　　)。

　　A. 变暗　　　　　　　　　　　　B. 变亮
　　C. 不变　　　　　　　　　　　　D. 无法判断

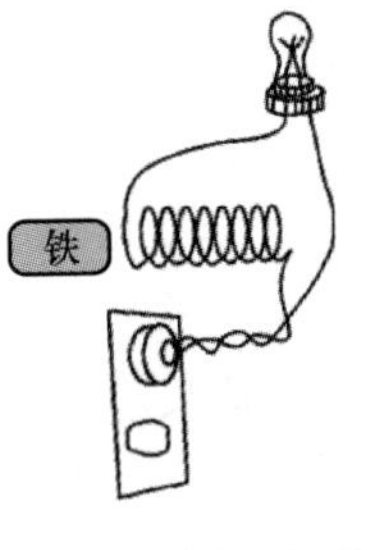

5. 在纯电感交流电路中，电压的有效值不变，增加电源频率时，电路中的电流会(　　)。

　　A. 增大　　　　　　　　　　　　B. 减小
　　C. 不变　　　　　　　　　　　　D. 无法判断

图 3-32　选择题 4 图

三、计算题

1. 一个"220 V/25 W"的灯泡接在 $u=311\sin(314t+60°)$ V 的电源上，试求：
(1)灯泡的电阻。
(2)电流的瞬时值表达式。
(3)电压、电流的相量图。

2. 室内装有两个白炽灯，一个为"220 V/40 W"，另一个为"220 V/200 W"，将它们并联接到 220 V 的市电上并正常发光，求线路中的总电流是多少？

3. 将一额定值为"220 V/1 000 W"的电炉丝接到 $u=220\sqrt{2}\sin\left(\omega t-\dfrac{2}{3}\pi\right)$ V 的电源上，求流过电炉丝的电流解析式。

4. 把电感为 10 mH 的线圈接到 $u=141\sin\left(100\pi t-\dfrac{\pi}{6}\right)$ V 的电源上，试求：①线圈中电流的有效值和瞬时值表达式；②无功功率。

5. 已知一电感线圈通过 50 Hz 的电流时，其感抗为 10 Ω，求：当频率升高到 5 kHz 时，其感抗是多少？

6. 已知流过 50 μF 电容的电流为 $i_C=10\sqrt{2}\sin(314t+30°)$ mA，在关联参考方向下，求：①u_C 的值即电压瞬时值表达式；②电容的无功功率为多少？

7. 电容 C 上的电压和电流分别为 $u=100\sqrt{2}\sin(628t)$ V，$i=0.5$ A，求电容 C 的电容量。

8. 一个线圈与一个电容串联，已知线圈的电阻 $R=4$ Ω，$L=254$ mH，电容 $C=637$ μF，外加电压 $u=311\sin\left(100\pi t+\dfrac{\pi}{4}\right)$ V。试求：①电路的阻抗；②电流的有效值及瞬时值表达式；③求 U_R、U_L 及 U_C 的值并作出相量图；④求有功功率、无功功率及视在功率。

四、问答题

1. 在纯电感交流电路中，电压超前电流 90°，是否意味着先有电压后有电流？
2. 感抗 X_L 的物理意义是什么？
3. 在纯电感交流电路和纯电容交流电路中，电压与电流的最大值（或有效值）都符合欧姆定律，为什么瞬时值不符合欧姆定律？

拓展阅读

LED 照明技术

传统的照明技术存在发光效率低（一般白炽灯发光效率为 20% 左右，普通节能灯为 40%～50%）、耗电量大、使用寿命短，光线中含有大量的紫外线、红外线辐射，照明灯具一般是交流驱动，不可避免地产生频闪而损害人的视力，普通节能灯的电子镇流器会产生电磁干扰，且荧光灯含有大量的汞和铅等重金属，如果无法全部回收则造成环境污染等问题。现代生产和生活的发展迫切需要一种高效节能、无污染、无公害的绿色照明技术取代传统照明技术。经过科学家的技术攻关，一种新型光源技术——LED 照明技术趋于成熟，并已投入生产，走向市场。

LED(Lighting Emitting Diode)即发光二极管，是一种半导体固体发光器件。它是利用固体半导体芯片作为发光材料，在半导体中通过载流子发生复合放出过剩的能量而引起光子发射，直接发出红、黄、蓝、绿、青、橙、紫、白色的光。LED 照明产品(见图 3-33)就是利用 LED 作为光源制造出来的照明器具。LED 技术始于 20 世纪五六十年代，已经广泛应用于工业生产和家庭生活，例如电子表、数字式万用表、LED 液显电视机、微机液晶显示器、交通信号灯等，应用实例举不胜举。现在科技人员研制出的大功率 LED 照明光源系列产品填补了此类产品的空白，并由此打开了局面，开始向产业化方向发展。经有关部门技术鉴定，LED 照明技术具有以下特点：

图 3-33　LED 照明产品

- 高效节能。1 000 h 仅耗电 1 kW·h(普通白炽灯 17 h 耗电 1 kW·h，普通节能灯 100 h 耗电 1 kW·h)。
- 超长寿命。使用寿命一般为 50 000 h 左右(普通白炽灯使用寿命仅有 1 000 h，普通节能灯使用寿命也只有 10 000 h)。
- 光线健康。光线中不含紫外线和红外线，不产生辐射。
- 绿色环保。不含汞和铅等有害元素，利于回收和利用，而且不会产生电磁干扰。
- 保护视力。直流驱动，无频闪。
- 光效率高。发热小，90%的电能转化为可见光。
- 安全系数高。驱动电压低、工作电流较小，发热较少，不产生安全隐患，可用于矿场等危险场所。
- 市场潜力大。低压、直流供电，电池、太阳能供电均可，可用于边远山区及野外照明等缺电、少电场所。

经科技人员的努力探索研究，现已推出大功率照明 LED 专用驱动器，其体积小，成本低，便于安装，且采用市电 220 V 输入或直流 8～450 V 输入，稳压大电流恒流(可调范围为 100～1 000 mA)输出供电，非常稳定。可驱动 10 个以上 1 W、3 W、5 W 大功率 LED。用于台灯时可实现手动调光、遥控调光等功能。

近年来，LED 在颜色种类、亮度和功率方面都有了极大的提高，以其令人惊叹而欣喜的应用在城市室内外照明(见图 3-34、图 3-35、图 3-36)中发挥着传统光源无可比拟的作用。LED 寿命最长可达 10 万小时，意味着每天工作 8 h，可以有 35 年免维护的理论保障。低压运行，几乎可达到 100%的光输出，调光时低到近乎零输出，可以组合出成千上万种光色，而发光面积可以很小，能制作成 1 mm^2。经过二次光学设计，照明灯具可达到理想的光强分布。快速发展的 LED 技术将为照明设计与应用带来新的发展，这是许多传统光源不可能实现的。如今 LED 照明在娱乐、建筑物室内外、城市美化、景观照明中应用也越来越广泛。

项目三　单相正弦交流电路

图 3-34　LED 照明技术在城市室内照明上的应用

图 3-35　LED 照明技术在城市室外照明上的应用

图 3-36　LED 照明技术在建筑物外观照明上的应用

建筑物外观照明。由于 LED 光源小而薄，线性投射灯具的研发无疑成为 LED 投射灯具的一大亮点，因为许多建筑物根本没有地方放置传统的投光灯。LED 灯具安装便捷，可以水平安装也可以垂直安装，能与建筑物表面更好地结合，拓展了设计师的创作空间。并将对现代建筑和历史建筑的照明手法产生影响。

景观照明（见图 3-37）。由于 LED 不像传统灯具光源多是玻璃泡壳，它可以与城市街道家具很好地有机结合，可以在城市的休闲空间如路径、楼梯、甲板、滨水地带、园艺等进行照明。对于花卉或低矮的灌木，可以使用 LED 作为光源进行照明。LED 隐藏式的投光灯具会特别受到青睐，固定端可以设计为插拔式，依据植物生长的高度，方便进行调节。

标识与指示性照明（见图 3-38）。需要进行空间限定和引导的场所，如道路路面的分隔显示、楼梯踏步的局部照明、紧急出口的指示照明，可以使用表面亮度适当的 LED 自发光埋地灯或嵌在垂直墙面的灯具，如影剧院观众厅内的地面引导灯或座椅侧面的指示灯，以及购物中心内楼层的引导灯等。另外，LED 与霓虹灯相比，由于是低压，没有易碎的玻璃，不会因为制作中发生弯曲而增加费用，值得在标识设计中推广使用。

图 3-37　LED 照明技术在景观照明上的应用

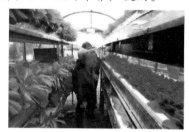

图 3-38　LED 照明技术在标识与指示性上的应用

技能操作

日光灯电路及功率因数的提高

一、实训目的

(1) 熟悉日光灯电路的工作原理，掌握日光灯电路的接线。

(2) 了解提高功率因数的意义，掌握提高电感性电路功率因数的方法。

二、实训原理说明

1. 日光灯各元件的连接及其工作过程

日光灯电路如图 3-39 所示，开关 S 闭合时，日光灯管不导电，全部电压加在启辉器（见图 3-40）两触片之间，使启辉器中氖气被击穿，产生气体放电，此放电产生的一定热量使双金属片受热膨胀与固定片接通，于是有电流通过日光灯管的灯丝和镇流器。短时间后双金属片冷却收缩与固定片断开，电路中的电流突然减小；根据电磁感应定律，这时镇流器两端产生一定的感应电动势，使日光灯管两端产生 400～500 V 高压，灯管气体电离，产生放电，日光灯点燃发亮。日光灯点燃后，灯管两端的电压降为 100 V 左右，这时由于镇流器的限流作用，灯管中电流不会过大。同时并联在灯管两端的启辉器，也因电压降低而不能放电，其触片保持断开状态。

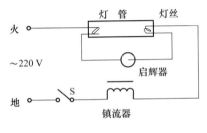

图 3-39 日光灯电路

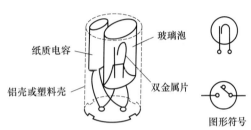

图 3-40 日光灯启辉器

2. 功率因数提高的意义和方法

日光灯点亮后，日光灯电路可以用图 3-41 表示，其所吸收的有功功率 $P=UI\cos\varphi$，其中 $\cos\varphi$ 称为功率因数。要提高感性负载的功率因数，可以用并联电容器的办法，使流过电容器中的无功电流分量与感性负载中的无功电流分量互相补偿，以减小电压和电流之间的相位差，从而提高了功率因数。提高负载的功率因数有很大的经济意义，一方面它可以充分发挥电源设备的利用率；另一方面又可以减少输电线路上的功率损失，提高电能的传输效率。

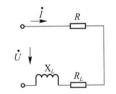

图 3-41 日光灯点亮后的等效电路

三、实训器材（见表 3-1）

表 3-1 实训器材记录表

序号	名称	型号与规格	数量	备注
1	交流电压表	0～500 V	1	在屏上
2	交流电流表	0～5 A	1	在屏上
3	可调交流电源	0～250 V	1	在屏上
4	镇流器、启辉器	与 30 W 日光灯管配用	各1	DDZ—13
5	日光灯管	30 W	1	在屏上
6	电容器	1 μF、2.2 μF、4.7 μF /500 V	各1	DDZ—13
7	电流插座		3	在屏上

四、实训内容及步骤

(1)按图 3-42 所示的日光灯实验电路连接线路,其中 $C_1=1~\mu F$、$C_2=2.2~\mu F$、$C_3=4.7~\mu F$。注意:经老师检查电路正确后方可通电。

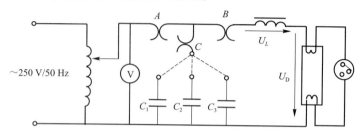

图 3-42 日光灯实验电路

(2)把实验台上的自耦调压器输出电压调至最小值,闭合交流电源开关,调节自耦调压器的输出,使其输出电压缓慢增大,点亮日光灯,并将电压调至 220 V(若电压调至 220 V 后日光灯仍不亮,停止再升高电压,检查线路,直至日光灯点亮)。

(3)测量电路总电压 U、镇流器两端电压 U_L 及日光灯管两端电压 U_D,并记录于表 3-2 中。

(4)测量电路总电流 I_A、流过日光灯的电流 I_B、流过电容器的电流 I_C,并记录于表 3-2 中。

(5)关闭电源,分别用导线将电容器 C_1、C_2、C_3 与电流插座相连,闭合电源开关,重复第 3 步和第 4 步。

表 3-2 实训数据记录表

电容值 \ 项目	测量值						计算值		
	电压/V			电流/mA			视在功率 $S/(V·A)$	有功功率 P/W	功率因数 $\cos\varphi/\%$
	U	U_L	U_D	I_A	I_B	I_C			
0									
$C_1=1~\mu F$									
$C_2=2.2~\mu F$									
$C_3=4.7~\mu F$									

(6)根据测量值,分别计算出视在功率、有功功率和功率因数(保留整数位),并记录于表 3-2 中。

五、预习思考题

(1)为什么在日光灯点亮之前不要接入电流表?

(2)如何提高功率因数,提高功率因数有何意义?

六、实训报告

(1)绘出不并联电容时,$\dot{U}$、$\dot{U}_L$、$\dot{U}_D$、$\dot{I}$ 的相量图(假设镇流器为一个纯电感元件)。

(2)为什么感性负载并联电容后能提高功率因数?画出C_1并联后的相量图。
(3)在感性负载电路中,并联电容器的电容量是否越大越好,为什么?
(4)实验心得体会及其他。

任务三　常用仪器仪表的使用

学习目标

【知识目标】
◎熟悉数字万用表的组成并理解其主要性能指标的含义。
◎熟悉 YB1610 函数信号发生器的面板结构。
◎掌握 YB1610 函数信号发生器的主要测试功能。
◎了解示波器的基本结构与工作原理,掌握示波器的调节与使用。
◎掌握用示波器观察电信号波形的方法。
◎掌握用示波器测量电信号的电压和频率的方法。

【技能目标】
◎能够用数字万用表进行电阻、电压、电流、电容及三极管放大倍数的测量。
◎能够用数字万用表判断二极管的好坏及三极管的极性。
◎会使用函数信号发生器选择信号源。
◎能够正确操作双踪示波器的各按键与旋钮。
◎能够用示波器测量电信号的电压和频率。

实例引入

一辆 1.8T 帕萨特轿车(见图 3-43),已行驶了 5 万公里。现在该轿车无法起动,牵引至 4S 店,到站后维修技师起动该轿车,发现起动机工作正常,发动机可运转但无法着火(转速不上升)。维修技师初步判断故障原因为:一是点火系统故障;二是燃油供给系统故障。需要用万用表、示波器、诊断仪等设备仪器进行确诊。

图 3-43　1.8T 帕萨特轿车

实例分析

维修技师要想进一步确定该轿车的故障原因,就必须用万用表、诊断仪等仪器仪表对点火系统(见图 3-44)或燃油供给系统的电路进行测量。要想使测量的结果准确,就必须要掌握万用表、示波器等常用仪器仪表的结构与使用方法。

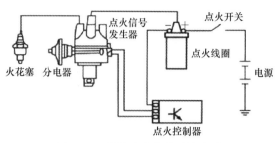

图 3-44 磁脉冲式点火系统电路

必备知识

一、数字万用表(DMM)的使用

数字万用表是指测量结果主要以数字的方式显示的万用表。数字万用表与指针式万用表相比,具有以下特点:

(1)采用大规模集成电路,提供了测量精度,减少了测量误差。
(2)以数字方式在屏幕上显示测量值,使读数变得更为直观、准确。
(3)增设了快速熔断器和过压、过流保护装置,使过载能力进一步加强。
(4)具有防磁干扰能力,测试数据稳定,能使万用表在强磁场中也能正常工作。
(5)具有自动调零、极性显示、超量程显示及低压指示功能。有的数字万用表还增加了语音自动报测数据装置,真正实现了会说话的智能型万用表。

(一)数字万用表的分类

(1)按转换量程分为手动、自动、手动/自动量程数字万用表。
(2)按结构分为台式、手持式数字万用表。
(3)按是否带微处理器分为传统 A/D 转换型、智能型数字万用表。
(4)按位数分为 3 位半、4 位半数字万用表。

(二)数字万用表的组成

数字万用表是在直流数字电压表的基础上配接相应的交流-直流转换器(AC/DC)、电流-电压转换器(I/U)、电阻-电压转换电路(R/U)等构成的,因此,数字万用表的核心是直流数字电压表(DVM),其原理方框图如图 3-45 所示。

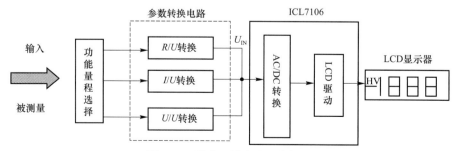

图 3-45 数字万用表原理方框图

(三)数字万用表的主要功能

数字万用表主要用于测量交直流电压、电流，电阻，电容、电感、三极管放大倍数、二极管正向压降及电路通断等。

(四)DT9205A数字万用表前面板

DT9205A数字万用表前面板如图3-46所示。

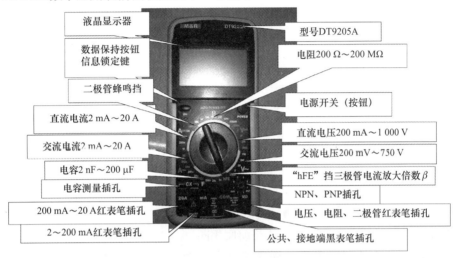

图 3-46　DT9205A 数字万用表前面板

(五)DT9205A数字万用表的使用

1. 电阻的测量（见图3-47）

(1)将红表笔插入"VΩ"孔，黑表笔插入"COM"孔。
(2)将量程旋钮打到"Ω"量程挡适当位置。
(3)分别将红黑表笔接到电阻两端金属部分。
(4)读出显示屏上显示的数据。

重要提示：

(1)量程选择和转换量程选小了时显示屏上会显示"1"，此时应换用较大的量程；反之，若量程选大了，显示屏上会显示一个接近于"0"的数字，此时应换用较小的量程。

图 3-47　电阻的测量

(2)如何读数。显示屏上显示的数字再加上下边挡位选择的单位就是它的读数。要提醒的是在"200"挡时单位是"Ω"，在"2k～200k"挡时单位是"kΩ"，在"2M～2 000M"挡时单位是"MΩ"。

(3)如果被测电阻值超出所选择量程的最大值，将显示过量程"1"，此时应选择更高的量程。对于大于1 MΩ或更高的电阻，要几秒钟后读数才能稳定，这是正常的。

(4)当没有连接好时，例如开路情况，仪表显示为"1"。

(5)当检查被测线路的阻抗时，要保证移开被测线路中的所有电源、所有电容。被测线路中，如有电源和储能元件，会影响线路阻抗测试的正确性。

(6)万用表的 200 MΩ 挡位，短路时占有 1.0 MΩ，测量一个电阻时，应从测量读数中减去这 1.0 MΩ。如测一个电阻时，显示读数为 101.0，应从 101.0 中减去 1.0。因此被测元件的实际阻值为 100.0 MΩ 即 100 MΩ。

2. 电压的测量

①将红表笔插入"VΩ"孔，黑表笔插入"COM"孔。

②将量程旋钮打到"V－"或"V～"挡适当位置。

③读出显示屏上显示的数据。

(1)直流电压的测量(见图 3-48)。

①把旋钮选到比估计值大的量程挡(注意：直流挡是"V－"，交流挡是"V～")，接着把表笔接电源或电池两端；保持接触稳定。数值可以直接从显示屏上读取。

②若显示为"1"，则表明量程太小，那么就要加大量程后再测量。

③若在数值左边出现"－"，则表明表笔极性与实际电源极性相反，此时红表笔接的是负极。

(2)交流电压的测量(见图 3-49)。

①表笔应接插孔与测量直流电压时一样，不过应该将旋钮打到交流挡"V～"处所需的量程即可。

②交流电压无正负之分，测量方法与前面相同。

③无论测交流还是直流电压，都要注意人身安全，不要随便用手触摸表笔的金属部分。

图 3-48 直流电压的测量   图 3-49 交流电压的测量

3. 电流的测量

①断开电路。

②将黑表笔插入"COM"孔，红表笔插入"mA"或者"20 A"孔。

③将功能旋转开关打至"A～"(交流)或"A－"(直流)挡，并选择合适的量程。

④断开被测线路，将数字万用表串联入被测线路中，被测线路中电流从一端流入红表笔，经万用表黑表笔流出，再流入被测线路中。

⑤接通电路。

⑥读出 LCD 显示屏数字。

(1)直流电流的测量(见图3-50)。

①估计电路中电流的大小。若测量大于200 mA的电流,则要将红表笔插入"10 A"插孔并将旋钮打到直流"10 A"挡;若测量小于200 mA的电流,则将红表笔插入"200 mA"插孔,将旋钮打到直流200 mA以内的合适量程。

②将万用表串进电路中,保持稳定,即可读数。若显示为"1",那么就要加大量程;如果在数值左边出现"-",则表明电流从黑表笔流进数字万用表。

(2)交流电流的测量(见图3-51)。

①测量方法与直流测量相同,不过挡位应该打到交流挡位。

②电流测量完毕后应将红表笔插回"VΩ"孔,若忘记这一步而直接测电压,则直接导致仪器报废。

图3-50 直流电流的测量

图3-51 交流电流的测量

重要提示:

①如果使用前不知道被测电流范围,那么将功能开关置于最大量程并逐渐下降。

②如果显示器只显示"1",表示过量程,则功能开关应置于更高量程。

③最大输入电流为200 mA,过量的电流将烧坏保险丝,应再更换。20 A量程无保险丝保护,测量时不能超过15 s。

4. 电容的测量(见图3-52)

(1)将电容两端短接,对电容进行放电,确保数字万用表的安全。

(2)将功能旋转开关打至电容"F"测量挡,并选择合适的量程。

(3)将电容插入万用表"CX"插孔。

(4)读出LCD显示屏上的数字。

重要提示:

(1)测量前电容需要放电,否则容易损坏数字万用表。

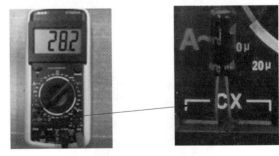

图3-52 电容的测量

(2)测量后也要放电,避免埋下安全隐患。

(3)仪器本身已对电容挡设置了保护,故在电容测试过程中不用考虑极性及电容充放电等情况。

项目三 单相正弦交流电路

(4)测量电容时,将电容插入专用的电容测试座中(不要插入表笔插孔"COM""VΩ")。

(5)测量大电容时稳定读数需要一定的时间。

(6)电容的单位换算:$1\ \mu F = 10^6\ pF$,$1\ \mu F = 10^3\ nF$。

5. 二极管的测量(见图 3-53)

(1)将红表笔插入"VΩ"孔,黑表笔插入"COM"孔。

(2)将转盘打在"─▷┤─"挡。

(3)判断正负:红表笔接二极管正极,黑表笔接二极管负极。

(4)读出 LCD 显示屏上的数据。

(5)将两表笔换位,若显示屏上为"1",正常;否则此管被击穿。

图 3-53 二极管的测量

重要提示:

二极管好坏及正负极的判断。

将红表笔插入"VΩ"孔,黑表笔插入"COM"孔,转盘打在"─▷┤─"挡,然后颠倒表笔再测一次。

如果两次测量的结果是:一次显示"1"字样,另一次显示零点几的数字,那么此二极管就是一个正常的二极管,假如两次显示都相同,表明此二极管已经损坏。LCD 上显示的一个数字即是二极管的正向压降:硅材料为 0.6 V 左右,锗材料为 0.2 V 左右,根据二极管的特性,可以判断此时红表笔接的是二极管的正极,而黑表笔接的是二极管的负极。

6. 三极管的测量(见图 3-54)

(1)将红表笔插入"VΩ"孔,黑表笔插入"COM"孔。

(2)将转盘打在"─▷┤─"挡。

(3)找出三极管的基极 b。

(4)判断三极管的类型(PNP 或者 NPN)。

(5)将转盘打在"hFE"挡。

(6)根据类型插入 PNP 或 NPN 插孔测 β 值。

(7)读出显示屏中 β 值。

图 3-54 三极管的测量

重要提示:

(1)e、b、c 引脚的判定。将红表笔插入"VΩ"孔,黑表笔插入"COM"孔;其原理同二极管。先假定 A 脚为基极,用黑表笔与该脚相接,红表笔与其他两脚分别接触,若两次读数均为 0.7 V 左右,然后再用红表笔接 A 脚,黑笔接触其他两脚,若均显示"1",则 A 脚为基极,且此管为 PNP 管,否则需要重新测量。

(2)集电极和发射极的判断。可以利用"hFE"挡来判断:先将挡位打到"hFE"挡,可以看到挡位旁有一排小插孔,分为 PNP 和 NPN 管的测量。前面已经判断出管型,将基极插入对应管型"b"孔,其余两脚分别插入"c""e"孔,此时可以读取数值,即 β 值;再固定基极,其余两脚对调;比较两次读数,读数较大的引脚位置与表面"c""e"相对应。

(六)数字万用表使用注意事项

(1)如果无法预先估计被测电压或电流的大小,则应先拨至最高量程挡测量一次,再视情况逐渐把量程减小到合适位置。测量完毕,应将量程开关拨到最高电压挡,并关闭电源。

(2)满量程时,仪表仅在最高位显示数字"1",其他位均消失,这时应选择更高的量程。

(3)测量电压时,应将数字万用表与被测电路并联。测电流时应与被测电路串联,测直流量时不必考虑正、负极性。

(4)当误用交流电压挡去测量直流电压,或者误用直流电压挡去测量交流电时,显示屏将显示"000",或低位上的数字出现跳动。

(5)禁止在测量高电压(220 V 以上)或大电流(0.5 A 以上)时换量程,以防止产生电弧,烧毁开关触点。

(6)当万用表的电池电量即将耗尽时,液晶显示器左上角有电池电量低提示,若仍进行测量,测量值会比实际值偏高。

二、函数信号发生器的使用

函数信号发生器是一种多波形信号源,它能产生某种特定的周期性时间函数波形,可输出很低频率的信号,也称为低频信号发生器或波形发生器。工作频率从几毫赫兹到十兆赫兹。一般能产生正弦波、方波和三角波,有的还可以产生锯齿波、矩形波(宽度和重复周期可调)、正负尖脉冲等波形。

它能进行调频,因而可成为低频扫频信号源。函数信号发生器能在生产、测试、仪器维修和实验时作信号源使用。

(一)信号发生器的分类

1. 按被测电路对测试信号要求分类

(1)专用信号发生器:如电视信号发生器、编码信号发生器等。

(2)通用信号发生器:如正弦信号发生器、脉冲信号发生器、函数信号发生器等。

2. 按频率范围分类

(1)超低频信号发生器(0.1 Hz～1 kHz)，应用于电声学、声呐中。

(2)低频信号发生器(1 Hz～20 kHz 或 1 MHz 范围内，音频信号发生器为 20 Hz～20 kHz)，应用于电报通信。

(3)视频信号发生器(20 Hz～10 MHz)，应用于无线电广播。

(4)高频信号发生器(200 kHz～30 MHz)，应用于广播、电报。

(5)甚高频信号发生器(30～300 MHz，相当于米波波段)，应用于电视、调频广播、导航。

(6)超高频信号发生器(300 MHz 以上，相当于分米波、厘米波)，应用于雷达、导航、气象。

(二)信号发生器的基本组成

信号发生器由振荡器、变换器、输出电路、指示器和调制器等组成。

(1)振荡器：主要产生不同频率、不同波形的信号。

(2)变换器：可以是电压放大器、功率放大器、调制器或整形器。

(3)输出电路：调节输出信号的电平和输出阻抗。

(4)指示器：用来监视输出信号。

(5)电源：提供信号发生器各部分的工作电压。

(6)调制器：把信号源所提供的视频信号(VIDEO)和音频信号(AUDIO)调制成稳定的高频射频振荡信号。

(三)YB1610 函数信号发生器的使用

YB1610 函数信号发生器是一种新型高精度信号源，具有数字频率计、计数器、电压显示及各端口保护功能，有效防止了输出短路和外电路电流的倒灌对仪器的损坏，大大提高了整机的可靠性。广泛适用于教学、电子实验、科研开发、邮电通信、电子仪器测量等领域。

1. 主要特点

(1)频率计和计数器功能(5 位 LED 显示)。

(2)输出电压指示(3 位 LED 显示)。

(3)轻触开关、面板功能指示，直观方便。

(4)采用金属外壳，具有优良的电磁兼容性。

(5)内置线性/对数扫频功能。

(6)数字微调频率功能，使测量更精确。

(7)50 Hz 正弦波输出，方便教学实验。

(8)外接调频功能。

(9)VCF 压控输入。

(10)所有端口有短路和抗输入电压保护功能。

2. 幅度显示

(1)显示位数：3 位。

(2)显示单位:V_{p-p}或mV_{p-p}。

(3)显示误差:±15%±1个字。

(4)负载为1 MΩ时:直接读数。

(5)负载电阻为50 Ω时:直接读数除以2。

(6)分辨率:$1 mV_{p-p}$(40 dB)。

3. 电源

(1)电压:220(1±10%)V。

(2)频率:50(1±5%)Hz。

(3)视载功率:约10 W。

(4)电源保险丝:BGXP-1-0.5 A。

4. 各按键及旋钮的功能

YB1610函数信号发生器前面板如图3-55所示、YB1610函数信号发生器后面板如图3-56所示。

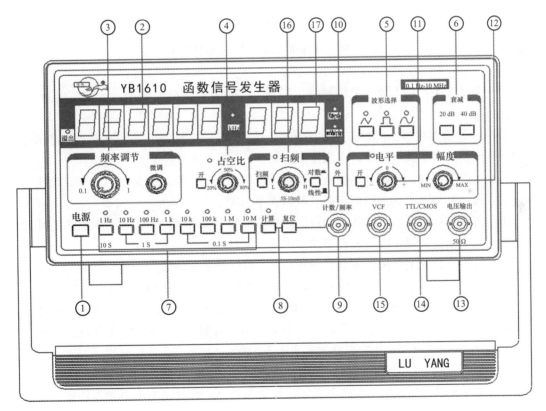

图3-55 YB1610函数信号发生器前面板

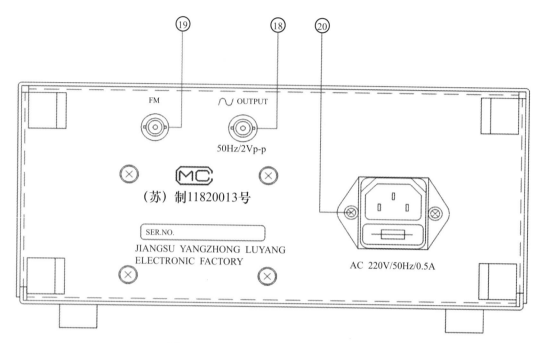

图 3-56　YB1610 函数信号发生器后面板

①—电源开关：将电源开关按键弹出即为"关"位置；将电源线接入，按下电源开关，以接通电源。

②—LED 显示窗口：此窗口指示输出信号的频率，当"外测"开关按入，则显示外测信号的频率。如超出测量范围，溢出指示灯亮。

③—频率调节旋钮：调节此旋钮可改变输出信号频率，顺时针旋转时，频率增大，逆时针旋转时，频率减小；微调旋钮可以微调频率。

④—占空比：包括占空比开关和占空比调节旋钮，将占空比开关按入时，占空比指示灯亮；调节占空比旋钮，可改变波形的占空比。

⑤—波形选择开关：按对应波形的某一键，可选择需要的波形。

⑥—衰减开关：电压输出衰减开关，二挡开关组合为 20 dB 和 40 dB。

⑦—频率范围选择开关(并兼频率计闸门开关)：根据所需要的频率，按其中一键。

⑧—计数、复位开关：按计数键，LED 显示开始计数；按复位键，LED 显示全为 0。

⑨—计数/频率端口：计数、外测频率输入端口。

⑩—外测频开关：此开关按入时 LED 显示窗显示外测信号频率或计数值。

⑪—电平调节：按入电平调节开关，电平指示灯亮，此时调节电平调节旋钮，可改变直流偏置电平。

⑫—幅度调节旋钮：顺时针调节此旋钮可增大电压输出幅度，逆时针调节此旋钮可减小电压输出幅度。

⑬—电压输出端口：输出电压由此端口输出。

⑭—TTL/CMOS 输出端口：由此端口输出 TTL/CMOS 信号。

⑮—VCF 端口：由此端口输入电压控制频率变化。

⑯—扫频：按入扫频开关，电压输出端口输出信号为扫频信号，调节速率旋钮，可改变扫频速率，改变线性/对数开关可产生线性扫频和对数扫频。

⑰—电压输出指示：3 位 LED 显示输出电压值，输出接 50 Ω 负载时应将读数除以 2。

⑱—50 Hz 正弦波输出端口：50 Hz、约 2 V_{P-P} 正弦波由此端口输出。

⑲—调频（FM）输入端口：外调频波由此端口输入。

⑳—交流电源 220 V 输入插座。

5．基本操作方法

打开电源开关之前，首先检查输入的电压，将电源线插入后面板上的电源插孔，如表 3-3 所示设定各个控制键。

表 3-3　YB1610 函数信号发生器开机前各个控制键设定

电源开关	电源开关键弹出
衰减开关	衰减开关弹出
外测频开关	外测频开关弹出
电平	电平开关弹出
扫频	扫频开关弹出
占空比	占空比开关弹出

所有的控制键如上设定后，打开电源。函数信号发生器默认 10 kΩ 挡正弦波，LED 显示窗口显示本机输出信号频率。

（1）将电压输出信号由幅度端口通过连接线送入示波器 Y 输入端口。

（2）正弦波、方波、三角波的产生。

①将波形选择开关分别按入正弦波、方波、三角波相应位置。此时示波器屏幕上将分别显示正弦波、方波、三角波。

②改变频率选择开关，示波器显示的波形以及 LED 显示窗显示的频率将发生明显变化。

③将幅度旋钮顺时针旋转至最大，示波器显示的波形幅度将大于等于 20 V_{P-P}。

④将电平开关按入，顺时针旋转电平旋钮至最大时，示波器波形向上移动，逆时针旋转时，示波器波形向下移动，最大变化量为±10 V。注意：信号超过±10 V 或±5 V（50 Ω）时被限幅。

⑤按下衰减开关，输出波形将被衰减。

（3）计数、复位。

①按入复位键，LED 显示全为 0。

②按入计数/频率键，输入端输入信号时，LED 显示开始计数。

（4）斜波产生。

①将波形开关置"三角波"位置。

②按入占空比开关，指示灯亮。

③调节占空比旋钮,三角波将变成斜波。

(5)外测频率。

①按入外测开关,外测频指示灯亮。

②外测信号由计数/频率输入端输入。

③选择适当的频率范围,由高量程向低量程选择合适的有效数,确保测量精度(注意:当有溢出指示时,请提高一挡量程)。

(6)TTL 输出。

①TTL/CMOS 端口接示波器 Y 轴输入端(DC 输入)。

②示波器将显示方波或脉冲波,该输出端可作 TTL/CMOS 数字电路实验时钟信号源。

(7)扫频(SCAN)。

①按入扫频开关,此时幅度输出端口输出的信号为扫频信号。

②线性/对数开关,在扫频状态下弹出时为线性扫频,按入时为对数扫频。

③调节扫频旋钮,可改变扫频速率。顺时针调节,增大扫频速率;逆时针调节,减慢扫频速率。

(8)压控调频(VCF):由 VCF 输入端口输入 0～5 V 的调制信号。此时,幅度输出端口输出为压控信号。

(9)调频(FM):由 FM 输入端口输入频率为 10 Hz～20 kHz 的调制信号,此时,幅度端口输出为调频信号。

(10)50 Hz 正弦波:由交流 OUTPUT 输出端口输出 50 Hz、约 2 V_{P-P} 的正弦波。

(四)函数信号发生器使用注意事项

(1)工作环境和电源应满足指定要求。

(2)初次使用本机或久贮后再用时,建议放置通风和干燥处几小时后通电 1～2 h 再用。

(3)为获得高质量小信号(mV 级),可暂将外置开关置"外",以降低数字信号的波形干扰。

(4)外测频时,请先选择高量程挡,然后选择合适的量程,确保测量精度。

(5)电压幅度输出、TTL/COMS 输出要尽可能避免长时间短路或电流倒灌。

(6)各输入端口,输入电压不要高于 35 V。

(7)为了观察准确的函数波形,建议示波器带宽应高于该仪器上限频率的 2 倍。

(8)如仪器不能正常工作,要重新开机检查操作步骤。

三、双踪示波器的使用

示波器是一种用来展示和观测电信号的电子仪器,它可以直接测量信号电压的大小和周期,因此,一切可以转化为电压的电学量、非电学量(如电流、电功率、阻抗、温度、位移、压力、磁场等)以及它们随时间变化的过程都可用示波器来观测。由于电子射线的惯性小,又能在荧光屏上显示出可见的图像,所以特别适用于观测瞬时变化的过程,这是示波器重要的优点。

(一)示波器的分类

示波器按对信号的处理方式可分为模拟式示波器和数字式示波器。

示波器按同时显示波形的数目可分为单踪示波器和双踪示波器。

(二)示波器和电压表的区别

示波器和电压表都可以测量电信号的电压，但它们在测量信息、测量数量及显示方式上有所不同，其主要区别如表3-4所示。

表3-4 示波器和电压表之间的主要区别

类别	测量的信息	同时测量信号的多少	显示方式
电压表	电压值	一个	指针指示或数字显示
示波器	峰值、频率及波形	两个或多个	波形

(三)模拟式双踪示波器

1. 模拟式通用示波器的组成及基本工作原理

(1)通用示波器的组成。通用示波器的基本组成方框图如图3-57所示，主要由电子枪、偏转系统和荧光屏3部分组成。

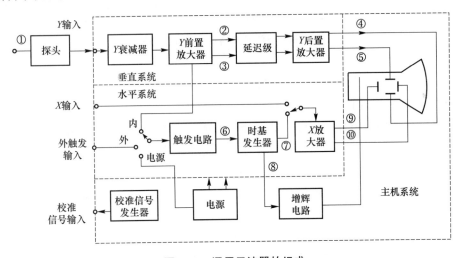

图3-57 通用示波器的组成

(2)通用示波器的基本工作原理：被测信号①接到 Y 输入端，经 Y 衰减器适当衰减后送至 Y 前置放大器，延迟输出信号②和③，再经延迟级延迟时间 t_2 加到 Y 后置放大器。放大后产生足够大的信号④和⑤，加到示波管的 Y 轴偏转板上。为了在屏幕上显示出完整稳定的波形，将 Y 轴的被测信号③引入 X 轴系统的触发电路(内同步)，在引入信号的正(或负)极性的某一电平值产生触发脉冲⑥，启动锯齿波扫描电路(时基发生器)，产生扫描电压⑦。由于从触发到启动扫描有一时间延迟 t_1，为保证 Y 轴信号到达荧光屏之前 X 轴已经开始扫描,即让扫描电压先到达水平偏转板,Y 轴的延迟时间 t_2 应稍大于 X 轴的延迟时间 t_1。扫描电压⑦经 X 放大器放大,产生延迟输出⑨和⑩,加到示波管的 X 轴偏转板上。Z 轴系统用于放大扫描电压正程,并且变成正向矩形波,送到示波管栅极。这使得扫描正程时显示的波形有某一固定辉度,而在扫描回程进行抹迹。

2. 双踪示波器的基本结构

在测量工作中我们常常希望把两个不同的信号同时显示在一个荧光屏上,以便比较它们之间在波形、幅度、相位(或时间)等方面的差异,为此,可采用双踪示波器。所谓双踪示波器是指利用电子开关将 Y 轴输入的两个不同的被测信号分别显示在荧光屏上。由于人眼的视觉暂留现象,当转换频率高到一定程度后,看到的是两个稳定的、清晰的信号波形。双踪示波器的基本工作方框图如图 3-58 所示。

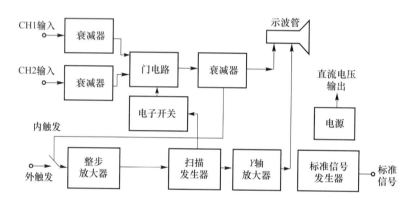

图 3-58 双踪示波器基本工作方框图

(四)双踪示波器的两个重要技术指标

1. 垂直系统的灵敏度

垂直系统的灵敏度也称为双踪示波器的灵敏度,定义为 Y 轴输入端电压与电子束在 Y 轴方向偏转位移之比,单位为 V/cm 或 V/div。通过调整垂直系统的衰减系数或放大系数可以改变垂直系统的灵敏度大小。

双踪示波器屏幕的格数为:横×竖=10×8,每格尺寸为 1 cm。

2. 时基因数

时基因数也称水平扫速,它表示电子束沿 X 轴方向移动单位长度所需的时间,单位为 t/div 或 t/cm,t 可取 μs、ms 或 s。如果将 X 轴放大器放大倍数提高 10 倍,则扫描信号的幅度放大 10 倍,在相同的时间内电子束沿 X 轴方向位移增大 10 倍,相当于扫描速度提高 10 倍,这种情况称为扫描扩展。

例如:扫描速度为 0.1 μs/div,扩展后为 0.01 μs/div。

(五)MOS-620CH 型双踪示波器的使用

1. MOS-620CH 型双踪示波器前面板(见图 3-59)按键和旋钮的功能

任务三　常用仪器仪表的使用

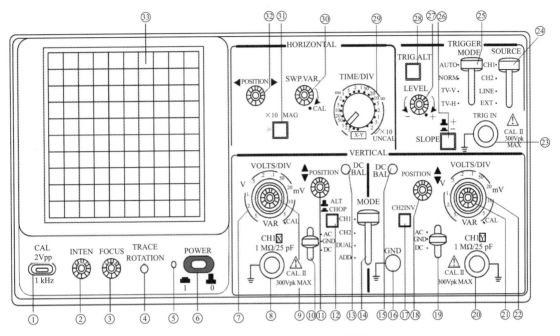

图 3-59　MOS－620CH 型双踪示波器前面板

（1）示波管操作部分。

⑥—"POWER"：主电源开关及指示灯。按下此开关，其左侧的发光二极管指示灯⑤亮，表明电源已接通。

②—"INTEN"：亮度调节钮。调节轨迹或光点的亮度。

③—"FOCUS"：聚焦调节钮。调节轨迹或亮光点的聚焦。

④—"TRACE ROTATION"：轨迹旋转。调整水平轨迹与刻度线相平行。

㉝—显示屏：显示信号的波形。

（2）垂直轴操作部分。

⑦㉒—"VOLTS/DIV"：垂直衰减钮。调节垂直偏转灵敏度，从 5 mV/div～5 V/div，共 10 个挡位。

⑧—"CH1X"：通道 1 被测信号输入连接器。在 $X-Y$ 模式下，作为 X 轴输入端。

⑳—"CH2Y"：通道 2 被测信号输入连接器。在 $X-Y$ 模式下，作为 Y 轴输入端。

⑨㉑—"VAR"垂直灵敏度旋钮：微调灵敏度大于或等于 1/2.5 标示值。在校正（CAL）位置时，灵敏度校正为标示值。

⑩⑲—"AC－GND－DC"：垂直系统输入耦合开关。选择被测信号进入垂直通道的耦合方式。"AC"：交流耦合；"DC"：直流耦合；"GND"：接地。

⑪⑱—"POSITION"：垂直位置调节旋钮。调节显示波形在荧光屏上的垂直位置。

⑫—"ALT"/"CHOP"：交替/断续选择按键，双踪显示时，弹出"ALT"键，通道 1 与通道 2 的信号交替显示，适用于观测频率较高的信号波形；按下"CHOP"键，通道 1 与通道 2 的信号同时断续显示，适用于观测频率较低的信号波形。

· 117 ·

⑬⑮——"DC BAL"：CH1、CH2 通道直流平衡调节旋钮。垂直系统输入耦合开关在"GND"时，在 5 mV 与 10 mV 间反复转动垂直衰减开关，调整"DC BAL"使光迹保持在零水平线上不移动。

⑭——"VERTICAL MODE"：垂直系统工作模式开关。"CH1"：通道 1 单独显示；"CH2"：通道 2 单独显示；"DUAL"：两个通道同时显示；"ADD"：显示通道 1 与通道 2 信号的代数和或代数差（按下通道 2 的信号反向键"CH2 INV"时）。

⑰——"CH2 INV"：通道 2 信号反向按键。按下此键，通道 2 及其触发信号同时反向。

(3) 触发操作部分。

㉓——"TRIG IN"：外触发输入端子。用于输入外部触发信号。当使用该功能时，"SOURCE"开关应设置在"EXT"位置。

㉔——"SOURCE"：触发源选择开关。"CH1"：当垂直系统工作模式开关⑭设定在"DUAL"或"ADD"时，选择通道 1 作为内部触发信号源；"CH2"：当垂直系统工作模式开关⑭设定在"DUAL"或"ADD"时，选择通道 2 作为内部触发信号源；"LINE"：选择交流电源作为触发信号源；"EXT"：选择"TRIG IN"端子输入的外部信号作为触发信号源。

㉕——"TRIGGER MODE"：触发方式选择开关。"AUTO"（自动）：当没有触发信号输入时，扫描处在自由模式下；"NORM"（常态）：当没有触发信号输入时，踪迹处在待命状态并且不显示；"TV－V"（电视场）：当想要观察一场的电视信号时；"TV－H"（电视行）：当想要观察一行的电视信号时。

㉖——"SLOPE"：触发极性选择按键。弹出为"＋"，上升沿触发；按下为"－"，下降沿触发。

㉗——"LEVEL"：触发电平调节旋钮。显示一个同步的稳定波形，并设定一个波形的起始点。向"＋"旋转时触发电平向上移，向"－"旋转时触发电平向下移。

㉘——"TRIG. ALT"：当垂直系统工作模式开关⑭设定在"DUAL"或"ADD"，且触发源选择开关㉔选"CH1"或"CH2"时，按下此键，示波器会交替选择 CH1 和 CH2 作为内部触发信号源。

(4) 轴操作水平部分。

㉙——"TIME/DIV"：水平扫描速度旋钮。扫描速度从 0.2 μs/div 到 0.5 s/div 共 20 挡。当设置到 X－Y 位置时，示波器可工作在 X－Y 方式下。

㉚——"SWP. VAR"：水平扫描微调旋钮。微调水平扫描时间，使扫描时间被校正到与面板上"TIME/DIV"指示值一致。顺时针转到底为校正（CAL）位置。

㉛——"×10 MAG"：扫描扩展开关。按下时扫描速度扩展 10 倍。

㉜——"POSITION"：水平位置调节钮。调节显示波形在荧光屏上的水平位置。

(5) 其他操作部分。

①——"CAL"：示波器校正信号输出端。提供幅度为 2 V_{P-P}、频率为 1 kHz 的方波信号，用于校正 10∶1 探头的补偿电容器和检测示波器垂直与水平偏转因数等。

⑯——"GND"：示波器机箱的接地端子。

2. MOS－620CH 型双踪示波器的基本操作

(1) 测量前准备。

①确认所用市电电压在 198～242 V，确保所用保险丝为指定的型号(在示波器背面，电源插座下面)，接上电源线。

②设定各个控制键(按表 3-5 所示置于相应位置)。

表 3-5 各个控制键位置

序号	项目	位置	序号	项目	位置
1	辉度	顺时针 1/3 处	9	触发耦合	AC
2	聚集	适中	10	触发极性	+
3	垂直方式	CH1	11	电平锁定	按下
4	垂直位移	适中	12	释抑	最小(逆时针方向)
5	垂直衰减器	0.5 V/div	13	水平显示方式	A
6	微调	校正位置	14	TIME/DIV	0.5 ms/div
7	AC－DC－接地	接地	15	水平位移	适中
8	触发器	CH1			

注：其余控制键置于弹出位置。

③打开电源开关，大约 15 s 后，出现扫描光迹。若不出现扫描光迹，应按表 3-5 检查控制键和控制按钮的设定位置。

④如果扫描光迹倾斜，则需要调整，如图 3-60 所示。

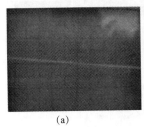 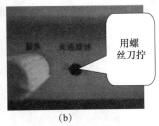 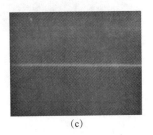
(a) (b) (c)

图 3-60 调整扫描光迹
(a)调整前；(b)调整过程；(c)调整后

⑤将探头接入"CH1"输入端，检查标准信号源，如图 3-61 所示。

标准信号源 $U_{P-P}=2$ V，$f=1$ kHz。

(2)电压测量。

①直流电压或含直流的交流电压的测量，如图 3-62 所示。

图 3-62(a)中被测直流电压＝竖格数×Y 轴偏转因数＝1.7 格×0.2 V/div＝0.34 V。

图 3-61 检查标准信号源

若采用10∶1探头，则必须再乘以10。

图 3-62(b)中被测电压的直流分量=1.9 格×0.2 V/div=0.38 V。

峰-峰值 U_{P-P}=1.8 格×0.2 V/div=0.36 V。

振幅值 $U_m=U_{P-P}/2$=0.18 V。

峰点电压瞬时值=2.8 格×0.2 V/div=0.56 V。

被测电压峰-峰值=4 格×0.2 V/div=0.8 V。

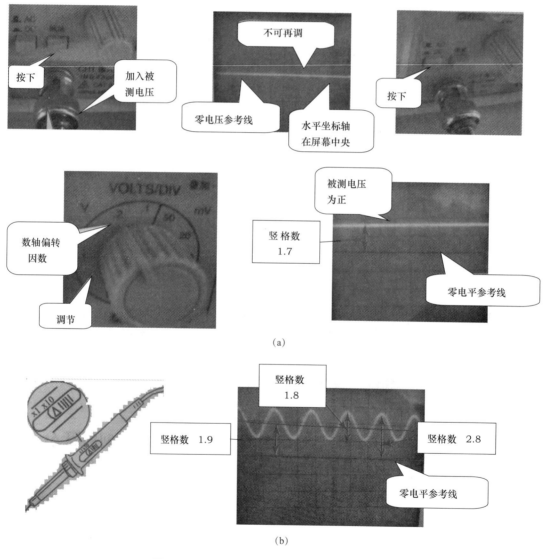

图 3-62　直流电压或含直流的交流电压的测量

(a)直流电压的测量；(b)交直流电压的测量

②交流电压的测量，如图 3-63 所示。

图 3-63　交流电压的测量

③周期的测量，如图 3-64 所示。

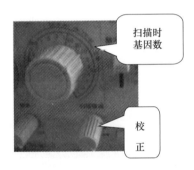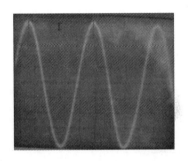

图 3-64　周期的测量

被测时间间隔 Δt＝被测两点之间的距离 L×扫描时基因数 D_X。

所以周期 T＝横格数×扫描时基因数＝$4.3×10$＝$43(\mu s)$。

经过计算，可以求出信号的频率 $f=\dfrac{1}{T}=\dfrac{1}{43}≈23(kHz)$。

重要提示

①掌握所使用的示波器面板上各旋钮的作用后再操作。

②为了保护荧光屏不被灼伤，使用示波器时，光点亮度不能太强，而且也不能让光点长时间停在荧光屏的一个位置上。在实验过程中，如果短时间不使用示波器，可将"辉度"旋钮调到最小，不要经常通断示波器的电源，以免缩短示波管的使用寿命。

③示波器上所有开关与旋钮都有一定强度与调节角度，使用时应轻轻地缓缓旋转，不能用力过猛或随意乱旋转。

总结提升

1．数字万用表采用了数字化测量技术和液晶显示器（LED）显示，具有测量准确度高、测量范围宽、分辨率高、测量速度快、输入阻抗高、功耗小、功能全、集成度高、过载能力强、专用信号发生器和抗干扰能力强等优点。

2．数字万用表不仅可以测量电压、电流、电阻、二极管、三极管等基本参数，有些

项目三 单相正弦交流电路

功能齐全的还可以测量电容、电感、温度和频率等。数字万用表由挡位选择开关、功能转换电路和数字电压表组成。在测量不同量时，挡位选择开关置于相应的挡位。

3. 信号发生器按被测电路对测试信号的要求分为专用信号发生器和通用信号发生器；按频率范围分为超低频信号发生器、低频信号发生器、视频信号发生器、高频信号发生器、甚高频信号发生器和超高频信号发生器。

4. 信号发生器由振荡器、变换器、输出电路、指示器和调制器等组成。

5. 能够产生多种波形，如三角波、锯齿波、矩形波(含方波)、正弦波的信号源仪器被称为函数信号发生器。函数信号发生器在电路实验和设备检测中具有十分广泛的应用。

6. 示波器是利用电子示波管的特性将人眼无法直接观测的交变电信号转换成图像，显示在荧光屏上以便测量的电子测量仪器。可以观察到信号的时间和电压值、信号的频率、信号的直流成分(DC)和交流成分(AC)、信号的噪声值和噪声随时间变化的情况、多个波形信号差异等。示波器按对信号的处理方式分为模拟式示波器和数字式示波器；按同时显示波形的条数分为单踪示波器和双踪示波器。

7. 通用示波器是由电子枪、偏转系统和荧光屏3个部分组成的。

思考与练习

一、填空题

1. 使用万用表测量电容时，应该_____后再进行测量。

2. 若使用数字万用表测量一电阻器，量程转换开关置于20 kΩ挡，显示器上显示"12.54"，则所测电阻值为_____。

3. 数字万用表虽然有自动转换极性的功能，为了避免测量误差的出现，进行直接测量时，应使_____的极性与_____的极性相对应。

4. 数字万用表的核心是_____。

5. 信号发生器的基本组成是_____、_____、_____、输出电路和电源。

6. YB1610函数信号发生器面板上的频率调节旋钮的功能是_____。

7. 在双踪示波器的面板上，当"微调"增益控制旋钮顺时针转至_____位置时，才能使显示波形的偏转幅度对应于偏转因数选择开关所指示的位置。

8. 示波器在使用过程中，若使用的探头置于"10∶1"位置，则结果应该_____，若使用了"×5"倍扩展，则结果应该_____。

9. 通用示波器一般由_____、_____和_____3部分组成。

10. 所谓双踪是指利用_____将Y轴输入的两个不同的被测信号分别显示在_____上。由于人眼的_____作用，当转换频率高到一定程度后，看到的是两个稳定的、清晰的信号波形。

二、选择题

1. 用数字万用表测试二极管时，下列说法正确的是(   )。

   A. 万用表表笔与二极管的正负极随意相接，根据显示的数值即可判断二极管的

极性

B. 在电阻挡,万用表的红表笔与表内电池负极相连

C. 当二极管方向截止时显示器无法显示数值

D. 当二极管正向导通时,显示器显示的是二极管的正向电压降

2. 能输出多种信号波形的信号发生器是(　　)。

　　A. 锁相频率合成信号源　　　　B. 函数信号发生器
　　C. 正弦波信号发生器　　　　　D. 脉冲信号发生器

3. 用通用示波器观察正弦波形,已知示波器良好,测试电路正常,但在荧光屏上却出现向下波形,则应调整示波器(　　)旋钮或开关才能正常观测。

　　A. Y 轴位移　　　　　　　　B. X 轴位移
　　C. 偏转灵敏度粗调　　　　　　D. 扫描速度粗调

4. 示波器水平通道中,(　　)能保证每一次扫描都从同样的电平开始,使屏幕显示出稳定的波形。

　　A. 释抑电路　　B. 电压比较器　　C. 扫描发生器　　D. 时基闸门

5. 使用双踪示波器观测两个频率较高的电压信号时,应采用(　　)工作方式。

　　A. 交替　　　　B. 断续　　　　C. 交替或断续　　D. 常态

三、判断题

1. 测电流时,万用表要与被测电路并联。　　　　　　　　　　　　　(　　)
2. 万用表使用完后,应将转换开关置于交流电压的最大挡或者"OFF"位置处。
　　　　　　　　　　　　　　　　　　　　　　　　　　　　　　　(　　)
3. 示波器与信号源相连时,应先接负极,再接正极。　　　　　　　　(　　)
4. 为了便于在示波器上观测调频波形,应将信号源的频率调低一些。　(　　)
5. 扫描发生器是示波器垂直通道中的重要组成部分。　　　　　　　　(　　)
6. 用示波器测量电压时,只要测出 Y 轴方向距离并读出灵敏度即可。(　　)

四、简答题

1. 为什么用不同欧姆挡测试同一只二极管的阻值会不同?
2. 万用表一般能测量电学中的哪些基本物理量?
3. 数字万用表与指针式万用表相比有哪些特点?
4. 高、低频信号发生器的频率范围一般为多少?
5. 简述用数字万用表测交流电流的步骤。
6. 通用示波器主要由哪几个部分组成?
7. 使用 MOS-620CH 型双踪示波器观测波形时,调节哪些旋钮可以做到:

(1) 显示波形的位置在示波器屏幕上下移动及左右移动。

(2) 使显示波形清晰,扫描线均匀,亮度适中。

(3) 波形的幅度大小适中。

(4) 显示 1~5 个完整的小波形。

8. 一个示波器荧光屏的水平长度为 10 cm,要求显示 10 MHz 的正弦信号的两个周期,问示波器的扫描速度和扫描因数分别是多少?

拓展阅读

光信号发生器

光信号发生器是一种特殊的信号源，不仅具有一般信号源波形生成能力，而且可以仿真实际电路测试中需要的任意波形，其外形如图 3-65 所示。

图 3-65 光信号发生器外形

在实际电路的运行中，由于各种干扰和响应的存在，实际电路往往存在各种缺陷信号和瞬变信号，如果在设计之初没有考虑这些情况，有的将会产生灾难性后果。光信号发生器可以帮助完成实验，仿真实际电路，可对设计电路进行全面的测试。

由于任意波形发生往往依赖计算机通信输出波形数据。在计算机传输中，通过专用的波形编辑软件生成波形，有利于扩充仪器的能力，方便更进一步仿真实验。另外，内置一定数量的非易失性存储器，随机存取编辑波形，有利于参考对比，或通过随机接口通信传输到计算机作更进一步分析与处理。有些光信号发生器有波形下载功能，在做一些费用高或风险性大的实验时，可通过数字示波器等仪器把波形实时记录下来，然后通过计算机接口传输到信号源，直接下载到设计电路，方便进一步实验。

技能操作

直流稳压电源参数的观测

一、实训目的

(1) 学会利用模拟示波器观测直流稳压电源的参数。
(2) 学会利用数字万用表测量直流稳压电源的参数。

二、实训设备

(1) MOS-620CH 型双踪示波器 1 台。
(2) DT9205A 数字万用表 1 块。
(3) 被测可调直流稳压电源线路板 1 块及电路图纸 1 份。

三、实训内容

(1) 通过图纸，分析可调直流稳压电源的原理。

可调直流稳压电源电路中的波形测试点如图 3-66 所示，其理想状态下的波形如图 3-67 所示。

(2) 利用示波器对电路的交流输入信号进行测量。

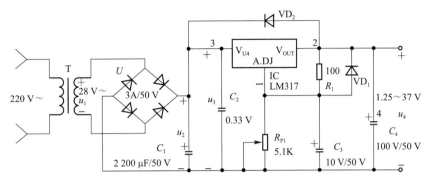

图 3-66　可调直流稳压电源电路中的波形测试点

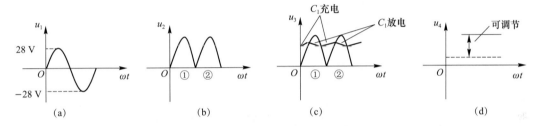

图 3-67　可调直流稳压电源电路理想状态下的波形
(a)交流电输入波形；(b)整流电路输出波形；(c)C_1 滤波电路输出波形；(d)稳压电源输出波形

①峰—峰值测量。将电路的交流输入信号通过示波器探头与示波器相连，合理选择示波器各旋钮及按键在适当位置上，观察波形，把主要按键及旋钮的位置和功能填入表 3-6 中。

表 3-6　峰—峰值测量按键及旋钮的位置和功能表

按键及旋钮名称	垂直方式	耦合	触发源选择	触发方式选择	通道耦合选择	水平工作方式
位置						
功能						

根据波形所占垂直方向的格数，即可算出电压波形峰—峰值，将结果填入表 3-7 中。

表 3-7　测量 u_1 值用表

垂直衰减器	探头比例	垂直方向格数	被测电压峰—峰值

②周期(T)及频率(f)的测量，将测量的周期和频率填入表 3-8 中。

表 3-8　测量的周期和频率

主扫描时间系数选择开关	被测波形一个周期的格数	被测电压周期 T	频率 $f=1/T$

(3)利用示波器对整流电路输出的脉动直流电进行测量。

将整流电路输出的脉动直流电通过示波器探头与示波器相连，选择示波器各旋钮及按键在适当位置上，观察波形，把主要按键及旋钮的位置和功能填入表3-9中。

表3-9 测量的 u_2 值

按键及旋钮名称	垂直方式	耦合	Y轴微调	触发源选择	触发方式选择	通道耦合选择开关	水平工作	垂直方向格数	被测电压峰—峰值
位置									
功能									

(4)利用数字万用表对变压器输入输出电压进行测量。

将数字万用表的转换开关旋至适当位置，测量变压器的初级及次级电压，读出万用表的读数，并填入表3-10中。

表3-10 变压器的初级及次级电压测量值

变压器输入电压			变压器输出电压		
理论值	万用表转换开关位置	测量值	理论值	万用表转换开关位置	测量值

(5)利用数字万用表对稳压器输出电压进行测量。

调节电位器的阻值，将数字万用表的转换开关旋至适当位置，测量稳压器输出的直流电压，读出万用表的读数，并填入表3-11中。

表3-11 稳压器输出电压测量值

电位器阻值	稳压器理论输出值	万用表转换开关位置	稳压器直流输出值
0 Ω			
3 kΩ			
5.1 kΩ			

复习题

一、填空题

1. 正弦交流电的三要素是_____、_____和_____。我国电网的频率是_____，角频率是_____。市网电压为220 V，其电压最大值是_____。
2. _____和_____都随时间变化的电流叫作交流电流。
3. 测量所用的电压表和电流表的读数均表示_____值。
4. 两个同频率正弦量反相时，其相位差为_____。

5. 已知正弦交流电 $i = 3\sqrt{2}\sin\left(314t - \dfrac{\pi}{4}\right)$ A，其电流的有效值为_____，频率为_____，初相角为_____，周期为_____。

6. 只有_____的正弦交流电，才能进行相位比较。

7. 用旋转矢量表示正弦量的方法：以坐标原点 O 为端点作一条_____，它的长度表示_____，它的起点位置与 x 轴正方向的夹角为_____。

8. 在纯电感正弦交流电路中，电压与电流的相位差是_____。

9. 容抗表示电容器对_____所呈现的阻碍作用。交流电频率越高，这种阻碍作用就越_____。

10. 如图 3-68 所示电路中，电感 $L = 0.1$ H。当电源电压 $u = 10\sin(100t)$ V，则电压表和电流表的读数分别为_____V，_____A；电路中电流的瞬时值表达式为_____。

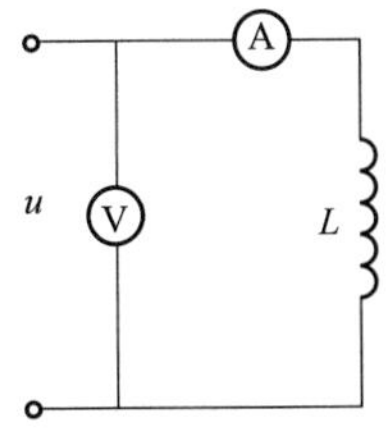

11. 加在电感两端的电压不变，提高频率，则电路中的电流_____；加在电容两端的电压不变，提高频率，则电路中的电流_____。

图 3-68　填空题 10 图

12. 一台发电机的容量是 10 kV·A，若负载的功率因数为 0.6，则发电机提供的有功功率为_____、无功功率为_____。

13. 把电路的_____和_____的乘积称为视在功率，用符号 S 表示，单位为_____。

14. 在 RLC 串联的正弦交流电路中，总电压 $U = 10$ V，$U_R = 6$ V，$U_L = 4$ V，则该电路呈_____。

15. 使用数字万用表测电阻时，打开万用表电源，对表进行使用前的检查：将两表笔短接，显示屏应该显示_____；将两表笔断路，显示屏应该显示_____。

16. 使用数字万用表电压挡时，要选择合适的_____，当无法估计被测电压大小时，应先选_____进行测试。

17. 当测量较高电压时，不要用手直接去碰触表笔的_____部分。

18. 如果测电流时，数字万用表在数值左边出现"—"，则表明电流从_____表笔流进万用表。

19. 示波器荧光屏上，光点在锯齿波电压作用下扫动的过程称为_____。

20. 通用示波器显示被测信号波形时，时基信号是_____。

21. 利用示波器测出某正弦交流电压峰—峰值为 2 V，则其峰值为_____，有效值为_____。

22. 当两个被测信号为正弦波和方波且同频时，触发源应选其中_____的一路。

二、判断题

1. 测量所用的电压表和电流表的读数均为有效值。　　　　　　　　　　　　(　　)

2. 在 RLC 串联电路中，端电压与电流的相位关系是由 R、L、C 的大小决定的。
　　　　　　　　　　　　　　　　　　　　　　　　　　　　　　　　　(　　)

3. 一只耐压为 300 V 的电容器，可以接到 200 V 的交流电源上安全使用。　(　　)

4. 在 RLC 串联电路中，若端电压的相位超前总电流相位 $\varphi(0°<\varphi<90°)$，则电路呈电容性。（   ）

5. 无功功率即无用功率。（   ）

6. 在感性负载的交流电路中，可以采用串联电容器的方法提高功率因数。（   ）

7. 用数字万用表测试交流电流时，两表笔接入被测电路时不分正负极。（   ）

8. 为了便于在示波器上观测调频波形，应将信号源的频率调低一些。（   ）

9. 为了观测直流稳压电源的 100 Hz 纹波，显示器 Y 轴输入应该采用 AC 低抑耦合方式。（   ）

三、选择题

1. 耐压为 250 V 的电容器接入正弦交流电路中使用，则其两端电压的有效值为（   ）。
   A. 250 V   B. 200 V   C. 176 V   D. 150 V

2. 纯电感交流电路的感抗为（   ）。
   A. L B. ωL C. $1/(\omega L)$ D. $2\pi f L$

3. 当流过电感线圈的电流瞬时值为最大值时，电感线圈两端电压瞬时值为（   ）。
   A. 0   B. 最大   C. 有效值   D. 不一定

4. 如图 3-69 所示电路中，白炽灯最亮的是（   ）（图中所有白炽灯都发光）。

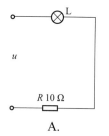 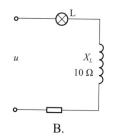 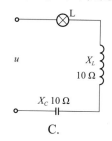

图 3-69　选择题 4 图

5. 把"100 W/220 V"的白炽灯分别接到 22 V 的交流电源和直流电源上，白炽灯发光是否有区别？（   ）
   A. 有区别   B. 没有区别   C. 无法确定

6. 在 RLC 串联电路中，总电压与总电流的相位差为 $-30°$，此时电路呈（   ）性。
   A. 电阻   B. 电容   C. 电感   D. 无法确定

7. 如图 3-70 所示 RLC 并联电路中，当电源电压不变，其频率增加一倍时，各电流表的读数变化情况为（   ）。
   A. A_1 不变，A_2 增大一倍，A_3 减小到原来的 $\frac{1}{2}$
   B. A_1 不变，A_2 减小到原来的 $\frac{1}{2}$，A_3 增大一倍
   C. A_1 不变，A_2、A_3 均增大一倍
   D. A_1 不变，A_2、A_3 均减小到原来的 $\frac{1}{2}$

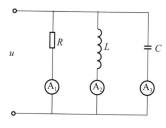

图 3-70　选择题 7 图

8. 在正弦交流电路中，电路的性质取决于（　　）。
   A. 电路两端电压的大小　　　　　　B. 电路中电流的大小
   C. 电路中各元件的参数和电源的频率　D. 电路的连接方式
9. 如图 3-71 所示电路中，电源电压一定时，图中白炽灯不能发光的是（　　）。

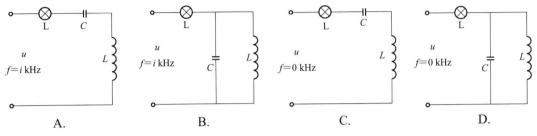

图 3-71　选择题 9 图

10. 图 3-72 所示电路中，开关 S 闭合后，电路的（　　）。
    A. 有功功率不变
    B. 有功功率改变
    C. 无功功率改变
    D. 有功功率和无功功率都改变

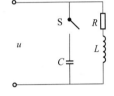

图 3-72　选择题 10 图

11. 高频信号发生器的工作频率一般为（　　）。
    A. 1 Hz～1 MHz　　　　　　　B. 0.001 Hz～1 kHz
    C. 200 kHz～30 MHz　　　　　D. 300 MHz 以上
12. 用双踪示波器测量交流电压频率时，电压一个周期占了时基线上 5 格，时基因数为 0.5 ms/cm，则其频率为（　　），屏幕上显示了（　　）个周期的信号。
    A. 0.4 kHz　　　B. 4 kHz　　　C. 2 个　　　D. 4 个
13. 通常使用的双踪示波器的校准信号为（　　）。
    A. 1 kHz/0.5 V 方波　　　　　B. 1 kHz/1 V 方波
    C. 1 kHz/0.5 V 正弦波　　　　D. 2 kHz/1 V 正弦波

四、简答题

1. 什么是正弦交流电？列举它的应用场合。
2. 无功功率能否理解为"无用"功率？它是用来表示什么的？其国际单位是什么？写出纯电感交流电路和纯电容交流电路的无功功率公式。
3. 在 RLC 串联电路中，什么叫作电路的总阻抗？它与电阻、感抗和容抗有什么关系？作出阻抗三角形。
4. 什么叫感性电路？什么叫容性电路？
5. 用 YB1610 函数信号发生器如何输出调频波、调幅波、扫描信号？带有直流偏置的交流信号又怎样输出？
6. 已知示波器的灵敏度微调处于"校正"位置，垂直偏转因数开关置于"1 V/cm"位置，屏幕上峰与峰之间的距离为 5 cm，试求信号峰—峰值。如果加上一个 10∶1 的示波器探头，结果又是多少？

五、计算题

1. 一正弦交流电流的频率为 50 Hz，有效值为 4 A，初相位为 $-\dfrac{\pi}{6}$，写出它的瞬时值表达式。

2. 已知 $u_1=220\sqrt{2}\sin\left(100\pi t+\dfrac{\pi}{4}\right)$V，$u_2=380\sqrt{2}\sin\left(314t+\dfrac{\pi}{3}\right)$V，求各交流电压的最大值、有效值、角频率、频率、周期、初相位和它们之间的相位差，并指出它们之间是超前还是滞后的关系。

3. 求交流电压 $u_1=U_m\sin(\omega t)$V 和 $u_2=U_m\sin(\omega t-90°)$V 之间的相位差，并画出它们的波形图和相量图。

4. 一额定值为"220 V/1 000 W"的电炉丝，接到 $u=220\sqrt{2}\sin\left(\omega t+\dfrac{2\pi}{3}\right)$V 的电源上，求流过电炉丝的电流解析式。

5. 已知流过 100 μF 电容的电流为 $i_C=220\sqrt{2}\sin(314t+45°)$mA，在关联参考方向下，求 u_C 的值和电容元件无功功率。

6. 如图 3-73 所示电路中，已知电路中电压表的读数均为 $U_1=U_2=10$ V，分别求出电路的总电压，并画出相量图。

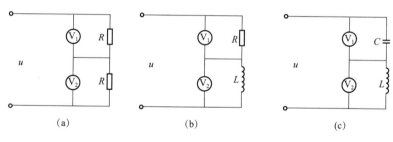

图 3-73　计算题 6 图

7. 把一电感为 10 mH 的线圈接到 $u=141\sin\left(100\pi t-\dfrac{\pi}{4}\right)$V 的电源上，求线圈中电流的有效值和瞬时值表达式及无功功率。

8. 一 LC 串联电路，已知线圈的电阻 $R=4\ \Omega$，$L=354$ mH，电容 $C=637$ μF，外加电压 $u=311\sin\left(100\pi t+\dfrac{\pi}{4}\right)$V。求：(1)电路的阻抗；(2)电流的有效值和瞬时值表达式；(3)U_R、U_C、U_L 并作出相量图；(4)有功功率、无功功率和视在功率。

9. 在 $u=200\sin(314t)$V 的交流电压上，串联有 $R=30\ \Omega$ 的电阻，$L=255$ mH 的电感和 $X_C=40\ \Omega$ 的电容。求：(1)感抗 X_L；(2)总阻抗 Z；(3)电路中电流 I；(4)功率因数 $\cos\varphi$；(5)写出电流瞬时值表达式；(6)画出电压、电流相量图。

10. 已知示波器偏转灵敏度 $D_y=0.2$ V/cm，荧光屏有效宽度为 10 cm。

(1)若扫描速度为 0.05 ms/cm(放在"校正"位置)，所观察的波形如图 3-74 所示，求被测信号的峰—峰值及频率。

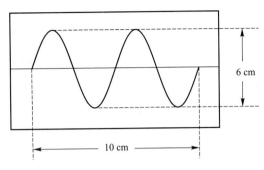

图 3-74　计算题 10 图

(2) 若想在屏幕上显示该信号 10 个周期的波形，扫描速度应取多大？

三相正弦交流电路

人类社会的发展与电能密不可分。目前我们使用的电能大部分都是由三相交流电源提供的。我国主要的发电形式有火力发电、水力发电和核能发电。汽车作为一种交通工具，无法使用普通三相电源来提供电能，但它拥有一套自己的发电设备。

早期汽车发动机采用的是直流发电机，但因其换相时存在干扰现象，现代汽车发动机几乎都采用交流发电机。虽然普通发动机与汽车发动机外形不同，但交流发电机的原理都是一样的，本项目将主要介绍三相正弦交流电的基础知识。

任务一 三相交流电路的基本概念

学习目标

【知识目标】
◎了解三相交流电的产生、解析式、波形图、相量图。
◎理解相序的重要作用。
◎了解三相电源星形(Y)及三角形(△)的连接方法及电压、电流关系。
◎了解三相负载星形(Y)及三角形(△)的连接方法。
◎了解三相负载星形(Y)及三角形(△)连接的线电压与相电压、线电流与相电流的关系。
◎理解中性线的重要作用。
◎了解安全用电常识、触电方式及急救方法。

【技能目标】
◎能够认识常用的三相交流发电机和汽车发动机。
◎能够识别三相交流电动机上的星形(Y)或三角形(△)连接的电路图。
◎能够正确使用各种电气设备。

实例引入

三相交流电是由三相交流发电机产生的，其发电机大的有发电厂的发电机、中等的有企事业单位应急用的发电机、小的如汽车用发电机等，它们都是三相交流发电机，如图4-1所示为三相交流发电机的实物图。

(a)   (b)   (c)

图 4-1 三相交流发电机的实物图

(a)水轮发电机；(b)小功率发电机；(c)汽车发电机

实例分析

三相交流发电机多采用旋转磁场式。由励磁绕组使转子产生磁极，旋转的磁极使定子绕组切割磁场，从而使三相定子绕组产生了三相感应电动势。

必备知识

一、三相交流电的产生

三相交流电源是由三相交流发电机产生的，三相交流发电机原理图如图4-2所示。图4-2(a)为原理示意图，三相交流发电机主要由定子、转子及机座组成。定子绕组由三相对称绕组 U_1-U_2、V_1-V_2、W_1-W_2（分别称为 U 相、V 相、W 相）嵌在定子铁芯中，绕组的首端 U_1、V_1、W_1 与末端 U_2、V_2、W_2 在空间位置上互差120°放置。

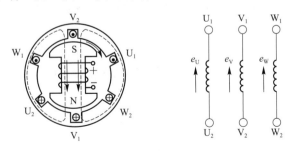

图 4-2 三相交流发电机原理图

(a)原理示意图；(b)电动势方向示意图

转子是一对可以转动的特殊形状的磁极，其磁性是由绕在转子铁芯上的直流励磁绕组产生的。它做成特殊的极靴状,这样,定子与转子间的气隙磁场就可以按正弦规律变化。

当原动机(汽轮机、水轮机、内燃机等)拖动发电机转子以角速度 ω 按照顺时针方向匀速转动时,三相定子绕组依次切割磁感线,在三相对称绕组上得到频率相同、幅值相等、相位互差 120°的对称三相电动势 e_U、e_V、e_W。电动势的参考方向选定为从绕组末端指向首端,如图 4-2(b)所示。产生三相电动势的每一个绕组叫作一相。

若以 U 相电动势为参考正弦量,则各相电动势的瞬时值的表达式(解析式)为

$$e_U = E_m \sin\omega t$$
$$e_V = E_m \sin(\omega t - 120°)$$
$$e_W = E_m \sin(\omega t + 120°)$$

对称三相交流电动势的波形图和相量图(旋转矢量图)如图 4-3 所示。

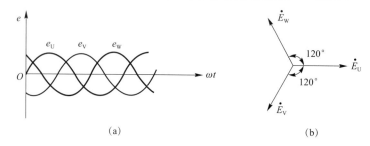

图 4-3 对称三相交流电动势的波形图和相量图
(a)波形图;(b)相量图

从波形图和相量图可以看出,在任一瞬间,对称三相交流电动势的瞬时值和相量和均为零。这是对称三相交流电动势的一个重要性质,有助于简化三相电路的分析与计算。

$$e_U + e_V + e_W = 0$$
$$\dot{E}_U + \dot{E}_V + \dot{E}_W = 0$$

通常将三相电源的三个电动势达到最大值的先后次序叫相序。在图 4-2(a)中,当磁极顺时针方向旋转时,三相电动势出现最大值的顺序是 U 相、V 相、W 相,简记为 U→V→W→U,这样的相序称为正相序,简称正序或顺序;当磁极逆时针方向旋转时,三相电动势出现最大值的顺序是 U 相、W 相、V 相,简记为 U→W→V→U,这样的相序称为负相序,简称负序或逆序。

相序是一个十分重要的概念。三相电动机在正序电压供电时正转,改为负序电压供电时反转。因此,许多需要正反转的产生设备可以利用改变相序的方法来实现三相电动机的正反转控制。

重要提示:实用中,各相用相色加以区别。各相的相色和顺序是:U 相、V 相、W 相的相色分别为黄色、绿色、红色。

若为住宅电路敷设导线时,对于导线的颜色通常相线(火线)用红、黄、绿三色中任意一色,不可使用黑、白或绿/黄双色线。零线可用浅蓝色、黑色、白色,不可用红色。保护线可使用绿/黄双色线或黑线,不可使用其他颜色的导线,但保护线与零线不能用同一种颜色。

二、三相交流电的供电方式

三相电源有两种供电方式：三相四线制（又称为三相电源星形（Y）连接）和三相三线制（又称为三相电源三角形（△）连接），在低压供电系统中常采用三相四线制供电，如图 4-4 所示。

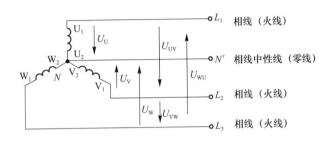

图 4-4　三相四线制供电

将三相交流发电机三相绕组的末端 U_2、V_2、W_2 连接成一个公共点，这个公共端点称为中性点或零点，用字母 N 表示。从中性点引出的输电线称为中性线，俗称零线，用字母 NN' 表示，其导线颜色用黑色或白色表示；中性线一般是接地的，又叫地线。从三相绕组的首端 U_1、V_1、W_1 分别引出的三根线，称为相线或端线，俗称火线，分别用 L_1、L_2、L_3 表示；其导线颜色分别用黄色、绿色、红色表示。

三相电源中三根相线与中性线之间的电压，称为相电压，分别用 u_U、u_V、u_W 表示，其有效值用 U_U、U_V、U_W 表示，通用符号用 U_P 表示。相电压的参考方向由相电压指向中性线。而任意两根相线之间的电压称为线电压，分别是 u_{UV}、u_{VW}、u_{WU} 表示，其有效值用 U_{UV}、U_{VW}、U_{WU} 表示，通用符号用 U_L 表示。线电压的参考方向由下标字母先后次序确定。

在三相四线制供电系统中，三个相电压和三个线电压均为对称电压，线电压为相电压的 $\sqrt{3}$ 倍，即

$$U_{YL} = \sqrt{3}\, U_{YP} \tag{4-1}$$

在我国低压三相四线制供电系统中，线电压的有效值为 380 V，相电压的有效值为 220 V。线电压与相电压的关系如下

$$\frac{380}{\sqrt{3}} = 220 \,(\text{V})$$

三、三相负载的连接

电灯、电视、电冰箱等家用电器都是交流电设备，它们都是接在三相电源中任意一相上工作的，称为单相负载；而三相电动机、三相工业电炉等负载必须接上三相电压才能工作，称为三相负载。三相负载与三相电源的连接有星形（Y）连接和三角形（△）连接

两种连接方式。

(一)三相负载的星形(Y)连接

将各个负载的末端 U_2、V_2、W_2 连接在一起接到三相电源的中性线上,再把各相负载的首端 U_1、V_1、W_1 分别接到三相电源的 3 根相线上,这种连接方式称为三相负载星形连接。三相负载星形连接的原理图如图 4-5 所示。

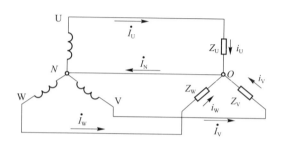

图 4-5 三相负载的星形(Y)连接原理图

在三相电路中,流过各相负载的电流叫作相电流,相电流分别用 i_U、i_V、i_W 表示,其有效值分别用 I_U、I_V、I_W 表示。正方向与该相电压的正方向一致。对称负载相电流有效值统一用 I_P 表示。各根相线流过的电流叫作线电流,线电流分别用 i_U、i_V、i_W 表示,其有效值分别用 I_U、I_V、I_W 表示。正方向规定为从电源端流向负载端。对称负载相电流有效值统一用 I_L 表示。中性线流过的电流称为中性线电流,其有效值用 I_N 表示。正方向规定为从负载中性点端流向电源中性点端。

下面讨论三相对称负载和三相不对称负载的性质。

1. 三相对称负载的星形连接

三相对称负载是指三相负载的每相电阻、电抗(由电容或电感或两者共同引起的阻抗部分)都相等且性质相同的三相负载,即

$$Z_U = Z_V = Z_W \tag{4-2}$$

三相负载的各相负载相电压有效值都相等且等于线电压有效值的 $\frac{1}{\sqrt{3}}$ 倍,即

$$U_{UP} = U_{VP} = U_{WP} = \frac{1}{\sqrt{3}} U_{YL} \tag{4-3}$$

由于三相对称负载的阻抗相等,相电压的有效值也相等(相位相差 120°),所以相电流的有效值也相等且也等于线电流的有效值,即

$$I_U = I_V = I_W = I_P = I_L \tag{4-4}$$

重要提示:在三相对称负载电路中,线电流 $I_U = I_V = I_W = I_L$,相位也相差 120°。也只需要计算出一根相线的线电流,其余两根相线线电流可根据对称性直接得出。

由于中性线是三相电路的共用线,所以中性线的电流应是三个相电流的和。如图 4-6 所示,可以根据相量图求出中性线电流的有效值。其表达式为

$$I_N = I_U + I_V + I_W = 0 \tag{4-5}$$

重要提示:在三相对称负载电路中,中性线没有电流流过,故中性线可以取消。

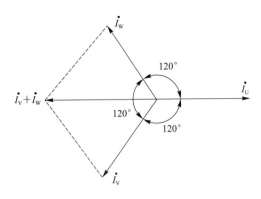

图 4-6 三相对称负载电流相量图

【例 4-1】 有 3 个电阻为 $R=100\ \Omega$，将它们星形连接，并接到 380 V 的对称电源上，求相电压、相电流、线电流和中性线电流。

解：对称负载接成星形（Y）连接时，负载的相电压为

$$U_P = \frac{U_L}{\sqrt{3}} = \frac{380}{\sqrt{3}} = 220(\text{V})$$

流过负载的相电流为

$$I_P = \frac{U_P}{R} = \frac{220}{100} = 2.2(\text{A})$$

线电流为

$$I_L = I_P = 2.2(\text{A})$$

中性线电流为

$$I_N = 0$$

2. 三相不对称负载的星形连接

三相不对称负载是指三相负载每相的电阻、电抗不相等或性质不相同的三相负载，即

$$Z_U \neq Z_V \neq Z_W \tag{4-6}$$

三相不对称负载的各相负载相电压有效值仍然相等且等于线电压有效值的 $\frac{1}{\sqrt{3}}$ 倍，即

$$U_{UP} = U_{VP} = U_{WP} = \frac{1}{\sqrt{3}} U_{YL} \tag{4-7}$$

所以三相不对称负载的各相相电流不相等且中性线电流也不为零，即

$$I_U \neq I_V \neq I_W \ \text{且}\ I_N \neq 0 \tag{4-8}$$

三相负载多数情况下是不对称的，最常见的照明电路就是不对称负载有中性线的星形连接的三相电路。

重要提示：不对称负载作星形连接时，必须要有中性线。中性线的存在保证了三相负载的电压对称，保证了三相负载各相能独立正常工作，各相负载的变化不会影响其他相的正常工作。因此，中性线对电路的正常工作和安全非常重要。不仅如此，为了保证中性线的可靠性，一般在中性线上还要安装钢芯，来增加机械强度。并且要求中性线上不得安装

开关和熔断器。通常还要把中性线接地，使它与大地电位相同，以保障安全。

（二）三相负载的三角形（△）连接

将三个负载 Z_U、Z_V、Z_W 分别接在两根相线之间的连接方式叫三相负载的三角形（△）连接，如图 4-7 所示。因为各负载均接在两根相线间，所以负载的相电压等于电源的线电压（$U_P = U_L$）。

在图 4-7 中，三相负载的各相相电流、线电流正方向与相应相电压、线电压的正方向一致。如 I_U 与 U_{UV} 正方向一致，即正方向从 U 相指向 V 相，其他两相依次类推。

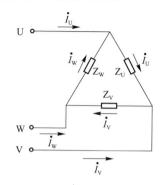

图 4-7　三相负载的三角形（△）连接

1. 三相对称负载的三角形连接

由于负载是对称的，在对称的三相电源作用下，流过负载的各相电流也是对称的，即相电流等于相电压除以各相负载阻抗：

$$I_U = I_V = I_W = I_P = \frac{U_P}{Z} = \frac{U_L}{Z} \tag{4-9}$$

根据基尔霍夫第二定律，可以得出线电流是相电流的 $\sqrt{3}$ 倍，即

$$I_U = I_V = I_W = I_L = \sqrt{3}\, I_P \tag{4-10}$$

2. 三相不对称负载的三角形连接

当三相负载不对称（大小或性质不同）时，虽然电压对称，但相电流不对称，线电流也不对称，它们之间的数量关系、相位关系也不同了。

【例 4-2】 有一个三相对称负载的电阻 $R=30\ \Omega$，感抗 $X_L=40\ \Omega$。分别将它们接成星形（Y）和三角形（△），接在线电压为 380 V 的对称三相电源上，三相负载星形（Y）接法如图 4-8 所示、三相负载三角形（△）接法如图 4-9 所示。试求：线电压、相电压、线电流、相电流各是多少？

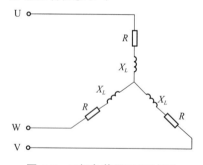

图 4-8　三相负载星形（Y）接法

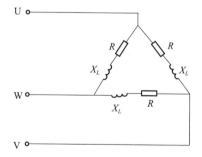

图 4-9　三相负载三角形（△）接法

解： 无论是负载接成星形（Y）还是接成三角形（△），其各相负载总阻抗为

$$Z = \sqrt{R^2 + X_L^2} = \sqrt{30^2 + 40^2} = 50\ (\Omega)$$

（1）负载接成星形（Y）连接时：

线电压为　　　　　　　　$U_{YL} = 380\ (V)$

负载上的相电压为 $U_{YP}=\dfrac{U_{YL}}{\sqrt{3}}=\dfrac{380}{\sqrt{3}}=220(V)$

流过负载的相电流为 $I_{YP}=\dfrac{U_{YP}}{Z}=\dfrac{220}{50}=4.4(A)$

线电流为 $I_{YL}=I_{YP}=4.4(A)$

(2)负载接成三角形(△)连接时：

线电压为 $U_{\triangle L}=380(V)$

负载上的相电压为 $U_{\triangle P}=U_{\triangle L}=380(V)$

流过负载的相电流为 $I_{\triangle P}=\dfrac{U_{\triangle P}}{Z}=\dfrac{380}{50}=7.6(A)$

线电流为 $I_{\triangle L}=\sqrt{3}I_{\triangle P}=\sqrt{3}\times 7.6\approx 13.2(A)$

通过本题可知

$\dfrac{U_{\triangle P}}{U_{YP}}=\dfrac{380}{220}=\sqrt{3}\qquad \dfrac{I_{\triangle P}}{I_{YP}}=\dfrac{3.8}{2.2}=\sqrt{3}\qquad \dfrac{I_{\triangle L}}{I_{YL}}=\dfrac{13.2}{4.4}=3$

重要提示：这说明在同一电源作用下，同一对称负载三角形(△)连接时相电压、相电流都是星形(Y)连接时相电压、相电流的$\sqrt{3}$倍；同一对称负载三角形(△)连接时线电流是星形(Y)连接时线电流的3倍。

四、安全用电

除了少量大功率电动机使用 3 kV 和 6 kV 交流电源外，绝大多数工业、农业和日常生活中都使用低压三相四线制交流电源，其线电压为 380 V，相电压为 220 V。使用上述电源及电气设备时应该特别注重"安全用电"。如果电气设备使用不当、安装不合理等，都有可能造成安全事故及人身伤害，因此，要了解安全用电常识、触电方式及急救方法，正确使用各种电气设备。

(一)安全用电的基本原理与方法

1. 触电情况

当人体触及设备的带电部分，就有电流通过人体，使人体的一部分或全部受到伤害，甚至死亡，这种现象称为触电。

触电以人体受到的伤害程度不同可分为电击和电伤两种。电击是指电流流过人体造成人体内部器官的伤害，这是最危险的；电伤是指电流流过人体造成人体外部器官的伤害，如电弧飞溅造成烧伤。

电流对人体的伤害程度，取决于以下5个因素：

(1)通过人体的电流大小。通过人体的电流越大，致命的危险性就越大。根据一般经验，1 mA 的工频电流通过人体就会使人有不舒适的感觉；而大于 10 mA 的工频电流或大于 50 mA 的直流电流通过人体时，就有可能危及生命；而大于 100 mA 的工频电流通过人体时，就能在极短时间内使人失去知觉而导致死亡。

(2)电流的频率。一般认为，40～50 Hz 的交流电对人体最危险，而频率越高，危险性越低。

(3) 通电时间。电流流过人体的时间越长，人体由于出汗或受潮等（皮肤的电阻大大降低）原因将使通过人体的电流增大，对人体的危害越大。

(4) 电流途径。电流流过人体心脏、头部、骨髓等重要器官，将会造成严重后果，甚至死亡，因此，电流从人的手到手，手到脚的流经途径最危险。

(5) 人体电阻。每个人的人体电阻是不同的，一个人的各个部分的电阻大小也是不同的，一般为几百欧姆到几万欧姆，通常取 800～1 000 Ω。人体的电阻会受到诸多因数的影响而降低，如出汗、受潮、有创伤、有带电粉末等都可使人体电阻减小。

我们知道，通过人体的电流大小取决于人体电阻，以及人体触及电压的高低。以人体电阻 800 Ω 为例，当人体触及电压为 40 V 时，通过人体的电流为 50 mA，对人体会造成伤害。因此，国家规定 36 V 为安全电压；在特别潮湿的环境中，必须使用不高于 12 V 的电压。

2. 触电方式

常见的触电方式有以下 3 种：

(1) 单相触电方式。人体的某一部分与一相带电体及大地（或中性线）构成回路，当电流通过人体流过该回路时，即造成人体触电，这种触电称为单相触电方式，如图 4-10 所示。图 4-10(a)为中性点接地的单相触电，图 4-10(b)为中性点不接地的单相触电。由于我国供电系统大部分都是三相四线制，故人体此时承受的是 220 V 相电压，这是十分危险的。

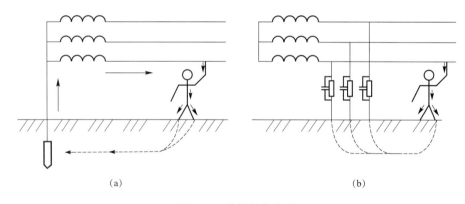

图 4-10 单相触电方式

(a)中性点直接接地；(b)中性点不直接接地

(2) 两相触电方式。人体某一部分介于同一电源两相带电体之间并构成回路所引起的触电，称为两相触电方式，如图 4-11 所示。这时人体同时触及两根相线，人体承受的电压为 380 V，触电后果最为严重。

(3) 跨步电压触电方式。当带电体接地时，有电流向大地扩散，其电位分布以接地

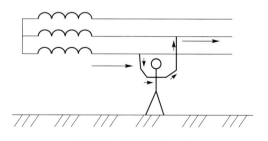

图 4-11 两相触电方式

点为圆心向圆周扩散,在不同位置形成电位差。若人站在这个区域内,则两脚之间的电压,称为跨步电压,由此所引起的触电称为跨步电压触电。跨步电压触电方式如图 4-12 所示,是 20 m 范围内的接地电流电位分布曲线。

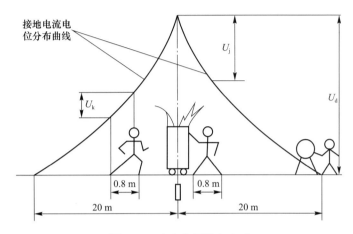

图 4-12　跨步电压触电方式

(二)触电预防措施

(1)直接触电的预防。直接触电的预防措施有以下 3 种。

①绝缘措施。良好的绝缘是保证电气设备和线路正常运行的必要条件,是防止触电事故的重要措施。选用绝缘材料必须与电气设备的工作电压、工作环境和运行条件相适应。不同的设备或电路对绝缘电阻的要求不同。

例如:新装或大修后的低压设备和线路,绝缘电阻不应低于 0.5 MΩ;运行中的线路和设备,绝缘电阻要求每伏工作电压在 1 kΩ 以上;高压线路和设备的绝缘电阻不低于每伏 1 000 MΩ。

②屏护措施。采用屏护装置,如常用电器的绝缘外壳、金属网罩、金属外壳、变压器的遮栏、栅栏等将带电体与外界隔绝开来,以杜绝不安全因素。凡是金属材料制作的屏护装置,应妥善接地或接零。

③间距措施。为防止人体触及或过分接近带电体,在带电体与地面之间、带电体与其他设备之间,应保持一定的安全间距。安全间距的大小取决于电压的高低、设备类型、安装方式等因素。

(2)间接触电的预防。间接触电的预防措施有以下 3 种。

①加强绝缘。对电气设备或线路采取双重绝缘的措施,可使设备或线路绝缘牢固,不易损坏。即使工作绝缘损坏,还有一层加强绝缘,不致发生金属导体裸露造成间接触电。

②电气隔离。采用隔离变压器或具有同等隔离作用的发电机,使电气线路和设备的带电部分处于悬浮状态。即使线路或设备的工作绝缘损坏,人站在地面上与之接触也不易触电。

必须注意,被隔离回路的电压不得超过 500 V,其带电部分不能与其他电气回路或大地相连。

③自动断电保护。在带电线路或设备上采取漏电保护、过流保护、过压或欠压保护、短路保护、接零保护等自动断电措施,当发生触电事故时,在规定时间内能自动切断电源起到保护作用。

(3)其他预防措施。

①加强用电管理,建立健全安全工作规程和制度,并严格执行。

②使用、维护、检修电气设备,严格遵守有关安全规程和操作规程。

③尽量不进行带电作业,特别在危险场所(如高温、潮湿地点),严禁带电工作;必须带电工作时,应使用各种安全防护工具,如使用绝缘棒、绝缘钳和必要的仪表,戴绝缘手套,穿绝缘靴等,并设专人监护。

④对各种电气设备按规定进行定期检查,如发现绝缘损坏、漏电和其他故障,应及时处理;对不能修复的设备,不可使其带"病"进行,应予以更换。

⑤根据生产现场情况,在不宜使用 380 V/220 V 电压的场所,应使用 12~36 V 的安全电压。

⑥禁止非电工人员乱装乱拆电气设备,更不得乱接导线。

⑦加强技术培训,普及安全用电知识,开展以预防为主的事故演习。

(三)触电现场紧急处理

1. 急救原则

现场急救的原则是:迅速、就地、准确、坚持。

(1)迅速:要动作迅速,切不可惊慌失措,要争分夺秒、千方百计地使触电者脱离电源,并将触电者移到安全的地方。

(2)就地:要争取时间,在现场(安全地方)就地抢救触电者。

(3)准确:抢救的方法和施行的动作姿势要正确。

(4)坚持:急救必须坚持到底,直至医务人员判定触电者已经死亡,再无法抢救时,才能停止抢救。

2. 脱离电源

(1)低压触电事故脱离电源的方法:

①立即拉掉开关,切断电源。

②如电源开关距离太远,用绝缘良好的钳子或用木柄的斧子断开电源线。

③用木板等绝缘物插入触电者身下,以隔断流经人体的电流。

④用干燥的衣服、手套、绳索、木板、木桥等绝缘物作为工具,拉开触电者及挑开电线使触电者脱离电源。

(2)网电高压触电事故脱离电源的方法:

①立即通知网电变电站停电。

②戴上绝缘手套,穿上绝缘鞋,用相应电压等级的绝缘令克棒拉开高压保险。

(3)注意事项:

①救护人不可直接用手或其他金属及潮湿的构件作为救护工具,而必须使用适当的绝

缘工具。救护人要用单手操作，以防自己触电。

②防止触电者脱离电源后可能造成的摔伤。特别是当触电者在高处的情况下，应考虑防摔措施。即使触电者在平地，也要注意触电者倒下的方向，注意防摔。

③如事故发生在夜间，应迅速解决临时照明，以利于抢救，并避免扩大事故。

3. 现场急救

（1）当触电者脱离电源后，应根据触电者的具体情况，迅速采取对症救护。

（2）如果触电者伤势不重，应让触电者安静地休息，不要走动，严密观察并请医务人员处理或送往医院。

（3）如果触电者失去知觉，但心脏跳动和呼吸还存在，应将触电者舒适、安静地平躺下，周围不要围着人，使空气流通，解开他的衣服以利于呼吸。同时，要速请医务人员处理并送往医院。

（4）如果触电者呼吸困难、稀少，或发生痉挛，应速请医务人员处理并协同值班车送往医院，路途中应注意心跳或呼吸，如突然停止，应立刻进行人工呼吸和胸外挤压。

（5）如果触电者伤势严重，呼吸及心跳停止，应立即进行人工呼吸和胸外挤压，同时速请医务人员处理并协同值班车送往医院。在送往医院途中，不能停止急救。

总结提升

1. 三相交流电一般由三相交流发电机产生。三相交流发电机主要由定子和转子两大部分组成。把有效值相等、频率相同、相位彼此相差120°的三相电动势叫作对称三相电动势，提供三相电动势的电源叫作三相电源。

2. 三相电动势随时间按正弦曲线规律变化，它们达到最大值（或零值）的先后次序，称为相序。当三相电动势出现最大值的顺序是U相、V相、W相，简记U→V→W→U，这样的相序称为正相序，简称正序或顺序；当三相电动势出现最大值的顺序是U相、W相、V相，简记U→W→V→U，这样的相序称为负相序，简称负序或逆序。在实际工作中，通常用黄、绿、红三种颜色分别表示U相、V相、W相。

3. 三相电源的绕组接法有两种：星形（Y）连接和三角形（△）连接，其中星形（Y）连接应用最广。

4. 在三相四线制供电系统中，可以提供两种电压，即线电压和相电压。线电压的有效值是相电压有效值的$\sqrt{3}$倍，线电压比相应的相电压超前30°。

5. 电源三角形（△）连接时，只能向外提供一种电压，即线电压，且线电压等于相电压。三相发电机很少采用这种接法。

6. 在三相电路中，负载一般分为两类，即对称负载和不对称负载。

7. 三相负载星形（Y）连接时，线电压是对应的相电压的$\sqrt{3}$倍。在三相对称负载电路中，线电流等于对应的相电流。在三相不对称负载电路中，各相电流不相等，需要分别计算。

8. 三相负载三角形（△）连接时，线电压等于相电压。在三相对称负载电路中，线电流等于对应的相电流的$\sqrt{3}$倍。在三相不对称负载电路中，各相电流不相等，需要分别计算。

9. 触电是指电流流过人体，使人体受到伤害甚至死亡的现象，其形式主要有单相触电、双相触电和跨步电压触电。

10. 防止触电的主要措施就是以预防为主，触电预防措施主要有直接触电预防、间接触电预防和其他预防措施。

思考与练习

一、填空题

1. 三相四线制由_____根相线和_____根零线组成，分别用_____色、_____色、_____色和_____色表示。
2. 三相四线制能提供_____种电压；三相三线制能提供_____种电压。
3. 触电现场急救的原则是_____、_____、_____、_____。
4. 三相负载星形(Y)连接时，线电压是对应的相电压的_____倍。在三相对称负载电路中，线电流_____对应的相电流。在三相不对称负载电路中，各相电流不_____。
5. 三相负载三角形(△)连接时，线电压_____相电压。在三相对称负载电路中，线电流等于对应的相电流的_____倍。在三相不对称负载电路中，各相电流不_____。
6. 防止触电的主要措施就是以预防为主，触电预防措施主要有_____触电预防、_____触电预防和_____预防措施。

二、判断题

1. 凡负载星形(Y)连接时，必须接入中性线。　　　　　　　　　　　　(　　)
2. 凡负载三角形(△)连接时，线电压必须是相电压的$\sqrt{3}$倍。　　　(　　)
3. 三相四线制中，当三相负载越接近对称时，中性电流越小。　　　　(　　)
4. 凡负载星形(Y)连接时，线电流必须等于相电流。　　　　　　　　　(　　)

三、简答题

1. 对称三相电动势有何特点？
2. 什么是三相电的相序？
3. 三相四线制中线电压与相电压在数量上和相位上有何关系？
4. 我国低压系统标准规定线电压和相电压各是多少？
5. 三相四线制供电中的中性线有什么重要作用？什么情况下可以省掉中性线？
6. 若三相照明电路中的中性线断开，会产生什么后果？
7. 三相负载为什么接法时相电流等于线电流？什么接法时相电压等于线电压？
8. 简述触电现场急救原则。
9. 保护接地和保护接零的方式是怎样的？它们有何区别？

四、计算题

1. 有一个三相纯阻性负载,每相电阻 110 Ω,接在线电压为 380 V 的对称三相电源上,当接成三角形(△)时,求相电压、线电流和相电流。

2. 已知三相对称负载中,每相负载为 30 Ω 电阻和 40 Ω 感抗串联,电源线电压为 380 V。求负载星形(Y)连接和三角形(△)连接时,线电压、相电压、相电流和线电流的数值。

拓展阅读

世界最大规模水电站——三峡水电站

三峡水电站(见图 4-13),即长江三峡水利枢纽工程,又称三峡工程。中国湖北省宜昌市境内的长江西陵峡段与下游的葛洲坝水电站构成梯级电站。

三峡水电站是世界上规模最大的水电站,也是中国有史以来建设最大型的工程项目。三峡水电站的功能有十多种,如航运、发电、种植等。三峡水电站1992年获得中国全国人民代表大会批准建设,1994年正式动工兴建,2003年6月1日下午开始蓄水发电,于2009年全部完工。

图 4-13 三峡水电站全景

三峡水电站大坝高 185 m,蓄水高 175 m,水库长 600 余千米,安装了 332 台单机容量为 70 万 kW 的水电机组,是全世界最大的(装机容量)水力发电站。2010 年 7 月,三峡水电站机组实现了水电站 1 820 万 kW 满出力 168 小时运行试验目标。(日发电量可突破 4.3 亿 kW·h 电,占全国日发电量的 5% 左右)。三峡水电站初期的规划是 26 台 70 万 kW 的机组,也就是装机容量为 1 820 万 kW,年发电量 847 亿 kW·h。后又在右

图 4-14 三峡水电站输电线

岸大坝"白石尖"山体内建设地下电站,建了 6 台 70 万 kW 的水轮发电机。再加上三峡水电站自身的两台 5 万 kW 的电源电站,总装机容量达到了 2 250 万 kW,年发电量约 1 000 亿 kW·h,是大亚湾核电站的 5 倍,是葛洲坝水电站的 10 倍,约占全国年发电总量的 3%,占全国水力发电的 20%。图 4-14 所示为三峡水电站输电线。

机组设备主要由德国伏伊特(VOITH)公司、美国通用电气(GE)公司、德国西门子(SIEMENS)公司组成的 VGS 联营体和法国阿尔斯通(ALSTOM)公司、瑞士 ABB 公司组成的 ALSTOM 联营体提供。它们在签订供货协议时,都已承诺将相关技术无偿转让给中国国内的电机制造企业。三峡水电站的输变电系统由中国国家电网公司负责建设和管理,预计共安装 15 条 500 kV 高压输电线路连接至各区域电网。

一、三相负载的星形(Y)连接

一、实训目的

(1) 熟悉三相负载星形连接的方法。

(2) 验证三相负载对称或不对称时,电路中线电压与相电压之间的关系。

(3) 了解三相四线制中中性线的作用。

二、实训原理与说明

当三相负载星形连接时,其电路如图 4-15 所示。

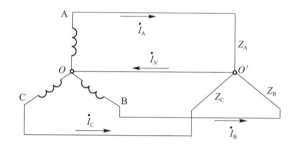

图 4-15 三相负载星形连接电路

(1) 当电源电压对称,负载也对称时,无论采用三相四线制或三相三线制(即有中性线或无中性线),负载上的线电压与相电压、线电流与相电流之间的关系为:

① $U_{线} = \sqrt{3} U_{相}$,且线电压超前相电压 30°。

② $I_{线} = I_{相}$,$I_A + I_B + I_C = I_N = 0$。

这时,若采用三相四线制,中性线可省略,如三相电动机。

(2) 当电源电压不对称,负载不对称时,若采用三相四线制,仍有 $U_{线} = \sqrt{3} U_{相}$,$I_{线} = I_{相}$,但是此时 $I_A + I_B + I_C = I_N \neq 0$ 三相电流不对称,中性线不可省略。如三相照明负载。因此,中性线在三相负载星形连接且三相负载不对称时,起保护电路的作用。

三、实训仪器设备(见表 4-1)

表 4-1 实训仪器设备

序号	名称	规格与型号	数量	备注
1	三相交流电源	220 V/380 V	3	在屏上
2	有效值交流电压表	0~500 V	1	在屏上
3	有效值交流电流表	0~5 A	1	在屏上
4	白炽灯泡	220 V/15 W	6	自备
5	交流电实训电路(二)	三相负载电路	1	DDZ-14
6	电流插座	交流插孔	3	在屏上

四、实训内容及步骤

(1)按图4-16所示电路连接线路(即利用DDZ—14挂箱中线路连线)。经检查线路无误后启动电源。

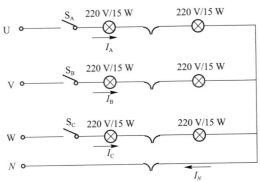

图4-16　三相负载与星形(Y)连接实验电路

(2)接通S_A、S_B、S_C(即负载对称且有中性线),测量线电压、相电压、相电流和中性线电流,并记录入表4-2中。

(3)关闭电源,抽掉中性线,接通S_A、S_B、S_C(即负载对称且无中性线)。启动电源,重复上述测量,并记录入表4-2中。

(4)关闭电源,插上中性线,断开S_A,接通S_B、S_C(即负载不对称且有中性线),启动电源,重复上述测量并观察白炽灯亮度(填"暗""较暗""不亮"),并记录入表4-2中。

(5)关闭电源,抽掉中性线,断开S_A,接通S_B、S_C(即负载不对称且无中性线)。启动电源,重复上述测量并观察白炽灯亮度(填"暗""较暗""不亮"),并记录入表4-2中。

表4-2　实训内容及步骤

测量内容	负载接法	负载对称		负载不对称	
		有中性线	无中性线	有中性线	无中性线
线电压 /V	U_{UV}				
	U_{VW}				
	U_{WU}				
相电压 /V	U_A				
	U_B				
	U_C				
相电流 /mA	I_A				
	I_B				
	I_C				
中性线电流/mA	I_N				
白炽灯亮度	灯B	—	—		
	灯C	—	—		

五、预习思考题

(1)三相四线制中的中性线有何作用？

(2)一般照明电路由三相电源供电时，应采用何种接法？为什么？

六、实训报告

(1)绘制实验电路的线路图。

(2)根据测量数据，分析三相负载对称或不对称电路中，线电压与相电压之间的关系。

(3)实验心得体会及其他。

二、三相负载的三角形(△)连接

一、实训目的

(1)熟悉三相负载三角形连接的方法。

(2)验证负载三角形连接时，对称与不对称的线电流与相电流之间的关系。

二、实训原理及说明

三相负载的三角形连接如图 4-17 所示。

(1)当三相负载对称连接时，其线电流与相电流之间的关系为 $I_{线}=\sqrt{3}I_{相}$，且相电流超前线电流 30°。

(2)当三相负载三角形连接且一相负载断路时，如图 4-18 所示，此时只影响故障相不能正常工作。其余二相能正常工作。

(3)当三相负载三角形连接且一条火线断线时，如图 4-19 所示，故障两相负载电压小于正常电压，但 B、C 相仍能正常工作。

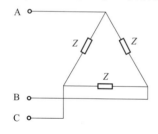

图 4-17 三相负载的三角形连接

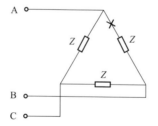

图 4-18 一相负载断路的三角形连接

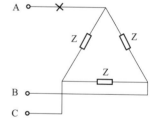

图 4-19 火线断线的三角形连接

三、实训仪器设备(见表 4-3)

表 4-3 实训仪器设备

序号	名称	规格与型号	数量	备注
1	三相交流电源	220 V/380 V	3	在屏上
2	有效值交流电压表	0～500 V	1	在屏上
3	有效值交流电流表	0～5 A	1	在屏上
4	白炽灯泡	220 V/15 W	6	自备
5	交流电实训电路(二)	三相负载电路	1	DDZ—14
6	电流插座	交流插孔	3	在屏上

四、实训内容及步骤

(1)按如图 4-20 所示的三相负载三角形(△)电路连接实验电路(即利用 DDZ－14 挂箱中的线路连线)。检查线路无误后，启动电源。

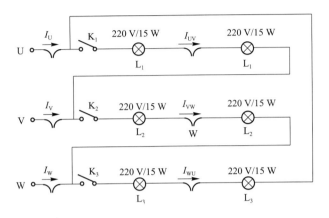

图 4-20　三相负载三角形连接实验电路

(2)闭合开关 K_1、K_2、K_3(即负载对称)，测量线电压、线电流、相电流的有效值，观察白炽灯亮度(填"暗""较暗""不亮")，并记录入表 4-4 中。

(3)断开开关 K_1(即一相负载断路)，重复上述测量和观察，并记录入表 4-4 中。

(4)关闭电源，重新闭合开关 K_1，取掉 U 相火线(即一相火线断路)。启动电源，重复上述测量和观察，并记录入表 4-4 中。

表 4-4　实训内容及步骤

测量内容 负载接法	线电压/V			线电流/mA			相电流/mA			灯泡亮度		
	U_{UV}	U_{VW}	U_{WU}	I_U	I_V	I_W	I_{UV}	I_{VW}	I_{WU}	L_1	L_2	L_3
负载对称												
一相负载断路												
一相火线断路												

五、预习思考题

在负载三角形接法中，$I_{线}=\sqrt{3}I_{相}$ 的关系在什么条件成立?

六、实训报告

(1)绘制实验线路连接图。

(2)根据测量数据，分析负载三角形连接时，对称与不对称的线电流与相电流之间的关系。

(3)实验心得体会及其他。

任务二　常用电机工作原理与应用

学习目标

【知识目标】
◎了解直流电动机的工作原理与应用。
◎理解步进电动机的工作原理与应用。
◎掌握交流发电机的工作原理和应用。

【技能目标】
◎能够识别汽车常用电机的类型。
◎能够进行汽车发电机的拆装与检测。

实例引入

一位丰田威驰轿车用户将车开到维修站，反映该车正常驾驶时仪表内的"充电指示灯"突然亮起，如图4-21所示，需要检修。

图 4-21　充电指示灯

实例分析

充电指示灯安装在组合仪表内，用于检测充电系统是否工作正常。正常状态时，该指示灯在发动机未运行时常亮，发动机起动后马上熄灭。当发动机运行时而充电系统不发电时，该指示灯就会亮起，防止充电系统故障造成蓄电池严重亏电。如行驶途中发生该故障，说明充电系统可能存在故障，需要尽快维修。通过本任务相关知识的学习，学生可掌握交流发电机的知识，知道拆装步骤，认识发电机的结构特点，以及学会交流发电机的故障与维修方法。

必备知识

一、直流电动机的原理与应用

（一）直流电动机的定义

输入为直流电能，能实现将直流电能转换为机械能的电机，称为直流电动机。

(二)直流电动机的结构

直流电动机主要由壳体、定子绕组、电枢、电刷及电刷架和前后端盖等组成,如图 4-22 所示。

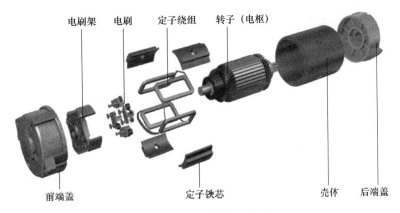

图 4-22 直流电动机的组成

直流电动机的结构由定子和转子两大部分组成。直流电机运行时静止不动的部分称为定子,定子的主要作用是产生磁场。运行转动的部分称为转子,其主要作用是产生电磁转矩和感性电动势,是直流电动机进行能量转换的枢纽,所以通常又称为电枢。

(三)直流电动机的工作原理

直流电动机的作用是将电能转换为机械能,以通电导体在磁场中受电场力作用的原理制成的。

根据电磁学原理,通电导体在磁场中将受到电磁力的作用而运动,其运动的方向随通过电流的方向和所处磁场中磁极的位置不同而不同,具体方向按左手定则判定。

将置于永久磁场中并具有转轴的单匝线圈的两个端头接在与转轴同转的两个彼此绝缘或分开的半圆形换向片上,半圆形换向片再与固定的上、下两块铜片(相当于电刷)滑动接触,将铜片引出两个接线柱,就构成了一个最简单的电动机模型,如图 4-23 所示。

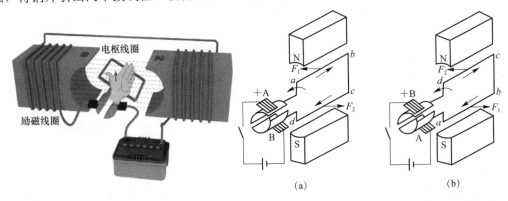

图 4-23 直流电动机的工作原理

将直流电源的正、负接线柱用导线经开关分别接在两铜片接线柱上，当闭合开关时，电流由正电刷 A 流入，由负电刷 B 流出，绕组中的电流方向是 $a \rightarrow b \rightarrow c \rightarrow d$，如图 4-20(a) 所示。载流导体在磁场中受到电磁力的作用，产生了电磁转矩，力的方向按左手定则判定。因此，转矩方向为逆时针方向，电枢也将按逆时针方向旋转。当线圈转过 180°后，电流由正电刷和换向片 B 流入，从换向片 A 和负电刷流出，线圈中的电流方向为 $d \rightarrow c \rightarrow b \rightarrow a$，如图 4-20(b)所示，转矩方向仍为逆时针方向，因此，在 N 极和 S 极之间的导体中电流方向保持不变，电磁转矩方向也就不变，使电枢始终按原来的方向继续运转。

汽车上实际应用的电动机，为了获得较大的功率和转矩、保持比较平稳的转速，增加了线圈的数量与换向片数。

（四）直流电动机的起动、调速和转向

1. 直流电动机的起动

直流电动机刚接入电源起动时，因为电动机转速为零，电枢上的反电动势为零，所以外加电压（U）全部加到电枢电阻上，而电枢电阻（R_a）一般都较小。此时，电动机的电枢电流会很大，即起动电流为

$$I_{st} = \frac{U}{R_a} \quad (4-11)$$

例如，一台直流电动机的额定电压为 220 V，电枢电阻为 0.4 Ω，其额定电流为 50 A，则直接起动时的电流为

$$I_{st} = \frac{U}{R_a} = \frac{220}{0.4} = 550 (A)$$

这样大的起动电流（额定电流的 11 倍）会使直流电动机的换向器产生火花而烧坏。因此，起动时，必须在电枢电路中串联入电阻或降低电源电压，以限制其起动电流，但又要考虑起动转矩不应因起动电流减小太多而影响起动能力，一般限制为 1.5～2.5 倍额定电流。如图 4-24 所示为并励式直流电动机的起动线路图。起动时，将起动变阻器 R_{st} 阻值放到最大位置，随着电动机转速的逐渐升高，逐步减小起动变阻器 R_{st} 阻值，最后使其短接，而此时磁场变阻器 R_f 阻值调到最小，增加磁通 Φ，使电动机的电磁转矩增大，增加起动能力。

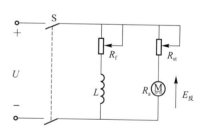

图 4-24 并励式直流电动机的起动线路图

汽车起动机采用串励式直流电动机，即励磁绕组与电枢绕组串联，如图 4-25 所示。起动时，可使电流达到最大（约 100 A），此时电枢的输出转矩也最大，使汽车很容易起动，而汽车起动机允许短时间超载工作。串励式直流电动机比并励式直流电动机的起动转矩要大得多。

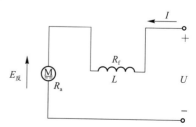

图 4-25 串励式直流电动机的线路

2. 直流电动机的调速

以并励式直流电动机为例，电动机转速为

任务二　常用电机工作原理与应用

$$n=\frac{U-I_aR_a}{C_T\Phi} \qquad (4\text{-}12)$$

式中，I_a 为电枢电流；Φ 为磁极磁通；C_T 为由电动机结构决定的电动势常数。

可以通过改变 Φ、R_a 及 U 来进行调速。直流电动机的调速一般有以下3种：

①改变磁极磁通 Φ。改变磁通 Φ 值的大小可以改变转速 n。为此，在励磁电路中串接一个磁场变阻器 R_f，并励式直流电动机改变 Φ 的调速线路如图4-26所示。若把磁场变阻器阻值增大，则励磁电流减小，磁通 Φ 也随之减小，电动机的转速升高；反之，磁场变阻器阻值减小，电动机的转速降低。

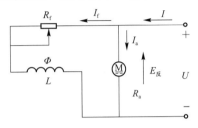

图4-26　并励式直流电动机改变 Φ 的调速线路

并励式直流电动机由于励磁电流较小，而在调速过程中能量耗损也较小，因而在实际使用中应用较广。

串励式直流电动机也可采用改变磁通 Φ 来调速，不过磁场变阻器 R_f 必须与励磁绕组并联，串励式直流电动机改变 Φ 的调速线路如图4-27所示。磁场变阻器阻值减小时，通过变阻器的电流增大，于是励磁绕组的电流减小，磁通 Φ 减小，使电动机转速升高；反之，转速降低。

但是，改变磁极磁通 Φ 来调速，电动机的转速只能在其额定转速以上平滑调节。

②改变电枢电路中的电阻。在电枢电路中串联一个可调变阻器 R_{sc}，如图4-28所示。当 R_{sc} 增大时，电枢电流 I_a 减小，电动机转速降低；反之，电动机转速升高。

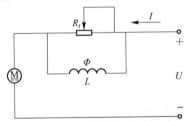

图4-27　串励式直流电动机改变 Φ 的调速线路

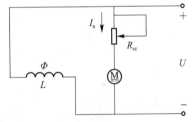

图4-28　在电枢电路中串联一个可调变速器 R_{sc} 来调速

由于电枢电流一般较大，因而调速电阻 R_{sc} 要消耗大量的能量，不太经济。另外，还会使电动机的机械特性变软。这种调速方法只能使电动机的转速在额定值以下比较平滑地调节。

③改变电源电压 U。

由公式

$$n=\frac{U-I_aR_a}{C_T\Phi}$$

可知，若保持励磁电路中的磁通 Φ 不变，则改变电动机的直流电源电压 U 可以实现平滑调节。

改变直流电压电源，过去采用直流发电机，现在大多数采用晶闸管整流电源。

3. 直流电动机的转向

由直流电动机的工作原理可知，要改变直流电动机的转向，只需要改变电枢电流方向

· 153 ·

或励磁电流方向即可,但两者只能取其一,通常是采用改变电枢电流方向的方法。因为励磁电路的电感较大,所以反接时会产生很高的感应电动势,击穿励磁绕组。

(五)直流电动机的应用

1. 汽车起动机用直流电动机

图 4-29 为汽车起动机,汽车起动机用直流电动机由端盖、电刷、铁芯、电枢绕组、转向器等组成,如图 4-30 所示,电枢绕组与励磁绕组串联的直流电动机又称为串励式直流电动机。

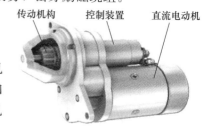

图 4-29 汽车起动机

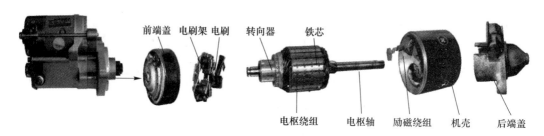

图 4-30 汽车起动机用直流电动机的组成

2. 汽车电动刮水器

为了保证汽车在雨、雪天气行驶时驾驶人有良好的视线,确保行车安全,通常利用刮水器刮除风窗玻璃上的雨水、雪或尘土等。

汽车电动刮水器由刮水器电动机、传动机构、刮水臂及片、刮水器控制开关及相关连接电路等组成,如图 4-31 所示。

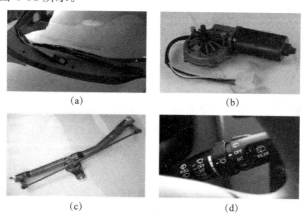

图 4-31 汽车电动刮水器的组成
(a)刮水臂及片;(b)刮水器电动机;(c)刮水器传动机构;(d)刮水器控制开关

3. 汽车电动车窗

为了方便驾驶人和乘客,减轻他们的劳动强度,许多轿车采用了电动车窗,又称自动车窗，利用电动机来驱动升降器使车窗玻璃上下移动，这样操作便利并有利于行车安全。

汽车电动车窗主要由车窗玻璃、车窗玻璃升降器、直流电动机、控制开关等组成，如图 4-32 所示。

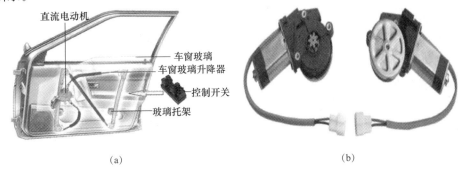

图 4-32　汽车电动车窗
(a)汽车电动车窗的组成；(b)永磁式车窗电动机

4. 汽车空调用鼓风电动机

汽车空调用鼓风电动机是空调系统必不可少的电气元件之一，汽车上的鼓风机是一个普通的直流电动机。汽车空调用鼓风电动机主要由直流电动机和叶片组成，如图 4-33 所示。

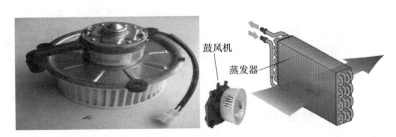

图 4-33　汽车空调用鼓风电动机

(六)检查方法

(1)新的或长期停用的电动机，使用前应检查绕组间和绕组对地绝缘电阻。

(2)检查电动机的外表有无裂纹，各紧固螺钉及零件是否齐全，电动机的固定情况是否良好。

(3)检查电动机传动机构的工作是否可靠。

(4)根据铭牌所示数据，如电压、功率、频率、连接、转速等与电源、负载比较是否相符。

(5)检查电动机的通风情况及轴承润滑情况是否正常。

(6)扳动电动机转轴，检查转子能否自由转动，转动时有无杂声。

(7)检查电动机的电刷装配情况及举刷机构是否灵活，举刷手柄的位置是否正确。

(8)检查电动机接地装置是否可靠。

二、步进电动机的原理与应用

(一)概念

步进电动机将输入的脉冲电信号变换为阶跃的角位移或直线位移,给一个脉冲信号,电动机便前进一步,因此被称为步进电动机。

1. 控制系统的基本要求

①在电脉冲的控制下,步进电动机能迅速起动、正反转、制动和停车。
②调速范围宽广。
③步进电动机的步距角要小,步距精度要高,不丢步、不越步。
④工作频率高、响应速度快。

2. 步进电动机的分类

①按其工作方式不同:可分为功率步进电动机和伺服步进电动机两类。
②按励磁方式不同:可分为反应式、永磁式和感应式 3 类。

(二)结构

反应式步进电动机的结构如图 4-34 所示,分别由定子、控制绕组、转子组成。

定子:定子铁芯为凸极结构,由硅钢片叠压而成。在面向气隙的定子铁芯表面有齿距相等的小齿。

控制绕组:定子每极上套有一个集中绕组,相对两极的绕组串联构成一相。步进电动机可以做成二相、三相、四相、五相、六相、八相等。

转子:转子上只有齿槽没有绕组,系统工作要求不同,转子齿数也不同。

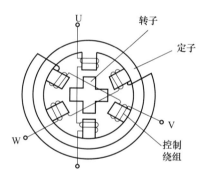

图 4-34 反应式步进电动机的结构

(三)工作原理

单段三相反应式步进电动机的工作原理如图 4-35 所示。

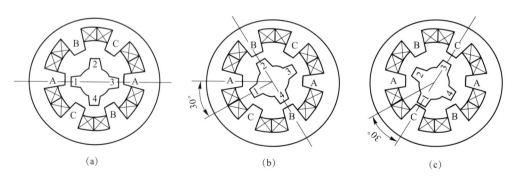

(a) (b) (c)

图 4-35 单段三相反应式步进电动机的工作原理图
(a)A 相通电;(b)B 相通电;(c)C 相通电

在步进电动机的三相绕组中以 A→B→C→A 的顺序轮流通入直流电流，下面分析通电情况下转子的运动情况。

(1)当 A 相绕组通电时，气隙中生成以 A－A 为轴线的磁场。在磁阻转矩的作用下，转子转到使 1、3 两转子齿与磁极 A－A 对齐的位置上。如果 A 相绕组不断电，1、3 两转子齿就一直被磁极 A－A 吸引住而不改变其位置，即转子具有自锁能力，如图 4-35(a) 所示。

(2)当 A 相绕组断电、B 相绕组通电时，气隙中生成以 B－B 为轴线的磁场。在磁阻转矩的作用下，转子又会转动，使距离磁极 B－B 最近的 2、4 两转子齿转到与磁极 B－B 对齐的位置上(此时所需转矩最小)，如图 4-35(b) 所示。

转子转过的角度为：

$$Q_b = \frac{360}{NZ_r} = \frac{360°}{3 \times 4} = 30°$$

式中　Q_b——步距角，即控制绕组改变一次通电状态后转子转过的角度；

N——拍数，即通电状态循环一周需要改变的次数；

Z_r——转子齿数。

(3)当 B 相绕组断电、C 相绕组通电时，会使 3、1 两转子齿与磁极 C－C 对齐，转子转过的角度也为 30°，如图 4-35(c) 所示。

可见，当步进电动机的 3 个控制绕组以 A→B→C→A 的顺序不断地轮流通电时，步进电动机的转子就会沿 A→B→C 的方向一步一步地转动。改变控制绕组的通电顺序，如改为 A→C→B→A 的通电顺序，则转子转向相反。

以上通电方式中，通电状态循环一周需要改变 3 次，每次只有单独一相控制绕组通电，称之为三相单三拍运行方式。

三、交流发电机的工作原理和应用

交流发电机是汽车的电源，其作用是在发动机正常运转时(急速除外)，向所有用电设备(起动机除外)供电，并向蓄电池充电，图 4-36 所示为汽车电源系统电路。

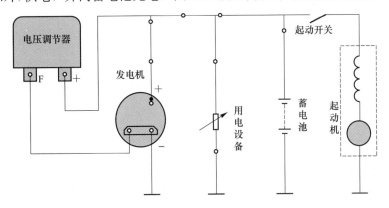

图 4-36　汽车电源系统电路

项目四 三相正弦交流电路

(一)交流发电机的结构

交流发电机的种类有很多种,图 4-37 所示为不同种类交流发电机的结构外形。

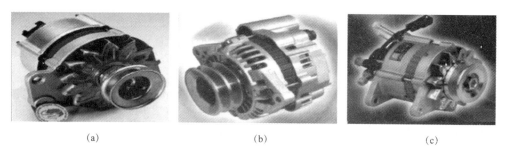

图 4-37 不同种类交流发电机的结构外形
(a)普通交流发电机;(b)整体式交流发电机;(c)带泵的交流发电机

汽车用硅整流交流发电机由三相同步发电机和硅二极管整流器两大部分组成。其工作过程是:交流发电机定子绕组中感应出交变电动势,再经硅二极管整流器整流,输出直流电。

普通交流发电机一般由转子、定子、整流器、前后端盖、风扇和带轮等组成,交流发电机解体图如图 4-38 所示。

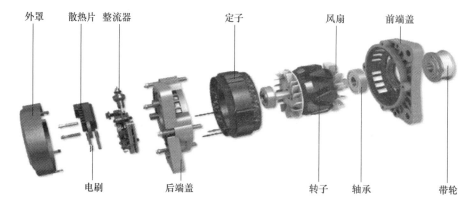

图 4-38 交流发电机解体图

1. 转子

转子的功用是通电后产生磁场。它主要由爪极、磁场绕组、集电环(滑环)和转子轴等组成,发电机转子的结构如图 4-39 所示。

2. 定子

定子的功用是产生三相交流电,发电机定子的结构如图 4-40 所示,由定子铁芯和三相定子绕组两部分组成。

定子铁芯由相互绝缘的内圆带槽的环状硅钢片叠加而成。定子槽内置有三相对称绕组,三相绕组大多数采用星形(Y)连接,也有用三角形(△)连接的。

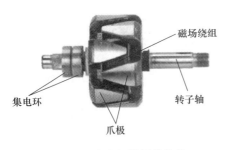

图 4-39 发电机转子的结构

图 4-40 发电机定子的结构

重要提示：为了保证三个绕组产生大小相等、相位差为 120° 的对称电动势，三个绕组的绕制遵循以下原则：

①每相绕组的线圈个数和每个线圈的匝数要完全相等。

②每个线圈的节距必须相同。

③三相绕组的起端在定子槽内的排列必须相隔 120°。

3. 整流器

整流器的功用是将三相绕组产生的交流电转变为直流电。交流发电机整流器总成如图 4-41 所示，整流器由正、负整流板组成，每个整流板上安装 3～4 个硅二极管。

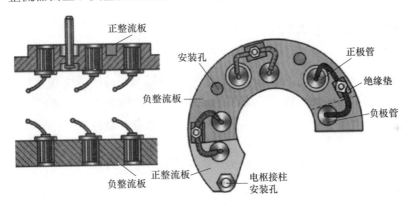

图 4-41 交流发电机整流器总成

外壳为正极、中心引线为负极的二极管，叫负极管；外壳为负极、中心引线为正极的二极管，称为正极管。

安装 3 只正极管的整流板称为正整流板。

安装 3 只负极管的整流板称为负整流板。

三相绕组与整流器连接的全波整流电路如图 4-42 所示。

4. 端盖及电刷组件

端盖一般分成两部分，即前端盖和后端盖，起支撑转子、定子、整流器和电刷组件的作用。端盖一般用铝合金铸造，一是可有效地防止漏磁，二是铝合金散热性能好。后端盖上装有电刷与电压调节器组件。电刷与电压调节器组件由电刷、电刷架和电刷弹簧组成，如图 4-43 所示。

项目四 三相正弦交流电路

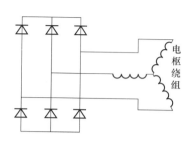

图 4-42 三相绕组与整流器连接的全波整流电路

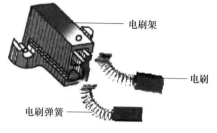

图 4-43 电刷与电压调节器组件

电刷的作用是将电源通过集电环引入励磁绕组。两个电刷分别装在电刷架的孔内,借助弹簧压力与集电环保持接触。电刷一般与调节器装为一体。电刷和集电环的接触应良好,否则会因为磁场电流过小,导致发电机发电不足。

5. 带轮与风扇

交流发电机的前端装有带轮,内部装有风扇,由发动机的传动带通过带轮驱动发电机的转子轴和风扇一起旋转。

发电机工作时,定子绕组和励磁绕组中都会有热量产生,若温度过高会烧坏导线的绝缘部分,导致发电机不能正常工作,为了提高散热能力,有的发电机还装有两个风扇(前、后各一个)。

(二)交流发电机的工作原理

1. 电磁感应现象

电磁感应是指导体在变化的磁场中会产生感应电动势,电磁感应现象如图 4-44 所示,当蓄电池通过电刷与集电环给转子的线圈通电时,转子线圈就会产生磁场,只要将转子转动,就会形成旋转的磁场,在磁场内的导体就会产生感应电动势。

2. 发电原理

发电机定子的三相绕组按一定规律分布在发电机的定子槽中,内部有一个转子,转子上安装着爪极和励磁绕组。

交流发电机发电原理如图 4-45 所示,当外电路通过电刷使励磁绕组通电时,便产生磁场,使爪极被磁化为 N 极和 S 极。当转子旋转时,磁通交替地在定子绕组中变化,根据电磁感应原理可知,定子的三相绕组中便产生三相交变的感应电动势,这就是交流发电机的发电原理。

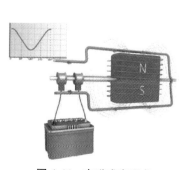

图 4-44 电磁感应现象

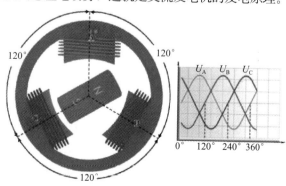

图 4-45 交流发电机发电原理

3. 整流原理

交流发电机定子的三相绕组中,感应产生的是三相交流电,是通过6只二极管组成的三相桥式整流电路整流为直流电的,整流电路如图4-46(a)所示。

当发动机起动后,发电机定子三相绕组产生三相交流电动势(见图4-46(b)),输送到整流器的二极管,由于二极管具有单向导通性(当给二极管加上正向电压时二极管导通,当给二极管加上反向电压时二极管截止),使发电机整流器的输出端B、E上输出一个脉动直流电压,如图4-46(c)所示。

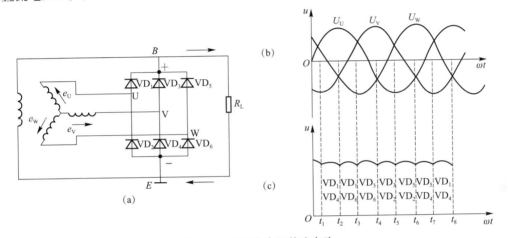

图 4-46　交流发电机整流电路
(a)整流电路图;(b)三相绕组电压波形图;(c)整流后发电机输出

三相桥式整流电路中二极管依次循环导通,当3只正二极管负极端连接在一起时,正极端电位最高者导通;当3只负二极管正极端连接在一起时,负极端电位最低者导通,二极管的导通顺序如图4-47所示,使得负载得到一个比较平稳的脉动直流电压。

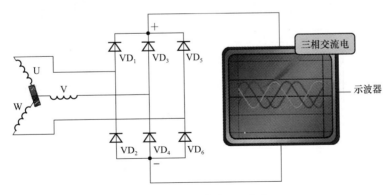

图 4-47　二极管的导通顺序

4. 交流发电机的励磁方式

汽车上使用的交流发电机都需要励磁,因为它们的磁场都是电磁场,必须给励磁绕组通电才会有磁场产生而发电,否则发电机将不能发电。

将电流引入到励磁绕组使之产生磁场称为励磁。交流发电机励磁方式有他励和自励两种。

（1）他励。在发电机转速较低时（发动机未达到怠速转速），自身不能发电，需要蓄电池供给发电机励磁绕组电流，使励磁绕组产生磁场来发电。这种由蓄电池供给磁场电流发电的方式称为他励发电，如图 4-48 所示。

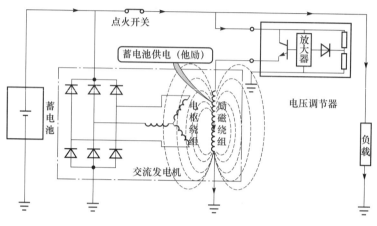

图 4-48　他励发电

（2）自励。随着转速的提高（一般在发动机达到怠速时），发电机定子绕组的电动势逐渐升高并能使整流器二极管导通，当发电机的输出电压大于蓄电池电压时，发电机就能对外供电了。当发电机能对外供电时，就可以把自身发的电供给励磁绕组，这种自身供给磁场电流发电的方式称为自励发电，如图 4-49 所示。

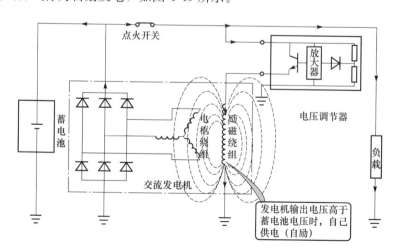

图 4-49　自励发电

交流发电机励磁过程是先他励后自励。当发动机达到正常怠速转速时，发电机的输出电压一般高出蓄电池电压 1～2 V，以便对蓄电池充电，此时，由发电机自励发电。

(三)电压调节器

1. 电压调节器的功用

电压调节器一般安装在发电机的内部。它的功用是使交流发电机的输出电压保持恒定。由于交流发电机的转子是由发动机通过传动带驱动旋转的,且发动机和交流发电机的速比为 1.7~3,因此交流发电机转子的转速变化范围非常大,这样将引起发电机的输出电压发生较大变化,无法满足汽车用电设备的工作要求。为了满足用电设备恒定电压的要求,交流发电机必须配用电压调节器,使其输出电压在发动机所有工况下基本保持恒定(一般为 13~14 V)。

2. 电压调节器的基本原理

由交流发电机的工作原理可知,交流发电机的三相绕组产生的相电动势的有效值为

$$E_\Phi = C_e \Phi n \tag{4-13}$$

式中 E_Φ——电动势,单位是伏特,符号为 V;

C_e——发电机的结构常数;

n——发电机转子转速,单位是转/分,符号为 r/min;

Φ——转子的磁极磁通,单位是韦伯,符号为 Wb。

上式说明交流发电机所产生的感应电动势与转子转速和磁极磁通成正比。所以,交流发电机电压调节器的基本工作原理是:当交流发电机的转速升高时,电压调节器通过减小发电机的励磁电流 I_f 来减小磁通 Φ,使发电机的输出电压 U_B 保持不变;当发电机转速下降时,可通过增大励磁电流,从而使输出电压保持恒定。

3. 电子式电压调节器的结构与工作原理

现在轿车发电机都采用电子式电压调节器,如图 4-50 所示,它的内部主要由电子元件组成。

图 4-50 电子式电压调节器的内部结构

电子式电压调节器的工作原理是:当发电机输出电压较低时,稳压二极管处于截止状态,VT_2 也处于截止状态,此时 VT_1 有基极电流而导通,给发电机励磁绕组供电,使发电机电压升高,如图 4-51 所示。当发电机输出电压上升到调节器的电压调整值时,稳压二极管被击穿,VT_2 有基极电流而导通,此时 VT_1 基极电位为零而截止,切断了励磁电流,发电机因无励磁电流,输出电压便下降,如图 4-52 所示。

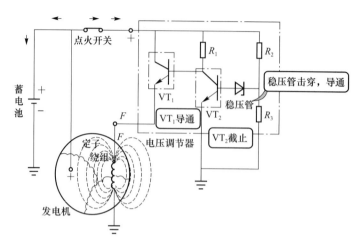

图 4-51 发电机发电电压较低时原理电路

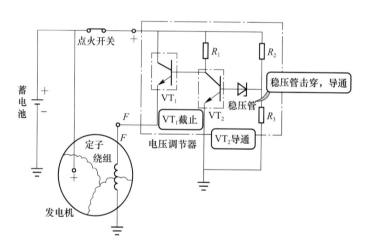

图 4-52 发电机发电电压较高时原理电路

(四)充电指示灯控制电路

在发动机起动期间,发电机不能对外输出电压,此时由蓄电池供给磁场电流,发电机不发电时电流路径为:蓄电池"+"→点火开关 SW→充电指示灯→电压调节器→磁场绕组→搭铁,充电指示灯点亮,如图 4-53 所示。

当发动机起动后,发电机应能正常发电并对外输出,此时发电电压大于蓄电池电压,发电机自励发电,充电指示灯两端电压降为零,指示灯熄灭,如图 4-54 所示。

(五)发电机的型号

发电机的型号由五个部分组成,每个部分的含义如图 4-55 所示。

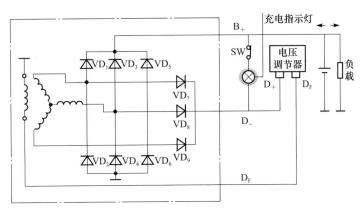

图 4-53 发电机不发电时电流路径

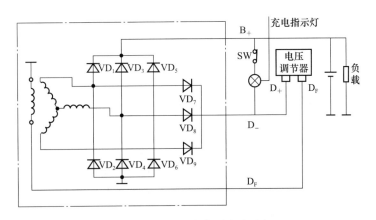

图 4-54 发电机发电时电流路径

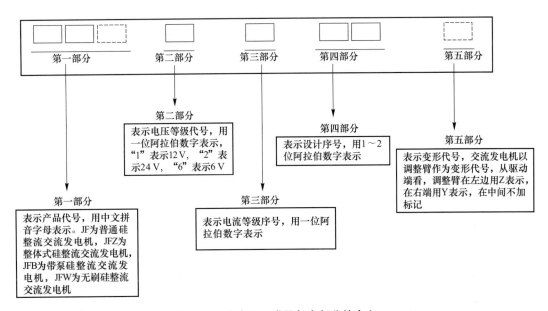

图 4-55 发电机组成及每个部分的含义

(六)交流发电机的工作特性

交流发电机的工作特性是指交流发电机转速(n)、输出电压(u)与输出电流(i)三者之间的关系。

工作特性包括输出特性、空载特性和外特性,其中以输出特性最为重要。

(1)输出特性。输出特性也称负载特性或输出电流特性,是指交流发电机输出电压保持一定时,发电机的输出电流与转速之间的关系。

(2)空载特性。空载特性是指无负荷时,发电机输出电压与转速的变化规律。

(3)外特性。外特性是指发电机转速保持一定时,发电机的输出电压与输出电流的关系。

总结提升

1. 输出或输入为直流电能的旋转电机,称为直流电机,它是能实现直流电能和机械能互相转换的电机。直流电动机主要由壳体、定子绕组、电枢、电刷及电刷架和前后端盖等组成。

2. 步进电动机将输入的脉冲电信号变换为阶跃的角位移或直线位移,给一个脉冲信号,电动机便前进一步,因此称为步进电动机。分别由定子、控制绕组、转子组成。

3. 交流发电机是汽车的电源,其作用是在发动机正常运转时(怠速除外),向所有用电设备(起动机除外)供电,并向蓄电池充电。汽车用硅整流交流发电机由三相同步发电机和硅二极管整流器两大部分组成。其工作过程是:交流发电机定子绕组中感应出交变电动势,再经硅二极管整流器整流,输出直流电。普通交流发电机一般由转子、定子、整流器、前后端盖、风扇和带轮等组成。

4. 交流发电机励磁方式有自励和他励两种。

5. 电压调节器一般安装在发电机的内部,它的功用是使交流发电机的输出电压保持恒定。

6. 充电指示灯控制电路是指发动机起动期间,发电机不能对外输出电压,此时由蓄电池供给磁场电流,电流路径为:蓄电池"+"→点火开关 SW→充电指示灯→电压调节器→磁场绕组→搭铁,充电指示灯点亮。

7. 交流发电机的工作特性是指交流发电机转速(n)、输出电压(u)与输出电流(i)三者之间的关系。工作特性包括输出特性、空载特性和外特性。

思考与练习

一、填空题

1. 汽车在正常行驶时,汽车的全部电器用电均由_____供给。

2. _____就是将发动机一部分机械能转变为电能的装置。发电机通常的传动方式是_____传动。

3. 普通交流发电机一般由_____、_____、_____和_____等组成。

二、判断题

1. 硅整流发电机由三相异步交流发电机和硅整流器两大部分组成。　　　　　　（　　）
2. 充电指示灯亮就表示蓄电池处于充电状态。　　　　　　　　　　　　　　（　　）

三、选择题

1. 整流器的作用是把三相交流发电机产生的_____电转换成直流电输出,它一般用 6 只硅二极管接成三相桥式全波整流电路。

   A. 交流　　　　　B. 直流　　　　　C. 低压　　　　　D. 高压

2. 发电机中励磁绕组的功用是_____。

   A. 产生交流电　　B. 产生直流电　　C. 产生感应电动势　D. 产生磁场

3. 发动机中整流电路的作用是_____。

   A. 调节输出电压　　　　　　　　　B. 调节输出电流
   C. 将交流电变为直流电　　　　　　D. 将直流电变为交流电

4. 交流发电机中产生磁场的装置是_____。

   A. 定子　　　　　B. 转子　　　　　C. 电枢　　　　　D. 整流器

四、简答题

1. 什么是直流电动机？直流电动机由哪几个部分组成？其原理是什么？
2. 目前汽车哪些地方应用了直流电动机？各叫什么名称？
3. 什么是步进电动机？步进电动机由哪些部分组成？汽车上哪些地方用到了步进电动机？
4. 普通交流发电机一般由哪些部分组成？各部分有何作用？

拓展阅读

轮毂电机技术简介

轮毂电机技术又称车轮内装电机技术，它的最大特点就是将动力、传动和制动装置都整合到轮毂内，因此能将电动车辆的机械部分大大简化。轮毂电机技术并非新生事物，早在 1900 年，就已经制造出了前轮装备轮毂电机的电动汽车，在 20 世纪 70 年代，这一技术在矿山运输车等领域得到应用。而对于乘用车所用的轮毂电机，日系厂商对于此项技术研发开展较早。轮毂电机轮胎正面结构如图 4-56 所示，其内部结构如图 4-57 所示。

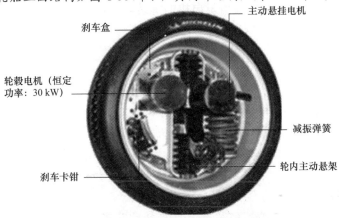

图 4-56　轮毂电机轮胎正面结构

项目四 三相正弦交流电路

轮毂电机驱动系统根据电机的转子形式主要分成两种结构形式：内转子式和外转子式。其中外转子式采用低速外转子电机，电机的最高转速在 1 000～1 500 r/min，无减速装置，车轮的转速与电机相同；而内转子式则采用高速内转子电机，配备固定传动比的减速器，为获得较高的功率密度，电机的转速可高达 10 000 r/min。随着更为紧凑的行星齿轮减速器的出现，内转子式轮毂电机在功率密度方面比低速外转子式更具竞争力。

图 4-57 轮毂电机轮胎内部结构

对于传统车辆来说，离合器、变速器、传动轴、差速器乃至分动器都是必不可少的，而这些部件不但重量不轻、使车辆的结构更为复杂，同时也存在需要定期维护和故障率的问题。但是轮毂电机却能很好地解决这个问题。除了结构更为简单之外，采用轮毂电机驱动的车辆可以获得更好的空间利用率，同时传动效率也要高出不少。

由于轮毂电机具备单个车轮独立驱动的特性，因此无论是前驱、后驱还是四驱形式，它都可以比较轻松地实现，全时四驱在轮毂电机驱动的车辆上实现起来非常容易。同时轮毂电机可以通过左右车轮的不同转速甚至反转实现类似履带式车辆的差动转向，大大减小车辆的转弯半径，在特殊情况下几乎可以实现原地转向（不过此时对车辆转向机构和轮胎的磨损较大），对于特种车辆很有价值。

近年来，国外轮毂电机驱动技术的应用主要体现在两个方面：一是以轮胎生产商或汽车零部件生产商为代表的研发团队开发的集成化电动系统；二是整车生产商与轮毂电机驱动系统生产商联合开发的电动汽车。而在我国，对于轮毂电机的研究多集中于高校中，产品均为电动汽车，与此同时，自主品牌汽车厂商也纷纷推出了自己的轮毂电机技术产品，国内的汽车商虽然能够生产电动汽车，但是对于轮毂电机驱动技术的研究尚不成熟，尤其是在高转矩轮毂电机开发方面，与国外先进产品仍有一定差距，因此我国仍需加强对轮毂电机技术的研发投入，提高核心竞争力，缩小差距，争取达到世界先进水平。

技能操作

交流发电机的拆装与检查

一、实训器材

（1）工位设备的检查器材：12 V 普通硅整流交流发电机（07 款丰田威驰车用发电机 OPO40）。

（2）工、量具。

①工具：尖嘴钳，"一"字、"十"字螺丝刀，8 号、10 号套筒"丁"字杆，22 号套筒，两爪拉拔器，铁锤 0.5 P，橡胶锤，指针式扭力扳手各一件。

②量具：万用表、游标卡尺 0～150 mm（精度 0.02 mm）。

（3）工位备件：拆装平台、毛刷、清洗剂、润滑脂、清洁抹布及零件盒。

二、实训内容

发电机的拆解，发电机的检测（检查发电机转子及定子总成、检查发电机碳刷、整流器的检查），发电机的组装。

三、实训操作

1. 发电机拆解

(1)拆下端子绝缘套1，如图4-58所示。

(2)拆下发电机后端盖3上的2个螺栓。

(3)拆下发电机电刷架总成2上的3个螺钉。

图 4-58　拆卸绝缘套

1—绝缘套；2—电刷架总成；3——后端盖

(4)拆下发电机稳压器总成的3个螺钉，如图4-59所示。

图 4-59　拆下发电机稳压器总成的3个螺钉

(5)拆下发电机带整流器的支架的4个螺钉，使用尖嘴钳拉直导线，拆下发电机支架，如图4-60所示。

图 4-60　发电机解剖图

(6)拆卸皮带轮，如图4-61所示。

①用扭矩扳手固定SST1，顺时针转SST2到标准扭矩。

②检查SST1是否紧固在转子轴上。

③用台虎钳固定 SSTC，把发电机装到 SSTC 上。

④为了松开皮带螺母，转动 SST2。

注意：为了防止损坏转子轴，旋松皮带轮螺母不要超过半圈。

⑤从 SSTC 上拆下发电机。

⑥转动 SSTB，拆下 SSTA 和 SSTB，拆下皮带轮螺母和皮带轮。

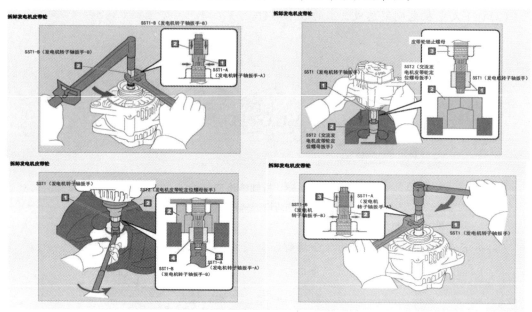

图 4-61　拆卸皮带轮

(7) 拆卸发电机整流器后端盖，如图 4-62 所示。

①拆下 2 个螺母、2 个螺栓和线夹。

②使用 SST 拆下整流器后端盖。

③从转子上拆下垫圈、转子总成，如图 4-63 所示。

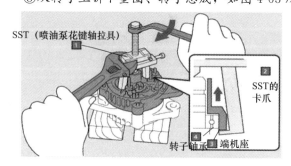

图 4-62　拆卸发电机整流器后端盖

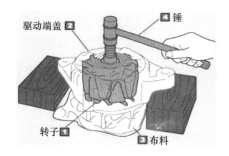

图 4-63　拆下垫圈和转子总成

2. 发电机的检测

(1) 检查发电机转子总成。

①检查转子滑环，如图 4-64 所示，滑环之间应导通。电阻在 2.7～3.1 Ω 之间。

②检查转子搭铁,如图 4-65 所示。
◎使用欧姆表检查滑环和爪极之间应不导通,如果导通,则更换转子。
◎检查转子滑环表面有否磨损和划伤。

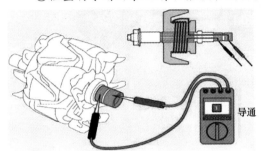

图 4-64　检查转子滑环　　　　　　　图 4-65　检查转子搭铁

(2)检查发电机定子总成。
①检查定子绕组之间的电阻,应导通,否则更换。
②检查定子搭铁,绕组和端盖之间应不导通。
(3)检查发电机碳刷。
用游标卡尺测量漏出部分碳刷长度 L,碳刷磨损检查如图 4-66 所示。

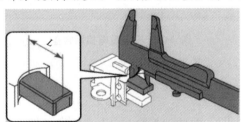

图 4-66　碳刷磨损检查

(4)整流器的检查(见图 4-67)。
①检查正极(+)整流器。
◎使用电阻挡(Ω),一个表笔接正极(+)端子,另一表笔接每一个整流器端子。
◎交换两个表笔重复上述步骤。
◎检查时一次显示导通,另一次应显示不导通。如果导通情况不符合规范,更换整流器支架。
②检查负极(-)整流器。
◎使用电阻挡(Ω),一个表笔接负极(-)端子,另一表笔接每一个整流器端子。
◎交换两个表笔重复上述步骤。
◎在检查时一次显示导通,另一次应显示不导通。如果导通情况不符合规范,应更换整流器支架。
3.发动机的组装
(1)安装发电机后端盖,如图 4-68 所示。

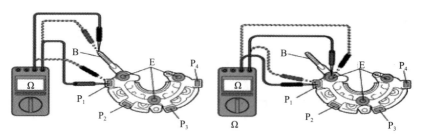

图 4-67　整流器的检查

①在转子上放好垫片。
②使用套筒和压床，慢慢压入整流器后端盖。
③安装 2 个螺母、2 个螺栓和线夹。

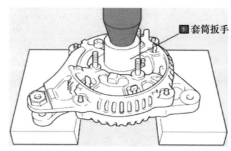

图 4-68　安装发电机后端盖

（2）安装发电机皮带轮。
①把皮带轮安装在转子轴上，右手拧紧皮带轮螺母。
②用扭力扳手固定 SST2，顺时针拧紧 SST1 至标准扭矩。
③检查 SST2 是否紧固在皮带轮上。
④用台虎钳固定 SST2，把发电机装在 SST2 上。
⑤为了松开皮带轮螺母，按图 4-61 所示方向转动 SST1。
⑥从 SST2 上拆下发电机。
⑦转动 SST2，拆下 SST1 和 SST2。
（3）安装发电机带整流器的支架。
①安装发电机支架。
②弯曲 4 条导线。
③用 4 个螺钉安装发电机支架。
（4）安装发电机稳压器总成。
①用 3 个螺钉安装发电机稳压器。
②安装发电机碳刷总成。
③安装 2 个螺钉，直到电刷架和连接器之间大约有 1 mm 的间隙。
（5）安装发电机后端盖罩。
①用 3 个螺丝安装后端盖罩。

②用螺母安装端子绝缘套。
(6)检查发电机转子总成,应该运转灵活。

附:
2019年湖北省技能高考《汽车发电机拆装与检测》考核方式及评分标准

依据考核工单要求,完成工作台上汽车用12 V三相交流发电机的检查、分解、部件测量、组装等工作。考查内容包括:检查、测量方法,拆卸、装配流程,工具、量具选用,数据记录,数据分析判断等。按照考核工单完成考试项目,包括拆解与清洁、转子的检测、定子的检测、碳刷组件的检测、整流器的检测、装复后的检验、发电机原理的理解、检测结果的分析。本考项总分170分,包括现场分70分和考卷分100分。

(1)完成发电机拆装,注意合理摆放分解部件;
(2)完成交流发电机的检测,包括不解体、解体后的检查;
(3)正确操作和简单维护发电机;
(4)安全文明规范操作;
(5)技能操作要求、评分办法如表4-5所示。

表4-5 发电机拆装与检查评分标准

实操项目	发电机拆装与检查	考生姓名	
工位号		准考证号	
发电机编号		考试时长	60 min

工作任务:
客户车辆充电异常,由技师诊断后初步确定发电机存在故障,请根据工单要求完成发电机的各项检查。并将测量数据、检查结果记录在以下工单的对应位置。

一、拆卸前准备及检查(见表4-6)

表4-6 拆卸前准备及检查

操作说明	作答记录
1. 操作台上提供有工具及清单,请核对并清洁工具,完成右边问题(4分)	(1)是否有清单以外的工具: 否□ 是□ 如果"是"请记录多出工具的名称和规格:_____ (2)是否有缺失的工具: 否□ 是□ 如果"是"请记录缺失工具的名称和规格:_____
2. 请执行量具的清洁及校零工作,并记录量具的误差值(4分)	量具名称:_____,误差值:_____ 量具名称:_____,误差值:_____ 量具名称:_____,误差值:_____

3. 发电机拆卸前的检查,根据问题完成相应操作,将操作过程或结果记录在右侧工单对应位置(14分)	(1)目测发电机外观状况。 ( )
	  A. 部件安装不到位 B. 漏装螺栓 C. 壳体破损 D. 完好
	(2)转动发电机皮带轮,检查转子转动情况。 ( )
	  A. 转动完好 B. 转子卡滞 C. 转动异响
	(3)使用万用表,检测发电机B端子与外壳有无短路。
	    检测结果为:_____

项目四 三相正弦交流电路

二、发电机分解及检测(见表 4-7)

表 4-7 发电机分解及检测

操作说明	作答记录
1. 请使用正确的工具，完成发电机的分解，注意右侧关键信息	(1)请遵循正确的分解顺序； (2)分解的部件按组装顺序摆放在操作台上； (3)螺栓要分类摆放
2. 转子的测量与检查(12分)	转子绕组短路与断路的检查： 测量值：_____ 正常 □ 短路 □ 断路 □ (2)转子绕组绝缘检查： 测量值：_____ 正常 □ 不绝缘 □ (3)滑环的检查：(4分) 正常 □ 脏污 □ 损坏 □
3. 定子的测量与检查(22分)	测量端子 | U−N | V−N | W−N 测量值 | | | 评定结果 | | | (1)定子绕组断路检查及判断：_____ 注：评定结果应填写正常或断路。 定子绕组绝缘检查： 测量值：_____ 正常 □ 不绝缘 □
4. 整流器的测量与检查(32分)	(1)检测正极管： 正向测量值：_____；反向测量值：_____ 正常 □ 损坏 □ (2)检测负极管：_____；正向测量值：_____ 反向测量值：_____ 正常 □ 损坏 □
5. 发电机电刷检测(6分)	长度测量值：_____；长度标准值：_____；磨损情况：_____

三、发电机装配与检测(见表 4-8)

表 4-8 发电机装配与检测

操作说明	作答记录
1. 请使用正确的工具，完成发电机的装配，注意右侧关键信息	(1)请使用正确的工具装配； (2)请参考分解顺序，按正确的顺序装配； (3)装配完成后，请清洁工具、量具，并放置于工具盘中
2. 发电机装配后检查(6分)	(1)目测发电机外观状况。 (　　) 　　A. 部件安装不到位 B. 漏装螺栓 C. 壳体破损 D. 完好 (2)转动发电机皮带轮，检查转子转动情况。 (　　) 　　A. 转动完好 B. 转子卡滞 C. 转动异响 (3)使用万用表，检测发电机 B 端子与外壳有无短路，判断发电机 B 端子与外壳为：(　　) 　　A. 短路 B. 未短路 C. 不确定

2018 年湖北省技能高考《汽车发电机拆装与检测》考核工单特点

发电机标准值及部件标签如图 4-69 所示，考试用工具清单如图 4-70 所示。

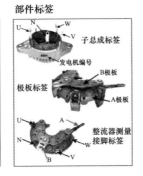

图 4-69　发电机标准值及部件标签

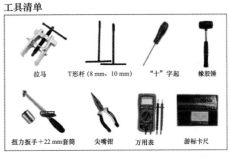

图 4-70　考试用工具清单

依据考生工单操作流程设置评分项，每项分值固定。考查内容：做没做、顺序是否正确、工具是否正确。

※考生工单特点：
(1)将陈述性的任务流程化。
(2)检测方法具体。
(3)填写内容简单。

※考官工单特点：
(1)考查项目明确具体。
(2)只需做"是""否"的判断。
(3)考试最终成绩以 3 位考官取平均分。

复习题

一、填空题

1. 三相交流电路是由 3 个_____、_____和_____的电动势组成三相电源向三相负载供电的电路。

2. 三相对称电动势瞬时值的代数和为_____，有效值的_____等于零。

3. 三相对称负载星形连接时，线电压有效值是相电压有效值的_____倍，其相位关系是_____；线电流和相电流的大小关系是_____。

4. 如三相对称负载采用三角形接线时，其线电压等于_____倍的相电压；而线电流等于_____倍的相电流，其相位关系是_____。

项目四　三相正弦交流电路

5. 对称三相负载三角形连接时的线电流是星形连接时线电流的_____倍，相电流是星形连接时相电流的_____倍。

6. 三相照明电路负载必须采用_____接法，中线的作用是_____。

7. 由三根_____线和一根_____线所组成的供电线路，称为三相四线制电网。

8. 从三相首端引出的输电线称为_____或_____，俗称_____，通常用_____、_____、_____三种颜色导线表示；从中心点引出的输电线称为_____，俗称_____，通常用_____颜色导线表示。

9. 目前民用建筑的配电电路，常采用_____相_____线制供电，设有两根零线，一根是_____零线，另一根是_____零线。

10. 为防止发生触电事件，应注意开关一定要接在_____上。此外电气设备还常用两种防护措施，它们是_____和_____。

11. 三相对称负载星形(Y)连接时，$U_{YL}=$_____U_{YP}，$I_{YL}=$_____I_{YP}，此时中性线电流 $I_N=$_____。

12. 三相对称负载三角形(△)连接时，$U_{\triangle L}=$_____$U_{\triangle P}$，$I_{\triangle L}=$_____$I_{\triangle P}$，各线电流比相应相电流_____。

13. 三相对称电源线电压 $U_L=380$ V，对称负载每相阻抗 $Z=10$ Ω，若接成星形，线电流 $I_L=$_____ A，相电流 $I_P=$_____ A；若接成三角形，线电流 $I_L=$_____ A，相电流 $I_P=$_____ A。

14. 某三相对称负载，每相负载的额定电压是 220 V，当三相电源的线电压为 380 V 时，负载应该_____连接；当三相电源电压为 220 V 时，负载应该_____连接。

15. 实际生产和生活中，一般工厂动力电源电压标准为_____V，生活照明电源电压标准为_____V；_____V 以下称为安全电压。

16. 发电机电压调节器一般安装在_____。

17. 交流发电机励磁方式有_____和_____两种。

18. 电压调节器能使发电机输出电压在发动机所有工况下基本保持恒定在_____V 左右。

19. 交流发电机转子的作用是_____，整流器的作用是_____。

二、判断题

1. 三相负载星形连接时，中线电流为零，可以不要中线。　　　　　　　　(　　)

2. 三相负载三角形连接时，无论负载对称与否，三个相电流的向量和均为零。
　　　　　　　　　　　　　　　　　　　　　　　　　　　　　　　　(　　)

3. 三相四线制供电系统中，为确保安全，中线上必须安装熔断器。　　　　(　　)

4. 三相对称负载三角形连接时，线电压是相电压的$\sqrt{3}$倍，且相位比对应的相电流超前30°。　　　　　　　　　　　　　　　　　　　　　　　　　　　　(　　)

5. 三相电源的线电压与三相负载的连接方式无关，所以线电流也与三相负载的连接方式无关。　　　　　　　　　　　　　　　　　　　　　　　　　　　　(　　)

6. 在三相异步电动机所连接的三相电路中线中没有电流通过，故可以去掉。(　　)

7. 在三相交流发电机中，电枢是固定不动的。　　　　　　　　　　　　　(　　)

8. 假设三相电源的正相序为 U→V→W→U，则 V→W→U→V 为负相序。 （   ）
9. 三相交流电的相电流一定小于线电流。 （   ）
10. 中线的作用就是使不对称星形连接负载的端电压保持对称。 （   ）
11. 三相负载作三角形连接时，必有线电流等于相电流。 （   ）
12. 三相不对称负载越接近对称，中线上通过的电流就越小。 （   ）
13. 中线不允许断开，因此不能安装保险丝和开关，并且中线截面积比火线粗。

（   ）
14. 交流发电机的输出电压不需要进行调节。 （   ）
15. 汽车行驶中充电指示灯亮表示蓄电池处于充电状态。 （   ）
16. 交流发电机的励磁方法为：先他励，后自励。 （   ）
17. 转子是产生三相交流电的，定子是产生磁场的。 （   ）

三、选择题

1. 关于三相交流发电机三个线圈中的电动势，正确说法应该是(   )。

    A. 它们的最大值不同

    B. 它们同时达到最大值

    C. 它们的周期不同

    D. 它们达到最大值的时间依次落后 1/3 周期

2. 下列说法正确的是(   )。

    A. 当负载星形连接时，必然有中性线

    B. 当三相负载越接近对称时，中性线电流越小

    C. 负载三角形连接时，线电流必为相电流的 $\sqrt{3}$ 倍

    D. 以上说法都不正确

3. 如图 4-71 所示，电源采用星形连接法，而负载采用三角形连接法，电源的相电压为 220 V，各负载相同且阻值都是 110 Ω，下列叙述中正确的是(   )。

    A. 加在负载上的电压为 220 V   B. 电路中的线电流为 76/11 A

    C. 电路中的相电流为 38/11 A   D. 电路中的线电流为 38/11 A

4. 三盏规格相同的电灯按图 4-72 所示接在三相交流电路中都能正常发光，现将 S_2 断开，则 EL_1、EL_3 将(   )。

    A. 烧毁其中一个或都烧毁   B. 都略为增亮些

    C. 都略为变暗些   D. 不受影响，仍正常发光

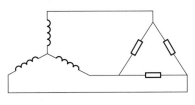

图 4-71 选择题 3 图

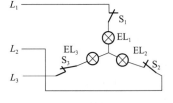

图 4-72 选择题 4 图

5. 一台三相电动机，每相绕组的额定电压为 380 V，对称三相电源的线电压为 380

V，则三相绕组应采用（　　）。

　　A. 三角形连接　　　　　　　　　　B. 星形连接，不接中线

　　C. 星形连接，接中性线　　　　　　D. B、C 均可

6. 三相对称电源的线电压为 380 V，对称负载星形连接，没接中性线，若某一相发生断路时，其余各相负载电压为（　　）。

　　A. 190 V　　　　　　　　　　　　B. 220 V

　　C. 380 V　　　　　　　　　　　　D. 不确定

7. 三相对称负载三角形连接时，相电流是 10 A，线电流最接近的值是（　　）。

　　A. 7 A　　　　　　　　　　　　　B. 14 A

　　C. 17 A　　　　　　　　　　　　D. 20 A

8. 对称三相四线交流电路中，（　　）。

　　A. 中线电流为零　　　　　　　　　B. 中线电流不为零

　　C. 中线电压、电流都不为零　　　　D. 中线断开，火线电流会有变化

9. 三相异步电动机产生的电磁转矩是由于（　　）。

　　A. 定子磁场与定子电流的相互作用　B. 转子磁场与转子电流的相互作用

　　C. 旋转磁场与转子电流的相互作用　D. 定子磁场与转子电流的相互作用

10. 若要求三相负载各相互不影响，负载应接成（　　）。

　　A. △形　　　　　　　　　　　　　B. Y 形，有中性线

　　C. Y 形，无中性线　　　　　　　　D. Y 形，有中性线；或△形，有中性线

11. 某三相电动机，其每相绕组的额定电压为 220 V，电源电压为 380 V，电源绕组为星形连接，则电动机应做（　　）。

　　A. Y 形连接　　　　　　　　　　　B. △形连接

　　C. Y 形，无中性线　　　　　　　　D. Y 形、△形连接均可

12. 照明线路采用三相四线制供电线路，中性线必须（　　）。

　　A. 安装牢固，防止断开　　　　　　B. 安装熔断器，防止中性线断开

　　C. 安装开关以控制其通断　　　　　D. 取消或断开

13. 一台三相电动机绕组为 Y 形连接，接到线电压为 380 V 的三相电源上，测得线电流为 10 A，则每相绕组的阻抗为（　　）。

　　A. 11 Ω　　　　　　　　　　　　　B. 22 Ω

　　C. 38 Ω　　　　　　　　　　　　　D. 66 Ω

14. 在中性点不接地的三相三线制低压供电系统中，为了防止触电事故，电气设备应该采取（　　）措施。

　　A. 保护接地　　　　　　　　　　　B. 保护接零

　　C. 工作接地　　　　　　　　　　　D. 接地接零均可

15. 三相电源线电压为 380 V，对称负载为星形连接，未接中性线。若某相突然断开，其余两相负载电压均为（　　）。

　　A. 380 V　　　　　　　　　　　　B. 220 V

　　C. 190 V　　　　　　　　　　　　D. 无法确定

16. 交流发电机定子的作用是（　　）。
   A. 产生三相交流电动势　　　　B. 产生磁场
   C. 将交流电变为直流电
17. 发电机电压调节器是通过调整（　　）来调整发电机输出电压的。
   A. 发电机的转速　　　　　　　B. 发电机的励磁电流
   C. 发电机的输出电流
18. 发电机转子绕组是否断路、短路，可用万用表检查，若是转子线圈良好，则电阻必定符合规定；若是转子线圈有短路，则电阻值比规定值（　　）。
   A. 小　　　　B. 大　　　　C. 略小　　　　D. 略大
19. 充电指示灯用来指示（　　）系统的工作情况。
   A. 起动　　　B. 充电　　　C. 电源　　　D. 蓄电池
20. 发电机B+接线柱外部连接（　　）。
   A. 起动机电极柱　　　　　　　B. 蓄电池正极
   C. 蓄电池负极　　　　　　　　D. 整流器
21. 交流发电机不充电故障原因，下列说法错误的是（　　）。
   A. 充电指示灯故障　　　　　　B. 发电机磁场绕组断路
   C. 发电机定子绕组搭铁故障　　D. 传动带较松

四、简答题

1. 照明开关是接在相线上安全，还是接在零线上安全，为什么？
2. 什么是中性线？作用是什么？
3. 当额定电压为220 V的照明负载接到线电压为220 V的三相四线制电路时，与连接到线电压为380 V的三相四线制电路时，连接方式是否相同？为什么？
4. 和简单单相交流电相比，三相交流电有哪些优点？
5. 三相负载星形连接时，测出各相电压相等，能否说明三相负载对称？
6. 简述交流发电机的组成及作用。
7. 简述电压调节器的作用及工作原理。

五、计算题

1. 在三相对称负载电路中，电源线电压为380 V，每相负载电阻$R=10\ \Omega$。试求负载接成星形连接时的相电压、相电流和线电流。

2. 三相交流发电机采用星形接法，负载也采用星形接法。发电机的相电压$U=1\ 000$ V，每相负载电阻为$R=50\ k\Omega$，$X_L=25\ k\Omega$，试求：
   (1) 负载的相电流；
   (2) 负载的线电流；
   (3) 线电压。

3. 如图4-73所示，负载为星形连接的对称三相负载，电源线电压为380 V，每相负载的电阻$R=8\ \Omega$，电抗$X=6\ \Omega$，求：
   (1) 在正常情况下，每相负载的相电压和相电流。
   (2) 当第三相负载短路时，其余两相负载的相电压和相电流。

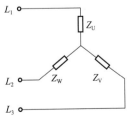

图4-73　计算题第3题

(3) 当第三相负载开路时,其余两相负载的相电压和相电流。

4. 某三层大楼照明常用三相四线制供电,线电压为 380 V,每层楼均有"220 V/40 W"的白炽灯 110 只,分别接在 U、V、W 三相上。试求:

(1) 三层楼电灯全部开亮时,总线电流和中性线电流。

(2) 当第一层楼电灯全部熄灭,另两层楼电灯全部开亮时,线电流和中性线电流。

(3) 当第一层楼电灯全部熄灭且中性线断开,二、三层楼电灯全部开亮时灯泡两端的电压为多少?若再关掉三层楼的一半电灯,情况又如何?

项目五

电磁基础知识

在日常生活及生产实践中,各种电动机、发电机及许多自动控制装置都是以电磁感应现象为基础来设计的,汽车发动机中的点火线圈就是利用电磁感应原理工作的。为了更好地理解汽车电路的工作原理,本项目主要介绍电磁现象有关知识及常用电磁器件的工作原理。

任务一 磁场及其基本物理量

学习目标

【知识目标】
◎了解磁场和磁力线的概念。
◎了解电流的磁效应。
◎了解磁通、磁感应强度和磁路的概念。

【技能目标】
◎掌握利用安培定则(右手螺旋定则)来判断磁场方向的方法。

实例引入

指南针(见图5-1)在地球磁场的作用下,磁针的一头总是指向北极,另一头总是指向南极。指南针在航海上的应用弥补了天文导航、地文导航的不足,开创了航海史的新纪元。

图5-1 指南针

项目五 电磁基础知识

实例分析

现代生活离不开磁,没有它,人们就无法看电视、听收音机、打电话。事实上,在春秋战国时期古人就发现了磁石和磁现象,之后有了我国古代四大发明之一的指南针,但是直到现代,人们对磁现象的认识才逐渐系统化,并且发明了各种电磁仪器,如电话、无线电、发电机、电动机等。如今,磁技术已经渗透到人们的日常生活、医学及工农业技术的各个方面。

必备知识

一、磁场与磁力线

1. 磁体与磁极

大家小时候都玩过吸铁石,像吸铁石这样具有磁性的物质称为磁体。磁体分为天然磁体与人造磁体。常见的人造磁体有条形磁铁、马蹄形磁铁和磁针等,如图 5-2 所示。

(a)　　　　　　　　(b)　　　　　　　　(c)

图 5-2　常见的人造磁体
(a)条形磁铁;(b)马蹄形磁铁;(c)磁针

任何一个磁体都有两个磁极,一个称为北极,用 N 表示;另一个称为南极,用 S 表示。任何磁体的磁极总是成对出现的,即使把一个磁体打碎成两半,磁体的每一半也都有它自己的北极和南极。磁极之间存在相互作用力,同名磁极相互排斥,异名磁极相互吸引。

2. 磁场与磁场方向

磁极之间看似什么都没有,但是依然有一种物质使磁极相互吸引或排斥,这种无形的物质就是磁场,磁极之间相互吸引或排斥的力称为磁力。

磁场的强弱和方向可以用假想的磁力线来描绘,如图 5-3 所示。磁场方向与磁力线上每一点的切线方向相同,其强弱与磁力线的密度成正比。任何情况下,磁力线都是互不交叉的闭合曲线,在磁体外部由 N 极指向 S 极,在磁体内部则由 S 极指向 N 极。

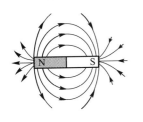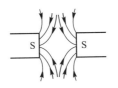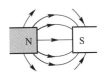

图 5-3　磁力线

重要提示：
磁场的强度可用磁力线的疏密表示，磁力线密的地方磁场强，疏的地方磁场弱。

二、电流的磁场

下面我们通过实验来证明磁体并不是磁场的唯一来源。

在导线旁边放置一个小磁针，然后闭合开关使导线中通过电流，这时小磁针发生偏转，如图 5-4 所示。实验证明电流也能产生磁场，这种现象称为电流的磁效应。电流产生的磁场方向可以用安培定则(右手螺旋定则)来判断。在汽车电子工业中，广泛地运用了电流的磁效应来制造元件、控制电路等。

1. 通电直导线的磁场

通电直导线的磁力线是以导线上各点为圆心的同心圆，这些同心圆都在与导线垂直的平面上。电流的磁场如图 5-5 所示，磁场的方向可以用安培定则判断：右手握住通电直导线，大拇指伸直并与电流方向一致，则弯曲的四指所指的方向就是磁场方向，如图 5-5(a)所示。

2. 通电螺线管的磁场

通电螺线管的磁力线与条形铁相似，一端相当于 N 极，另一端相当于 S 极。磁场方向的判定方法为：用右手握住螺线管，弯曲的四指与电流方向一致，则大拇指指向通电螺线管内部磁力线的方向，即通电螺线管的 N 极，如图 5-5(b)所示。

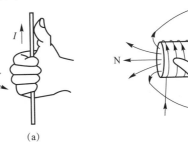

图 5-4　电流的磁效应　　图 5-5　电流的磁场
(a)通电直导线的磁场；(b)通电螺线管的磁场

三、磁场的基本物理量

1. 磁通

由前文可知,磁力线的疏密反映了磁场的强弱。我们把垂直穿过磁场中某一截面的磁力线条数称为磁通量,简称磁通,用字母 Φ 表示,单位是 Wb(韦[伯])。磁通可以反映一定面积上的磁场分布情况。在面积不变的情况下,通过的磁通量越大,磁场就越强。

2. 磁感应强度

磁场的强弱也可以用磁感应强度来表示。我们把单位面积上垂直穿过的磁力线条数称为磁感应强度,用字母 B 来表示,单位为 T(特[斯拉])。要特别指出的是,磁感应强度是矢量,它同时反映了磁场的强弱和方向。在均匀磁场中,磁感应强度与磁通的关系用公式表示为

$$B=\frac{\Phi}{S} \tag{5-1}$$

式中　B——均匀磁场的磁感应强度;

　　　Φ——磁通量;

　　　S——垂直于磁场方向的平面面积,单位为 m^2。

【例 5-1】　有一磁感应强度为 0.6 T 的匀强磁场,磁场中有一面积为 500 cm^2 的平面,如果磁感应强度 B 与平面的切线方向分别为 0°、30°、90°,求通过该平面的磁通各是多少?

分析:磁感应强度与平面不垂直时,不能直接应用磁通公式 $\Phi=BS$。磁感应强度是矢量,可应用矢量分解方法,将其分解成垂直平面的分量和平行平面的分量,平行平面分量不穿过该平面,磁通为零。

解:磁感应强度垂直平面的分量为 $B'=B\sin\alpha$。

(1) 当 $\alpha=0°$ 时

$$\Phi=B'S=BS\sin 0°=0(\text{Wb})$$

(2) 当 $\alpha=30°$ 时

$$\Phi=B'S=BS\sin 30°=0.6\times 500\times 10^{-4}\times\frac{1}{2}=0.015(\text{Wb})$$

(3) 当 $\alpha=90°$ 时

$$\Phi=B'S=BS\sin 90°=0.6\times 500\times 10^{-4}=0.03(\text{Wb})$$

3. 磁导率

磁导率是一个用来表示介质导磁性能的物理量,用字母 μ 表示,单位是 H/m。不同的介质,磁导率有所不同。实验测定,真空磁导率是一个常数,用 μ_0 表示,即

$$\mu_0=4\pi\times 10^{-7}\ \text{H/m}$$

为了便于比较各种物质的导磁性能,我们将任一材料的磁导率 μ 与真空磁导率 μ_0 的比值称为相对磁导率,用 μ_r 表示,即

$$\mu_r=\frac{\mu}{\mu_0} \tag{5-2}$$

相对磁导率只是一个比值，它表明某种介质的磁导率是真空的多少倍。

重要提示：

物质根据磁导率大小的不同可以分为 3 类：磁导率略大于 1 的物质称为顺磁物质，如空气、铝等；磁导率小于 1 的物质称为逆磁物质，如金、银、铜等；磁导率远大于 1 的物质称为铁磁物质，如铁、钴、镍、铁氧体等，其中，顺磁物质和逆磁物质统称为非铁磁物质。

4. 磁场强度

磁场中各点的磁感应强度 B 与磁体的磁导率有关，因此要考察磁场的分布情况，还需要考虑周围的介质，这样计算起来就比较复杂。如果把某点的磁感应强度除以磁导率，就消除了磁导率的影响。为计算方便，引入磁场强度这个新物理量来表示磁场的性质，用字母 H 表示。

磁场中某点的磁场强度 H 等于该点的磁感应强度 B 与介质的磁导率 μ 的比值，用公式表示为

$$H=\frac{B}{\mu} \tag{5-3}$$

式中，磁场强度 H 的单位为 A/m。

5. 磁路

磁通经过的闭合路径称为磁路。人们常常将铁磁材料制成一定形状的铁芯，它可以使磁通集中在一定的路径上，从而获得较强的磁场。磁路和电路相似，分为无分支磁路和有分支磁路，如图 5-6 所示。

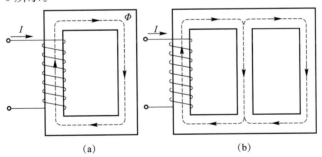

图 5-6 磁路

(a)无分支磁路；(b)有分支磁路

主磁通与漏磁通如图 5-7 所示，当线圈中通过电流后，大部分磁通沿铁芯、衔铁和工作气隙构成回路，这部分磁通称为主磁通；还有一部分磁通没有经过衔铁和工作气隙，而是经空气自成回路，这部分磁通称为漏磁通。

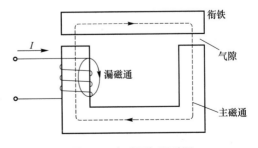

图 5-7 主磁通与漏磁通

项目五　电磁基础知识

总结提升

1. 磁铁周围和电流周围都存在着磁场，磁场常用磁力线来形象描述。磁力线是互不交叉的闭合曲线，在磁体外部由 N 极指向 S 极，在磁体内部由 S 极指向 N 极，切线方向表示磁场方向。

2. 磁场方向的判定方法为：用右手握住螺线管，弯曲的四指与电流方向一致，则大拇指指向通电螺线管内部磁力线的方向，即通电螺线管的 N 极。

3. 磁通经过的闭合路径称为磁路。人们常常将铁磁材料制成一定形状的铁芯，它可以使磁通集中在一定的路径上，从而获得较强的磁场。磁路和电路相似，分为无分支磁路和有分支磁路。

思考与练习

一、判断题

1. 磁场的方向总是由 N 极指向 S 极。　　　　　　　　　　　　　　　　（　　）
2. 地球是一个大磁体。　　　　　　　　　　　　　　　　　　　　　　（　　）
3. 磁场总是由电流产生。　　　　　　　　　　　　　　　　　　　　　（　　）
4. 通电线圈插入铁芯后，它所产生的磁通大大增加。　　　　　　　　　（　　）
5. 两根靠得很近的平行直导线，若通以相同方向的电流，则它们相互吸引。（　　）

二、选择题

1. 在条形磁铁中，磁性最强的部位在（　　）。
　　A. 中间　　　　　B. 两极　　　　　C. 整体　　　　　D. 都不是
2. 磁力线上任意点的（　　）方向，就是该点的磁场方向。
　　A. 指向 N 极的　　B. 切线　　　　　C. 直线　　　　　D. 指向 S 极的
3. 关于电流的磁场，正确说法是（　　）。
　　A. 直线电流的磁场只分布在垂直于导线的某一平面上
　　B. 直线电流的磁场是一些同心圆，距离导线越远，磁力线越密
　　C. 直线电流、环形电流的磁场方向都可用安培定则判断
　　D. 直线电流、环形电流的磁场都可用左手定则判别
4. 判断通电导线或通电线圈产生磁场的方向用（　　）。
　　A. 右手定则　　B. 右手螺旋法则　　C. 左手定则　　　D. 楞次定律
5. 空心线圈被插入铁芯后（　　）。
　　A. 磁性将大大增强　　　　　　　　　B. 磁性将减弱
　　C. 磁性基本不变　　　　　　　　　　D. 不能确定

三、填空题

1. 磁力线的方向定义为：在磁体外部由 _____ 指向 _____，在磁体内部由

_____指向_____。磁力线是_____曲线。

2. 磁体上_____叫作磁极。一个磁体具有_____个磁极，它们分别是_____极和_____极。

3. 同名磁极互相_____，异名磁极互相_____。

4. 地球本身是一个_____，地磁北极在地理_____附近，地磁南极在地理_____附近。

5. 磁体周围的磁力线都是从磁体的_____出来，回到磁体的_____。

6. 描述磁场的4个主要物理量是_____、_____、_____和_____。

7. 通电长直导线的磁场方向判定方法是_____。

8. 通电螺线管的磁场方向判定方法是_____。

四、问答题

1. 简述磁极间相互作用的规律。
2. 简述磁力线具有什么特点。

五、作图题

1. 如图 5-8 所示是电磁铁和永磁体产生的磁场，请标出永磁体 A 左端的磁极和电磁铁电源的正负极。

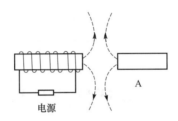

图 5-8　作图题 1 图

拓展阅读

韦　伯

韦伯（见图 5-9），全名为威廉·爱德华·韦伯（Wilhelm Eduard Weber，1804—1891），是德国物理学家，也是19世纪最重要的物理学家之一。国际单位制中磁通量的单位"韦伯"（Wb）是以威廉·爱德华·韦伯的名字命名的。

韦伯为建立电学单位的绝对测量做出了很多贡献，他提出了电流强度和电磁力的绝对单位，并发明了双线电流表、电功率表和地磁感应器等。高斯在韦伯的协助下提出了磁学量的绝对单位。1833 年韦伯与高斯合作发明了世界上第一台有线电报。

著名的现代物理学家爱因斯坦曾经师从韦伯学习物理学。

图 5-9　韦伯

项目五　电磁基础知识

技能操作

制作电磁铁

一、实训内容

制作一个电磁铁，并改变线圈匝数，通电后观察其分别可以吸起多少大头针。

二、实训器材

直径为 0.1 mm 左右的漆包线 2.5 m，4 cm 长铁钉 1 枚，干电池 1 节，大头针若干，小刀 1 把。

三、实训操作

将漆包线顺时针缠绕在铁钉上，漆包线两端各留出 5～10 cm，用小刀把漆包线末端的漆刮干净，把漆包线的两端接上干电池，观察吸起大头针的数量。断开电源，电磁铁失去磁性，大头针就会掉下来。然后将线圈匝数减少一半，通电后再次观察吸起的大头针数量，将两次实验数据填入表 5-1 中，并分析其原因。

表 5-1　数据记录表

项目	第一次试验（N 匝）	第二次试验（N/2 匝）
大头针数量		
原因		

任务二　电磁感应及其应用

学习目标

【知识目标】

◎掌握产生感应电流的条件，掌握右手螺旋定则。
◎理解电磁感应定律的基本概念及其灵活应用。
◎掌握自感与互感的原理。
◎了解常见的电磁感应应用的器件。

【技能目标】

◎使用左手定则判断电磁力的方向。
◎使用右手螺旋定则判断感应电流的方向。

实例引入

自法拉第历经 10 年发现电磁感应现象后，电磁感应便开始应用于生活中。话筒、电磁炉、电视机、手机等生活用品，无不与人们的生活息息相关，极大地方便了我们的生活，推动了社会的进步与发展。

任务二　电磁感应及其应用

实例分析

电磁感应现象的发现，不仅揭示了电与磁之间的内在联系，而且为电与磁之间的转化奠定了实验基础，为人类获取巨大而廉价的电能开辟了道路，在生活中具有重大的意义。电磁感应现象的发现，标志着一场重大的工业和技术革命的到来。它在电工技术、电子技术以及电磁测量等方面都有广泛地应用，使人类社会从此迈入电气化时代，电磁感应现象对推动生产力和科学技术的发展也发挥了重要作用。

必备知识

一、电磁感应现象

我们将通过两个实验来认识电磁感应现象，如图 5-10 所示。

实验一：如图 5-10(a)所示，在匀强磁场中放置直导体 AB，将其两端连接在电流表的正、负接线柱上形成闭合回路。当直导体做切割磁力线运动时，电流表指针发生偏转，说明闭合回路有电流流过；当直导体做平行于磁力线运动时，电流表指针不动，说明闭合回路没有电流流过。

实验二：如图 5-10(b)所示，将一空心线圈的两端与电流表正、负接线柱相连形成闭合回路。当条形磁铁插入线圈时，电流表指针发生偏转，说明闭合回路有电流流过；当条形磁铁在线圈中静止不动时，电流表指针不动，说明闭合回路没有电流流过；当条形磁铁拔出线圈时，电流表指针再次发生偏转。

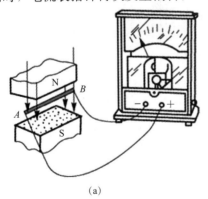
(a)

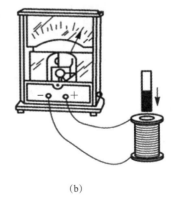
(b)

图 5-10　电磁感应现象
(a)实验一接线图；(b)实验二接线图

通过上述两个实验可以得出结论：不论是闭合回路中一部分导体做切割磁力线运动，还是闭合回路中的磁场发生变化，只要穿过闭合回路的磁通发生变化，闭合回路就会有电流产生。这种利用磁场产生电流的现象称为电磁感应现象，由电磁感应产生的电动势称为感应电动势，由感应电动势引起的电流称为感应电流。

重要提示：

当固定不动的闭合回路处在变化的磁场中时，回路中也会产生感应电流。变压器就是利用这一电磁感应现象制成的。

二、感应电流方向

在前面电磁感应的实验中，当穿过闭合电路的磁通发生变化时，可以观察到电路中电流表的指针有时偏向这边，有时偏向那边。这表明在不同的情况下，感应电流的方向是不同的。那么，怎样确定感应电流的方向呢？

1. 右手螺旋定则

当闭合电路中的一部分导体在磁场中做切割磁力线运动时，感应电流方向可以用右手螺旋定则来判定。伸开右手，使大拇指与其余四指垂直，并且都与手掌在同一平面内，让磁力线垂直进入手心，大拇指指向导体运动方向，这时四指所指的方向便是感应电流的方向。

2. 楞次定律

在图 5-11 所示的实验中，条形磁铁插入和拔出线圈时，电流表指针的摆动方向不同，说明闭合回路中的电流方向不同，那么这种情况下如何判断电流方向呢？

当条形磁铁插入线圈时，原磁通增加，线圈所产生的感应电流的磁场方向与原磁场方向相反，如图 5-11(a)、图 5-11(c) 所示；当拔出条形磁铁时，原磁通减少，线圈所产生的感应电流的磁场方向与原磁场方向相同，如图 5-11(b)、图 5-11(d) 所示。

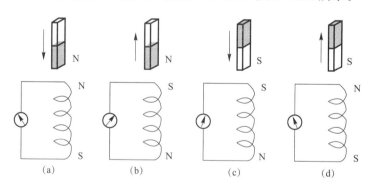

图 5-11　楞次定律

当磁铁插入线圈时，穿过线圈的磁通增加，这时感应电流的磁场方向跟磁铁的磁场方向相反，阻碍磁通的增加；当磁铁抽出线圈时，穿过线圈的磁通减少，这时感应电流的磁场方向跟磁铁的磁场方向相同，阻碍磁通的减少。总之，感应电流具有这样的方向，感应电流的磁场总要阻碍引起感应电流的磁通的变化，这就是楞次定律，它是判断感应电流方向的普遍规律。

应用楞次定律判断感应电流方向的具体步骤是：首先要明确原来磁场的方向以及穿过

闭合电路的磁通是增加还是减少，然后根据楞次定律确定感应电流的磁场方向，最后利用安培定则来确定感应电流的方向。

三、电磁感应定律

通过观察前文电磁感应实验现象，我们可以知道：切割磁力线运动的直导体中产生的感应电动势与直导体的运动速度、导体长度及匀强磁场磁感应强度成正比，用公式表示为

$$E=Blv \tag{5-4}$$

式中　　E——直导体切割磁力线运动产生的感应电动势；

　　　　B——磁感应强度；

　　　　l——直导体长度；

　　　　v——直导体的运动速度。

法拉第通过大量实验总结出如下定律：电路中感应电动势的大小，与穿过这一电路的磁通变化率成正比。这就是法拉第电磁感应定律，用公式表示为

$$E=\frac{\Delta\Phi}{\Delta t} \tag{5-5}$$

如果线圈为 N 匝，则线圈的感应电动势为

$$E=N\frac{\Delta\Phi}{\Delta t}$$

【例 5-2】 把一个条形磁铁的 N 极在 2.5 s 内从线圈的顶部一直插到底部，穿过每匝线圈的磁通改变了 7.5×10^{-6} Wb，线圈的匝数为 400 匝，求线圈中感应电动势的大小。若线圈与外电路连接成闭合回路，回路的总电阻 R 为 50 Ω，求感应电流的大小。

解： 由电磁感应定律可求感应电动势为

$$E=N\frac{\Delta\Phi}{\Delta t}=400\times\frac{7.5\times10^{-6}}{2.5}=1.2\times10^{-3}(\text{V})$$

回路中的感应电流为

$$I=\frac{E}{R}=\frac{1.2\times10^{-3}}{50}=0.24\times10^{-4}(\text{A})$$

四、自感与互感

1. 自感现象

图 5-12 所示为观察自感现象的实验电路，电路中灯泡 L_1 和 L_2 完全相同，调节滑动变阻器使与线圈的阻值相同，当开关闭合后，灯泡 L_2 立即正常发光，L_1 却是缓慢变亮，这是为什么呢？原来当合上开关后，因灯泡 L_2 与线圈 L 串联，通过线圈 L 的电流由零开始增大，穿过线圈 L 的磁通也随之增加，根据楞次定律可知，感应电动势要阻碍线圈中电流的增大，因此灯泡 L_1 会缓

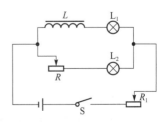

图 5-12　观察自感现象的实验电路

慢亮起。

当合上开关，两灯都正常发光后，再断开开关，灯泡 L_1 并不是立即熄灭，而是闪亮一下，然后才熄灭；这是由于断开开关后，通过线圈的电流突然减小，穿过线圈的电流突然减小，穿过的磁通也很快减少，线圈中产生了很强的感应电动势，以阻碍电流的减小。虽然这时电源已经被切断，但是线圈和灯泡 L_1 组成回路，在这个电路中有较大的感应电流通过。

从上述实验可以看出，当线圈中的电流发生变化时，线圈中就会产生感应电动势，这个电动势总是阻碍线圈中原来电流的变化。这种由于流过线圈本身的电流发生变化而引起的电磁感应现象称为自感现象，简称自感。

2. 互感现象

如图 5-13 所示，当开关 S 闭合或者断开的瞬间，小磁针都会发生偏转。这是因为，当线圈 L_1 中的电流发生改变时，通过线圈的磁通也发生变化，该磁通的变化必然又影响 L_2，使 L_2 中产生感应电动势和感应电流。我们把这种由一个线圈中的电流发生变化而在另一线圈中产生感应的现象称为互感现象，简称互感。

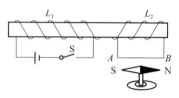

图 5-13 互感现象

五、电磁感应应用

1. 动圈式话筒

动圈式话筒是把声音转变为电信号的装置，如图 5-14 所示，它主要由线圈、磁钢、外壳等组成。动圈式话筒是利用电磁感应现象制成的，当声波使膜片振动时，连接在膜片上的线圈（叫作音圈）随着膜片一起振动，音圈在磁场里振动，其中就产生了感应电流（电信号），感应电流的大小和方向都变化，变化的振幅和频率由声波决定，这个信号电流经扩音器放大后传给扬声器，从扬声器中就发出放大后的声音。

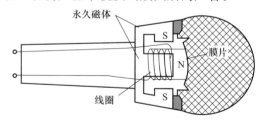

图 5-14 动圈式话筒

2. 磁带录音机

磁带录音机是把声音记录下来以便重放的机器，它以硬磁性材料为载体，利用磁性材料的剩磁特性将声音信号记录在载体。家用录音机大多为盒式磁带录音机。磁带录音机主要由机内话筒、磁带、录放磁头、放大电路、扬声器、传动机构等部分组成。磁带录音机工作过程如图 5-15 所示，它主要的功能是录音功能和放音功能。

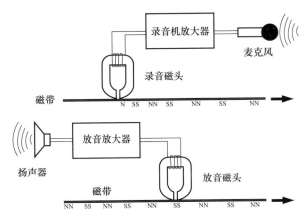

图 5-15 磁带录音机工作过程

（1）录音原理。话筒把声音变成音频电流，放大后送到录音磁头。录音磁头实际上是个蹄形电磁铁，两极相距很近，中间只留一个狭缝。整个磁头封在金属壳内。录音磁带的带基上涂着一层磁粉，实际上就是许多铁磁性小颗粒。磁带紧贴着录音磁头走过，音频电流使得录音磁头缝隙处磁场的强弱、方向不断变化，磁带上的磁粉也就被磁化成一个个磁极方向和磁性强弱各不相同的"小磁铁"，声音信号就这样被记录在磁带上了。

（2）放音原理。放音磁头的结构和录音磁头相似。当磁带从放音磁头的狭缝前走过时，磁带上"小磁铁"产生的磁场穿过放音磁头的线圈。由于"小磁铁"的极性和磁性强弱各不相同，它在线圈内产生的磁通量也在不断变化，于是在线圈中产生感应电流，放大后就可以在扬声器中发出声音。

3. 汽车车速里程表

车速里程表的功能是指示行车速度、累计行驶里程，它由车速表和里程表两部分构成。主动轴由变速器或分动器传动齿轮经软轴驱动，车速里程表由与主动轴紧固在一起的永久磁铁、带有轴及指针的铝碗、罩壳和紧固在表壳上的刻度盘等组成。车速里程表不工作时，铝碗在盘形弹簧（游丝）的作用下，使指针位于刻度的零点位置。

汽车车速里程表的工作原理是汽车行驶时，主动轴带着永久磁铁旋转，永久磁铁的磁力线在铝碗上产生涡流，涡流与永久磁铁的磁场相互作用产生力矩而克服盘形弹簧的弹力，使铝碗朝永久磁铁转动的方向偏转，于是铝碗便带着指针转过一个角度。

4. 熔炉金属

在一根导体外面绕上线圈，并让线圈通入交变电流，那么线圈就会产生交变磁场。由于线圈中间的导体在圆周方向是可以等效成一圈圈的闭合电路，闭合电路中的磁通量在不断发生改变，所以在导体的圆周方向会产生感应电动势和感应电流，电流的方向沿导体的圆周方向转圈，就像一圈圈的漩涡，所以这种在整块导体内部发生电磁感应而产生感应电流的现象称为涡流现象。涡流现象如图 5-16 所示。

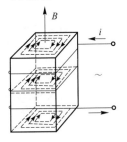

图 5-16 涡流现象

涡流现象衍生出一系列工业产品，感应加热电源就是其中最重要的一个，感应加热就是利用涡流加热金属导体，使之非接触式发热。很多工业产品加热是不能用明火加热的，这时候感应涡流加热就成功地解决了这个问题，也使产品有了革命性的进步，感应涡流加热是将被加热金属置于高频变化的电磁场中(实际应用是在感应线圈中)，强大的电磁场在其表面形成感应涡流，依靠材料本身的内阻，使之迅速发热，以改善工件的机械性能，感应加热特性是涡流加热应用最典型的例子，是金属热处理必不可少的加热方式，也是以后工业加热的趋势，感应涡流不仅可用于金属件热处理，也可用于海底管道铺设、石油天然气管道预热焊接、焊后热处理、紫铜钎焊、蒸发镀膜、电机短路环焊接等，这些应用最基本的原理就是电磁感应原理，使电磁场产生涡流加热效应。

5. 变压器

(1)变压器的用途。变压器是一种静止的电气设备，它利用电磁感应原理，将某种交流电压和电流值转换成另一种交流电压和电流值，以满足不同负载的需求。

电力系统中的变压器可分为升压变压器、降压变压器、配电变压器和厂用变压器等，它们是电力系统中的重要设备。此外，变压器的分类及用途还很多。

(2)变压器的基本结构。变压器的外形及图形符号如图 5-17 所示，其文字符号用字母 T 表示。

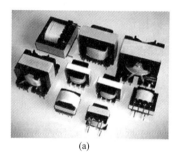
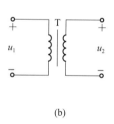

图 5-17 变压器的外形及图形符号

(a)外形；(b)图形符号

变压器的基本结构由铁芯和绕组两部分组成，如图 5-18 所示。

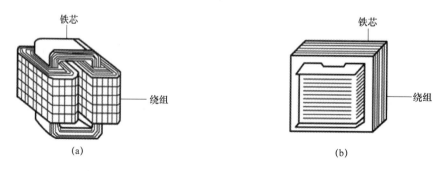

图 5-18 变压器的基本结构

(a)芯式变压器；(b)壳式变压器

铁芯是变压器的磁路部分。为了减小涡流损耗，铁芯常用磁导率较高而又相互绝缘的硅钢片叠制而成。通信所用变压器的铁芯由铝合金、铁氧体等磁性材料制成。

绕组一般用绝缘良好的漆包线绕制而成，绕组与绕组及绕组与铁芯之间都是相互绝缘的。变压器工作时，与电源相连的绕组称为一次绕组，一般用符号 N_1 表示；与负载相连的绕组称为二次绕组，一般用符号 N_2 表示。变压器一、二次绕组端的电压有效值分别记为 U_1 和 U_2，电流有效值分别记为 I_1 和 I_2。

(3) 单相变压器的基本工作原理。当交流电通入变压器的一次绕组时，其内部的铁芯产生交变的磁力线。交变的磁力线通过两边的线圈，使两个线圈中都产生感应电动势，其频率等于一次绕组中的电流频率。变压器的工作原理通俗来讲就是，交变的电流产生交变的磁场，交变的磁场又感应出交变的电压。

① 变换交流电压。如图 5-19 所示，变压器空载运行，此时铁芯中产生的交变磁通同时穿过一次绕组和二次绕组，可认为穿过一、二次绕组的交变磁通相同，所以这两个绕组产生的感应电动势也就相等。

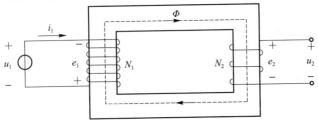

图 5-19　变压器空载运行

如果设一次绕组的匝数为 N_1，二次绕组的匝数为 N_2，穿过它们的磁通为 Φ，则根据法拉第电磁感应定律可得一、二次绕组中产生的感应电动势分别为

$$E_1 = N_1 \frac{\Delta \Phi}{\Delta t}, \quad E_2 = N_2 \frac{\Delta \Phi}{\Delta t}$$

因此，电动势有效值与匝数的关系为

$$\frac{E_1}{E_2} = \frac{N_1}{N_2} \tag{5-6}$$

忽略线圈的内阻，则

$$\frac{U_1}{U_2} = \frac{N_1}{N_2} = k \tag{5-7}$$

由式(5-7)可知，变压器一、二次绕组的电压比与它们的匝数比成正比。当 $N_1 < N_2$ 时，$k < 1$，称为升压变压器；当 $N_1 > N_2$ 时，$k > 1$，称为降压变压器；当 $N_1 = N_2$ 时，$k = 1$，称为隔离变压器。在实际使用中，只需设计一、二次绕组的匝数就可以任意改变变压器的输出电压。

② 变换交流电流。如图 5-20 所示，假设变压器负载运行，忽略绕组电阻和铁芯产生涡流而损失的能量，则这个变压器称为理想变压器，它从电网中获得的功率等于其输出的功率，即 $P_1 = P_2$，由交流电功率的公式 $P = UI\cos\phi$ 可得 $U_1 I_1 \cos\phi_1 = U_2 I_2 \cos\phi_2$。

因为变压器为理想变压器，则

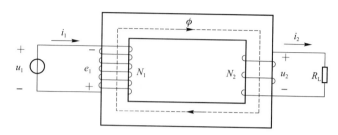

图 5-20　变压器负载运行

$$U_1 I_1 = U_2 I_2$$

因此

$$\frac{I_1}{I_2} = \frac{U_2}{U_1} = \frac{1}{k} \tag{5-8}$$

由式(5-8)可知，变压器一、二次绕组的电流比与它们的匝数比成反比。变压器的高压绕组匝数多而通过的电流小，可以用较细的导线绕制；低压绕组匝数少但是通过的电流大，所以应用较粗的导线绕制，以便减少内阻，防止变压器过热。

 总结提升

1. 穿过电路的磁通发生变化时，电路中就有感应电动势产生。如果电路是闭合的，则在电路中形成感应电流。

2. 右手螺旋定则：当闭合电路中的一部分导体在磁场中做切割磁力线运动时，感应电流方向可以用右手螺旋定则来判定。伸开右手，使大拇指与其余四指垂直，并且都与手掌在同一平面内，让磁感线垂直进入手心，大拇指指向导体运动方向，这时四指所指的方向便是感应电流的方向。

3. 电路中感应电动势的大小，与穿过这一电路的磁通变化率成正比。这就是法拉第电磁感应定律。

4. 当线圈中的电流发生变化时，线圈中就会产生感应电动势，这个电动势总是阻碍线圈中原来电流的变化。这种由于流过线圈本身的电流发生变化而引起的电磁感应现象称为自感现象，简称自感。

5. 由一个线圈中的电流发生变化而在另一个线圈中产生感应的现象称为互感现象，简称互感。

6. 变压器是根据电磁感应原理制成的，它由铁芯和绕组组成。铁芯是变压器的磁路通道，绕组是变压器的电路部分。

 思考与练习

一、判断题

1. 电磁感应是发电机、变压器和大部分其他电力设备的操作基础。　　　　　　　(　　)

2. 只有导体做切割磁力线运动，或线圈中磁通量发生变化时，闭合电路中才有电流产生。（ ）

3. 变压器不具有变压、变流、变换阻抗和隔离电路的作用。（ ）

4. 由一个线圈中的电流变化引起另一个线圈产生电磁感应的现象叫互感。（ ）

5. 由电磁感应引起的电动势称为感应电动势，感应电动势引起的电流称为感应电流。（ ）

二、选择题

1. 第一个发现电磁感应现象的科学家是（　　）。
   A. 奥斯特　　　　B. 法拉第　　　　C. 安培　　　　D. 沈括

2. 在下列情况中，导体一定能产生感应电流的是（　　）。
   A. 导体在磁场中静止
   B. 导体在磁场中做切割磁力线运动
   C. 闭合电路的部分导体在磁场中运动
   D. 闭合电路的一部分导体在磁场中做切割磁力线运动

3. 通电导体在磁场中受力的方向（　　）。
   A. 只跟电流的方向有关　　　　B. 只跟磁场方向有关
   C. 与电流大小和电流方向都有关　　D. 与电流方向和磁场方向都有关

4. 下列对感应电流大小无影响的因素是（　　）。
   A. 线圈的匝数　　B. 磁场的方向　　C. 磁场的强弱　　D. 线圈的转速

5. 下列有关电磁现象的说法中，正确的是（　　）。
   A. 磁场对放入其中的磁体没有力的作用
   B. 发电机是根据电磁感应现象制成的
   C. 奥斯特实验说明导体周围存在磁场
   D. 电动机工作时，机械能转化为电能

三、填空题

1. 变压器是根据_____原理工作的，其基本结构是由_____和_____组成。

2. 不论是闭合回路中一部分导体做切割磁力线运动，还是闭合回路中的磁场发生变化，只要穿过闭合回路的磁通发生变化，闭合回路就会有电流产生。这种利用_____的现象称为电磁感应现象，由电磁感应产生的电动势称为_____，由感应电动势引起的电流称为_____。

3. 电路中感应电动势的大小，与穿过这一电路的_____成正比。

4. 如果 1 s 内，通过 1 匝线圈的磁通变化 1 Wb，则单匝回路中的感应电动势为_____V，线圈共 20 匝，1 s 内磁链变化_____Wb，线圈的感应电动势为_____V。

四、问答题

1. 什么叫作电磁感应现象？什么叫作感应电流？
2. 必须满足什么条件，导体中才会产生感应电流？
3. 简述右手螺旋定则的内容。

4. 简述变压器的结构与工作原理。

五、计算题

如图5-21所示，匀强磁场磁感应强度为1 T，方向垂直于纸面向里，导体棒ab长为0.2 m，导体棒的电阻为1 Ω，与金属框接触良好，ab在金属框上以10 m/s的速度向右匀速滑动，已知$R=4$ Ω，其余电阻不计，求：(1)在图中标出流过导体棒ab的电流方向。(2)感应电动势大小。(3)通过R的电流大小。(4)电阻R消耗的功率。

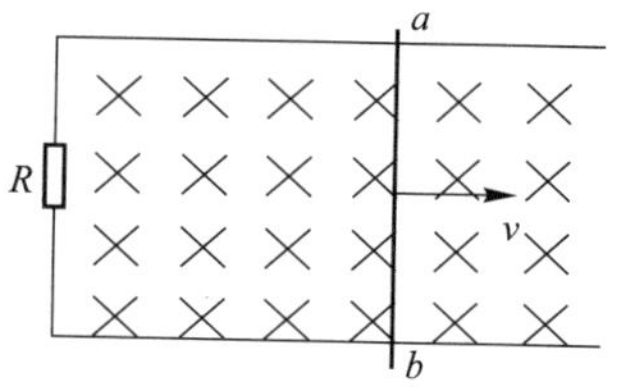

图 5-21 计算题的图

拓展阅读

磁悬浮列车

磁悬浮列车(见图5-22)是一种现代高科技轨道交通工具，它通过电磁力实现列车与轨道之间无接触的悬浮和导向，再利用直线电机产生的电磁力牵引列车运行。

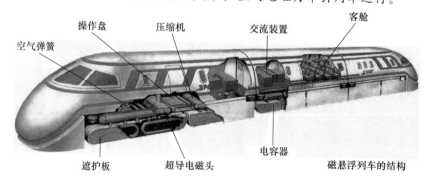

图 5-22 磁悬浮列车

磁悬浮列车是一种靠磁悬浮力(即磁的吸力和排斥力)来推动的列车。由于其轨道的磁力使之悬浮在空中，行走时不需接触地面，因此只有空气的阻力。磁悬浮技术的研究源于德国，早在1922年，德国工程师赫尔曼·肯佩尔就提出了电磁悬浮原理，并于1934年申请了磁悬浮列车的专利。1970年以后，随着世界工业化国家经济实力的不断加强，为提高交通运输能力以适应其经济发展的需求，德国、日本、美国、加拿大、法国、英国等发达国家相继开始筹划进行磁悬浮运输系统的开发。2009年6月15日，国内首列具有完全自主知识产权的实用型中低速磁悬浮列车，在中国北车唐山轨道客车有限公司下线后完成列车调试，这标志着我国已经具备中低速磁悬浮列车产业化的制造能力。

由于磁铁有同性相斥和异性相吸两种形式，磁悬浮列车也有两种相应的形式：一种是利用磁铁同性相斥原理而设计的电磁运行系统的磁悬浮列车，它利用车上超导体电磁铁形成的磁场与轨道上线圈形成的磁场之间所产生的相斥力，使车体悬浮运行在铁路上；另一种则是利用磁铁异性相吸原理而设计的电动力运行系统的磁悬浮列车，它是在车体底部及两侧倒转向上的顶部安装磁铁，在T形导轨的上方和伸臂部分下方分别设反作用板和感应钢板，控制电磁铁的电流，使电磁铁和导轨间保持10～15 mm的间隙，并使导轨钢板的排斥力与车辆的重力达到平衡,从而使车体悬浮在车道的导轨面上运行。

技能操作

用左手定则判断电磁力的方向

一、实训内容

通电直导体在磁场中受到的电磁力的方向可以用左手定则来判断。请同学们先按照左手定则判断电磁力的方向,然后将直导体通电后观察自己的判断是否正确。

二、实训器材

蹄形磁铁 1 块,直导体 1 根,细线若干,支架 1 个,干电池 2 节,导线若干。

三、实训操作

用左手定则判断感应电流方向的方法如图 5-23 所示:伸开左手,使大拇指与其余四指垂直,并且都与手掌在同一平面内,让磁力线垂直穿过手心,四指指向电流方向,这时大拇指所指的方向就是通电直导线在磁场中所受安培力的方向。

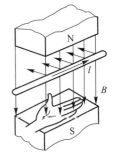

图 5-23　左手定则

用右手螺旋定则判断感应电流的方向

一、实训内容

当闭合电路中的一部分导体在磁场中做切割磁力线运动时,感应电流方向可以用右手定则来判断。请同学们先按照右手定则判断感应电流的方向,然后通过实验检验自己的判断是否正确。

二、实训器材

马蹄形磁铁 1 块,直导体 1 根,支架 1 个,电流表 1 块,细线若干,导线若干。

三、实训操作

右手螺旋定则判断感应电流方向的方法如图 5-24 所示:伸开右手,使大拇指与其余四指垂直,并且都与手掌在同一平面内,让磁力线垂直进入手心,大拇指指向导体运动方向,这时四指所指的方向便是感应电流的方向。按图 5-10(a)所示连接实训器材,操作直导体切割磁力线移动,并观察电流表指针,验证自己的判断是否正确。

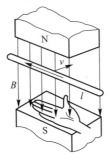

图 5-24　右手螺旋定则

项目五 电磁基础知识

任务三 常见汽车电磁器件

学习目标

【知识目标】
◎掌握电磁继电器的结构组成和工作原理。
◎掌握电磁阀的结构组成和工作原理。
◎掌握点火线圈的工作原理。
◎了解电磁式检波传感器的组成和工作过程。

【技能目标】
◎能够分析继电器的工作原理。
◎能够分析电磁阀的工作原理。
◎能够分析点火线圈的工作原理。
◎了解电磁式检波传感器的工作过程。

实例引入

按下按钮时,按钮下是否有几十安培的电流从此通过呢?在手机充电器中,我们用的是220 V交流高电压,充到手机的锂离子电池中则是3~9 V的直流低电压;在工业电焊机中,我们用的是220 V或380 V交流电压,却能转换成15 V左右的低电压、大电流。

实例分析

工业中常用继电器实现用小电流去控制大电流的目的,手机充电器和工业电焊机都是将高压电变成低压电,其作用就是变压器,汽车上的点火线圈也是一个变压器,它将低压电变成1~2万伏的高电压,点燃气缸内的高温高压压缩空气,同样利用了变压器的原理。

必备知识

一、电磁继电器

继电器是一种当输入量(如电、磁、声、光、热等)达到一定值时,输出量将发生跳跃式变化的自动控制器件,同时它也是一种以小电流控制大电流的装置,主要由线圈、铁芯和断电触点组成,继电器结构如图5-25所示。

汽车继电器是汽车中使用的继电器,如图5-26所示。该类继电器切换负载功率大,抗冲击、抗振性高。

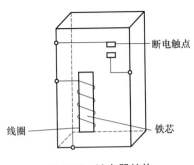

图 5-25 继电器结构

图 5-26 汽车继电器

汽车继电器可以看成是由线圈工作的控制电路和触点工作的主电路两个部分组成的集合体。在继电器的控制电路中，只有较小的工作电流，这是由于操纵开关的触点容量较小，不能用来直接控制用电量较大的负荷，只能通过继电器的触点来控制它的通断。

当继电器两端加上一定的电压或电流时，线圈产生磁场，在电磁力的作用下，断电触点闭合。当线圈两端电压或电流小于一定值时，机械反力大于电磁力，断电触点断开。

继电器常被应用在需要较大电流的元件上，例如汽车起动电路。但因为其反应时间较慢，所以不适合用在需要做快速切换动作的电路上，例如喷油嘴控制电路。

重要提示：

继电器按触点工作状态的不同，可分为常开型、常闭型和混合型 3 种。

【例 5-3】 如何测量继电器？

答：（1）测触点电阻。用万用表的电阻挡，测量常闭触点与动点电阻，其阻值应为零；而常开触点与动点的阻值为无穷大，由此可以区别出哪个是常闭触点，哪个是常开触点。

（2）测线圈电阻。可用万用表 $R \times 10 \ \Omega$ 挡测量继电器线圈的阻值，从而判断该线圈是否存在着开路现象。

二、电磁阀

电磁阀的作用类似于继电器，但电磁阀是利用可移动的铁芯来产生作用的，电磁阀的结构如图 5-27 所示。在汽车上的每一个角落都可以见到电磁阀，它既可以控制电流、真空和液体，又可以间接控制车门锁、行李箱盖和起动机拨叉，甚至可以经过精密调校后控制阀门和离合器等机构。

当通直流电时，电磁阀内的线圈产生磁场与磁力，并将铁芯吸入线圈内；当电流切断时，铁芯靠复位弹簧回到原位。因为电磁阀在分类上属于线性动作器，动作大多为直线前进或后退，因此需要在使用前考虑行程的长度、产生的作用力和动作速度。

喷油器是一种利用电磁阀工作原理的汽车元件。喷油器的结构如图 5-28 所示，喷油器由一个固定开口的油孔和一根电磁线圈作用的油针所组成。断电时，油针靠复位弹簧的弹力抵紧在油孔座，汽油无法喷出，如图 5-28（a）所示；通电时，线圈产生磁场与磁力，将油针吸离孔座并让汽油通过油孔喷出，汽油喷射的量由通电时间长短决定，如图 5-28（b）所示。

· 201 ·

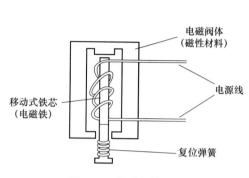

图 5-27 电磁阀的结构

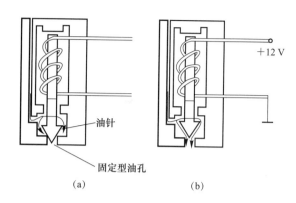

图 5-28 喷油器的结构
（a）断电时；（b）通电时

三、点火线圈

传统汽车点火装置中所使用的点火线圈是变压器的一种，提高点火线圈的能量，火花塞就能产生足够能量的火花，这是点火装置适应现代发动机运行的基本条件。近年来，由于非结晶铁芯的开发，使得点火线圈的体积越来越小、质量越来越轻。

图 5-29 所示为一典型点火线圈接线，一次绕组与二次绕组的绕线方向相反。闭合开关，一次绕组产生磁场，电流与极性方向如图 5-30(a)所示，因此产生的磁通线沿铁芯到二次绕组而完成磁回路。当开关断开时，根据楞次定律，一次绕组内会产生反抗磁场变化的反向电压，电流与极性方向如图 5-30(b)所示。此反向电压远远大于蓄电池提供的电压，并且方向与原磁场方向相反。磁通沿铁芯到达二次绕组并使其产生更高的反向电压，从而使火花塞点火。

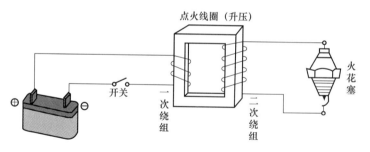

图 5-29 典型点火线圈接线

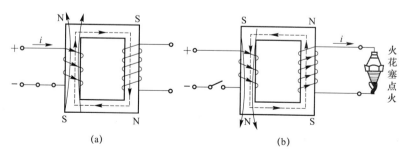

图 5-30 点火线圈的工作原理
（a）通电时；（b）断电时

四、电磁式检波传感器

电磁式检波传感器通常应用在需要由旋转速率来控制的电系,如点火系统和 ABS。电磁式检波传感器主要由磁阻器、电磁式传感器、限流电阻和 AC 电位计 4 部分组成,如图 5-31 所示。

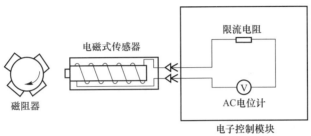

图 5-31 电磁式检波传感器的组成

电磁式检波传感器是可变磁阻传感器,它利用磁阻器通过电磁式传感器的磁场,使电磁式传感器的磁场发生变化,从而使电磁式传感器内的线圈产生不同极性的感应电压。磁阻器上的凸齿通过电磁式传感器时,电磁式传感器内的线圈便感应出正弦波电压信号,并传送到控制模块内,具体过程如下。

①当磁阻器凸齿靠近电磁式传感器时,电磁式传感器的磁场便产生集中的现象,这时会使电磁式传感器线圈感应出正电压,如图 5-32(a)所示。磁场的变化越大,则感应出的电压越强。

②当磁阻器的凸齿与电磁式传感器的顶端对齐成一直线时,瞬间磁场变化率最小,没有感应电压生成,如图 5-32(b)所示。

③当磁阻器凸齿继续转动,准备离开电磁式传感器时,电磁式传感器所受的磁场出现扩张散开的相反变化,于是使得电磁式传感器内的线圈感应出一个负的电压脉冲信号,如图 5-32(c)所示。

④当磁阻器两凸齿间的空隙和电磁式传感器顶端对齐时,磁场再一次不发生变化,所以无电压输出,如图 5-32(d)所示。

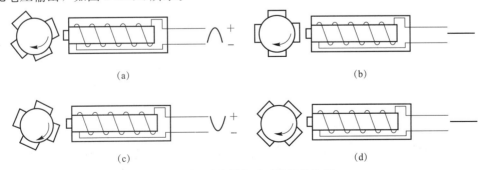

图 5-32 传感器与磁阻器间的作用

(a)凸齿靠近电磁式传感器;(b)凸齿对齐电磁式传感器;(c)凸齿远离电磁式传感器;(d)凸齿间空隙对齐电磁式传感器

项目五　电磁基础知识

总结提升

1. 继电器是一种当输入量（如电、磁、声、光、热等）达到一定值时，输出量将发生跳跃式变化的自动控制器件。它也是一种以小电流控制大电流的装置，主要由线圈、铁芯和断电触点组成。

2. 电磁阀的作用类似于继电器，但电磁阀是利用可移动的铁芯来产生作用的，在汽车上的每一个角落都可以见到电磁阀，它既可以控制电流、真空和液体，又可以间接控制车门锁、行李箱盖和起动机拨叉，甚至可以经过精密调校后控制阀门和离合器等机构。

3. 传统汽车点火装置中所使用的点火线圈是变压器的一种，提高点火线圈的能量，火花塞就能产生足够能量的火花，这是点火装置适应现代发动机运行的基本条件。

4. 电磁式检波传感器是可变磁阻传感器，它利用磁阻器通过电磁式传感器的磁场，使电磁式传感器的磁场发生变化，从而使电磁式传感器内的线圈产生不同极性的感应电压。

思考与练习

一、判断题

1. 当线圈通电后，开关被吸合，则为常开型继电器。　　　　　　　　　　　　（　　）
2. 继电器在电路中起着自动调节、安全保护、转换电路等作用。　　　　　　（　　）
3. 汽车上的喷油器是利用电磁式的原理制作的。　　　　　　　　　　　　　（　　）
4. 点火线圈工作时，一次和二次绕组的电流跟绕组的匝数成正比。　　　　　（　　）
5. 点火线圈能从电源中获取能量，并通过电磁感应进行能量转换，最终将电能输送给负载。　　　　　　　　　　　　　　　　　　　　　　　　　　　　　　　　（　　）

二、选择题

1. 下列办法中不能改变电磁铁磁性强弱的是（　　）。
   A. 改变通过线圈中电流的强弱　　　B. 改变线圈的匝数
   C. 改变通过线圈中电流的方向　　　D. 在通电螺线管中插入铁芯
2. 在电磁继电器工作电路中的电压和电流比起控制电路来说一般是（　　）。
   A. 高电压、弱电流　　　　　　　　B. 高电压、强电流
   C. 低电压、弱电流　　　　　　　　D. 低电压、强电流
3. 传统点火系统与电子点火系统最大的区别是（　　）。
   A. 点火能量的提高　　　　　　　　B. 断电器触点被点火控制器取代
   C. 曲轴位置传感器的应用　　　　　D. 点火线圈的改进
4. 用万用表测量继电器常闭触点与动点电阻，其阻值应为（　　）欧姆。
   A. 1 000　　　　B. 0　　　　C. 无穷大　　　　D. 10
5. 电磁阀在占空比越大时，经电磁阀泄出的油液越（　　）。
   A. 多　　　　　B. 少　　　　C. 不变　　　　　D. 不确定

6. 变压器一、二次绕组的电压之比（　　）于电压之比。
   A. 反比　　　　　B. 正比　　　　　C. 等于　　　　　D. 不确定

三、填空题

1. 电磁继电器是利用_____的通断，来间接控制高电压、强电流的电路装置，电磁继电器就是利用电磁铁来控制工作电路的一种_____。
2. 喷油器是一种利用_____工作原理的汽车元件。
3. 电磁式检波传感器主要由_____、_____、_____和_____4部分组成。
4. 由电磁感应引起的电动势称为_____，感应电动势引起的电流称为_____。
5. 电磁继电器一般由_____、_____、_____、_____、_____等组成的。
6. 继电器线圈未通电时处于断开状态的静触点，称为_____；处于接通状态的静触点称为_____。
7. 直导体切割磁力线时感应电动势的方向可以由_____来判定。

四、问答题

1. 汽车电气中的点火线圈是利用什么原理制成的？
2. 简述继电器的作用和特点。
3. 简述继电器的工作原理。
4. 粮仓为了防止谷物缓慢氧化积聚热量过多而发生火灾，用带金属丝的水银温度计和电磁继电器安装成自动报警器，如图5-33所示，正常情况下绿灯亮，当仓内温度升高时红灯亮，同时电铃也响起，以此来报警，请按上述要求把各元件连接成电路。

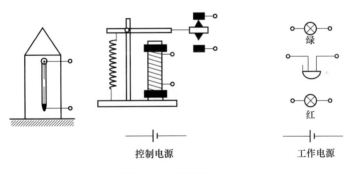

图 5-33　问答题 4 图

拓展阅读

世界知名的点火线圈品牌

随着汽车汽油发动机向高转速、高压缩比、大功率、低油耗和低排放的方向发展，传统的点火装置已经不适应使用需求。点火线圈的需求越来越高，技术要求也越来越高，选择一款好的点火线圈（见图5-34），能提高发动机工作效率。

图 5-34　点火线圈

项目五 电磁基础知识

1. 博世

博世公司是德国最大的工业企业之一，1886年，年仅25岁的罗伯特·博世先生创办了"精密机械及电气工程的工厂"，专业生产内燃机的点火系统，该技术在当时曾被奔驰汽车公司的创始人卡尔·本茨先生称为"难题中的难题"，并注册了他最成功的专利之一——高压电磁点火系统，它是许多原厂汽车零部件的配套供应商。

2. 德尔福

德尔福是全球领先的乘用车、商用车及其他细分市场的电子与技术供应商，德尔福生产的点火线圈以高效和质量好著称。

3. 博格华纳

博格华纳总部位于美国密歇根州的奥本山，为全球主要汽车生产商提供先进的动力系统解决方案，在行业中牢牢占据领先地位，点火线圈的技术成熟、稳定，配套客户主要包括福特、大众/奥迪、戴姆勒·克莱斯勒、通用、丰田、雷诺/日产、现代/起亚、本田、宝马、卡特彼勒、耐维斯达和标致等。

4. 意大利艾尔多

意大利艾尔多作为世界领先之一的汽车发动机电子点火线圈研发及生产商，其生产的点火线圈质量稳定，持久战斗性强，主要配套客户包括法拉利、宝马、兰博基尼、大众、奥迪等。

5. 电装点火线圈

日本株式会社电装（DENSO）是全球顶级汽车零部件及系统供应商，电装以其精湛的技术，制造出更环保、更安全、更高效的点火线圈。

技能操作

观察常见汽车电磁器件实物

观察上文所述的各种汽车常见电磁元件的实物，并在实训老师的帮助下拆解，观察其内部结构，最后阐述其主要用途。

根据本任务完成情况进行评价，将评价结果填入表5-2中。

表5-2 任务评价表

姓名		互评人		
项目	考核要求		自评分	互评分
观察汽车常见电磁元件的实物	观察各种汽车常见电磁元件的实物及内部结构			
	阐述各种汽车常见电磁元件的主要用途			
评价		教师签名		

复 习 题

一、判断题

1. 磁体上的两个极，一个叫作 N 极，另一个叫作 S 极，若把磁体截成两段，则一段为 N 极，另一段为 S 极。   (   )
2. 通电导体周围的磁感应强度只取决于电流的大小及导体的形状，与介质的性质无关。   (   )
3. 在均匀的磁介质中，磁场强度的大小与介质的性质无关。   (   )
4. 通电导体在磁场中某处受到的力为零，则该处的磁感应强度一定为 0。 (   )
5. 两根靠得很近的平行直导线，若通以相同方向的电流，则它们互相吸引。(   )
6. 电磁铁的铁芯是由软磁性材料制成的。   (   )
7. 导体在磁场中运动时，总是能够产生感应电动势。   (   )
8. 线圈中只要有磁场存在，就必定会产生电磁感应现象。   (   )
9. 在电路中所需的各种电压，都可以通过变压器变换获得。   (   )
10. 作为升压变压器，其变压比 $k>1$。   (   )
11. 磁力线总是始于磁体的 N 极，终止于磁体的 S 极。   (   )
12. 自感现象总是有利的。   (   )
13. 在同一电路中可能既有自感电动势，又有互感电动势。   (   )
14. 导体切割磁力线可以产生感应电动势。   (   )
15. 直流电路中，线圈的自感和互感都为零。   (   )
16. 自感电动势的大小与电流变化量成正比。   (   )
17. 自感电动势的大小和磁通变化率成正比。   (   )
18. 互感电动势的方向与线圈的绕向无关。   (   )
19. 楞次定律说明自感电动势的方向与电流方向相反。   (   )
20. 磁力线是闭合曲线。   (   )
21. 判断通电螺线管的磁场方向可以用左手定则。   (   )
22. 磁感应强度可以表示磁场中某点磁场的强弱。   (   )
23. 空心线圈中插入铁芯后，互感不变。   (   )
24. 自感电动势总是企图阻止电流变化。   (   )
25. 电路中感应电动势的大小与穿过电路的磁通量成正比。   (   )

二、选择题

1. 下列装置中没有应用电磁铁的是(   )。
   A. 扬声器   B. 电磁继电器   C. 电热器   D. 电铃
2. 下列属于电磁感应现象的是(   )。
   A. 通电直导体产生磁场   B. 通电直导体在磁场中运动
   C. 变压器铁芯被磁化   D. 线圈在磁场中转动发电

3. 线圈中产生的自感电动势总是(　　)。
   A. 与线圈内的原电流方向相同　　　B. 通过线圈的电流变化率
   C. 通过线圈的电流大小　　　　　　D. 线圈的匝数
4. 闭合电路中感应电动势的大小(　　)。
   A. 与穿过这一闭合电路的磁通变化率成正比
   B. 与穿过这一闭合电路的磁通成正比
   C. 与穿过这一闭合电路的磁通变化量成正比
   D. 与穿过这一闭合电路的磁感应强度成正比
5. 变压器一次、二次绕组中不能改变的物理量是(　　)。
   A. 电压　　　　B. 电流　　　　C. 阻抗　　　　D. 频率
6. 变压器中起传递电能作用的是(　　)。
   A. 主磁通　　　B. 漏磁通　　　C. 电流　　　　D. 电压
7. 为减小剩磁，电磁铁线圈的铁芯应采用(　　)。
   A. 硬磁性材料　B. 非磁性材料　C. 软磁性材料　D. 矩磁性材料
8. 下列与磁导率无关的物理量是(　　)。
   A. 磁感应强度　B. 磁通　　　　C. 磁场强度　　D. 磁阻
9. 在汽车点火系统中，二次线圈的匝数越多，则产生的自感电动势(　　)。
   A. 越低　　　　B. 越高　　　　C. 不变　　　　D. 无影响
10. 指南针能指南北是因为指南针(　　)。
    A. 有吸引铁的性质　　　　　　　B. 被地磁场磁化了
    C. 受到地磁场的作用　　　　　　D. 会产生磁力线
11. 磁路和电路一样，也可以分为(　　)种磁路。
    A. 1　　　　　B. 2　　　　　C. 3　　　　　D. 4
12. 汽车上的继电器一般有(　　)种。
    A. 2　　　　　B. 3　　　　　C. 4　　　　　D. 5
13. 直导体切割磁力线时感应电动势的方向可以用(　　)来判定。
    A. 右手螺旋定则　B. 楞次定律　　C. 左手定则　　D. 以上都是
14. 点火线圈一次和二次绕组的端电压之比等于绕组的匝数比(　　)。
    A. N　　　　B. k　　　　C. V　　　　D. E
15. 下列利用电磁感应原理的传感器是(　　)。
    A. 温度传感器　　　　　　　　　B. 机油压力传感器
    C. 车速传感器　　　　　　　　　D. 空气流量计

三、填空题

1. 磁场与电场一样，是一种_____，具有_____和_____的性质。
2. 描述磁场的4个主要物理量是_____、_____、_____和_____；它们的符号分别是_____、_____、_____和_____；它们的国际单位分别是_____、_____、_____和_____。
3. 磁路是指_____通过的路径。

4. 通电直导体周围的磁场方向，即磁力线方向与电流的关系可以用_____判断。

5. 一根与磁场垂直的通电导体会受到_____力的作用，其大小为_____。

6. 铁磁物质可分为3类：_____、_____和_____。

7. 感应电流具有这样的方向，即感应电流的磁场总要阻碍引起感应电流的磁通的变化，这就是_____定律。

8. 如果导体不是闭合的，即使在磁场里做切割磁力线运动也不会产生感应电流，只在导体的两端产生_____。

9. 磁导率是反映物质_____的物理量，其单位是_____。

10. 利用涡流的_____，可以制成高频感应炉来冶炼金属。

四、问答题

1. 你会判定感应电流的方向吗？请在网上搜索相关视频及具体应用资料。
2. 汽车喷油器是如何工作的？
3. 互感现象和自感现象有什么不同？
4. 磁感应强度和磁场强度有什么不同？
5. 简述继电器的工作原理。
6. 列举汽车上利用电磁感应原理制成的传感器。

五、计算题

1. 匝数为200匝的线圈在0.2 s内磁通由 0.1×10^{-6} Wb 增加到 0.7×10^{-6} Wb，则该线圈两端产生的感应电动势大小是多少？

2. 长0.5 m的直导线在 $B=1$ T 的匀强磁场中，以3 m/s 的速度运动，导线中产生的感应电动势有多大？

3. 变压器的一次绕组为100匝，二次绕组为200匝，在一次绕组两端接有电动势为10 V的蓄电池，则二次绕组的输出电压是多少？

4. 有一理想变压器，其一次、二次绕组的匝数比为100∶1，它能正常地向接在第二绕组端的一个"20 V 100 W"的负载供电，则变压器的输入电压和输入电流分别是多少？

5. 在一个 $B=0.01$ T 的磁场中，放一个面积为 0.001 m^2 的线圈，起匝数为500匝。在0.1 s内，把线圈从平行于磁力线的方向转过90°，变成与磁力线方向垂直。求感应电动势的平均值。

项目六

模拟电路基础知识及应用

随着汽车电子技术的发展，电子电路的维修在汽车修理中越来越重要。印制电路的检修、仪表的调校、音响的解码，以及控制单元的维修编程等都需要对相关电子电路进行检修处理。本项目主要介绍常用半导体元件、汽车常用电子电路的基本工作原理以及常用汽车传感器的基础知识。

任务一 常用半导体元件

学习目标

【知识目标】
◎了解半导体的基础知识。
◎了解二极管的结构、符号、特性和主要参数。
◎了解稳压管、发光二极管、光敏二极管、变容二极管等典型二极管。
◎了解三极管的结构、符号、特性和主要参数。

【技能目标】
◎能够识别常用的二极管、三极管。
◎能够用万用表判断二极管的极性与好坏。
◎能够用万用表判断三极管的类型及引脚。

实例引入

随着现代电子技术的发展，半导体已成为其必不可少的重要组成部分。由于它具有体积小、质量轻、使用寿命长、输入功率小和功率转换效率高等优点而被广泛应用，我们生活中的很多电子产品，如手机、计算机、电视机、电话等，都用到了半导体元件。常用半导体元件如图6-1所示。

图6-1 常用半导体元件

任务一　常用半导体元件

实例分析

在电子技术中，人们利用不同的半导体材料、采用不同的工艺与几何结构，已研制出很多半导体元件，不同种类的半导体元件的性能、用途也各不相同；而同一种类的半导体元件也有许多不同的规格和用途。半导体元件的半导体材料通常是硅、锗或砷化镓，可用作整流器、振荡器、发光器、放大器、测光器等器材，下面我们一起来学习常用半导体元件的特性及应用。

必备知识

一、半导体基础知识

根据物质导电性能不同，可将其分为三类：一类是导体，即导电性能良好的物质，如银、金、铜、铁等；另一类是几乎不能导电的物体，叫作绝缘体，如塑料、陶瓷、玻璃、橡胶等；还有一类物质，它的导电能力介于导体和绝缘体之间，这样一类物质叫作半导体，如硅、锗、砷化镓及一些金属氧化物等，其中以硅和锗半导体的生产技术较为成熟，所以应用较多。

现代电子技术的发展实际上就是半导体技术的发展，这是因为半导体除了导电能力不同外，还有以下特征：

（1）杂敏性。所谓杂敏性就是半导体的导电能力因掺入了适量杂质而发生很大的变化。在半导体硅中只要掺入一亿分之一的硼（B），电阻率就会下降到原来的几万分之一。人们就用控制掺入杂质的方法，制造出各种不同性能、不同用途的半导体元件。

在半导体中，不同的部分掺入不同的杂质，呈现出不同的性能，再采用一些特殊工艺，将各种半导体进行适当地连接，就可制成具有某一特定功能的电路——集成电路。

（2）热敏性。所谓热敏性就是半导体的导电能力随着温度的变化而迅速变化的性质。半导体的电阻率对温度的变化十分敏感，例如纯净的锗从 20 ℃升高到 30 ℃时，电阻率几乎减小为原来的 1/2。这种特性对半导体元件的工作性能有许多不利的影响，但利用这一特性，可制成自动控制中有用的热敏元件。

（3）光敏性。半导体对光照很敏感。半导体的导电能力随光照的变化有显著改变的特性叫作光敏性。自动控制中用的光电二极管、光电三极管和光敏电阻等，就是利用这一特性制成的。

1. P 型半导体和 N 型半导体

纯净的几乎不含杂质的半导体称为本征半导体，其中有两种等量的导电微粒（即载流子）：自由电子和空穴。自由电子带负电荷，空穴带正电荷。本征半导体的导电能力差，为增强导电性，通常在其中掺入某种微量元素。

（1）N 型半导体。在本征半导体（如硅、锗，均为四价元素）中掺入微量的五价元素（如

· 211 ·

项目六 模拟电路基础知识及应用

磷),这将使半导体中的自由电子数目大大增多,自由电子导电成为这种半导体导电的主要导电方式,故称它为电子半导体或 N 型半导体。在 N 型半导体中,自由电子是多数载流子,而空穴则是少数载流子。

(2)P 型半导体。在本征半导体中掺入微量的三价元素(如硼),这将使空穴的数目明显增加,自由电子则相对很少。这种以空穴导电作为主要导电方式的半导体称为空穴半导体或 P 型半导体。在 P 型半导体中,空穴是多数载流子,自由电子是少数载流子。

应当指出,无论是 N 型半导体还是 P 型半导体,虽然它们都有一种载流子占多数,但是整个晶体仍然是不带电的,对外不显示电性。

2. PN 结

在一块本征半导体上,采取一定的掺杂工艺措施,在两边分别形成 P 型区和 N 型区,它们的交界处就形成一个特殊薄层,称为 PN 结。PN 结是构成各种半导体器件的基础。PN 结具有单向导电性,它是二极管、三极管、晶闸管以及半导体集成电路等半导体器件的核心部分。

(1)PN 结的形成。PN 结的形成如图 6-2 所示,一块半导体,左边为 P 区,右边为 N 区,由于 P 区有大量空穴(浓度大)而 N 区的空穴极少(浓度小),因此空穴要从浓度大的 P 区向浓度小的 N 区扩散。首先是交界面附近的空穴扩散到 N 区,在交界面附近的 P 区留下一些带负电的三价杂质离子,形成负空间电荷区。同样,N 区的自由电子(浓度大)要向 P 区扩散,在交界面附近的 N 区留下带正电的五价杂质离子,形成正空间电荷区。这样,在 P 型半导体和 N 型半导体交界面的两侧就形成了一个空间电荷区,这个空间电荷区就是 PN 结。

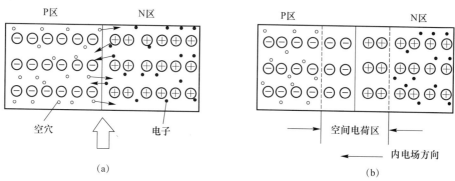

图 6-2 PN 结的形成
(a)扩散运动和漂移运动达到平衡;(b)构成 PN 结时载流子的扩散过程

(2)PN 结的单向导电性。PN 结的单向导电性如图 6-3 所示,如果在 PN 结上加上正向电压,即 P 区接外电源的正极,N 区接外电源的负极,如图 6-3(a)所示,称为正向偏置(简称正偏)。这时外加电场与内电场的方向相反,内电场被削弱,空间电荷区变窄,多数载流子的扩散运动增强,形成较大的从 P 区通过 PN 结流向 N 区的正向电流 I。在一定范围内,外加电压愈大,外电场愈强,正向电流 I 也愈大,PN 结处于导通状态。如果给 PN 结外加反向电压,称为反向偏置(简称反偏),即 P 区接外电源负极,N 区接外电源正极,如图 6-3(b)所示,这时外电场与内电场方向相同。在外电场作用下,空间电荷区加宽,内电场增强,使多数载流子的扩散运动难以进行。反向电流很小,近似等于零。PN 结处于截止状态。

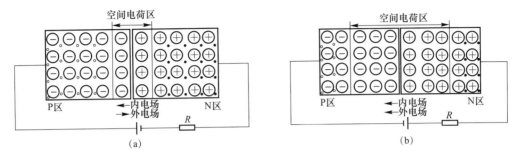

图 6-3　PN 结的单向导电性
(a)正向偏置;(b)反向偏置

上述情况表明:在 PN 结上加正向电压时,正向电流大,PN 结处于导通状态;在 PN 结上加反向电压时,反向电流很小,PN 结处于截止状态,也就是说,PN 结具有单向导电性。

二、半导体二极管

一块 P 型半导体和一块 N 型半导体有机地结合在一起,形成一个 PN 结,用两个金属导体将这块半导体分别引出,用绝缘物质封装起来,就构成一个二极管。二极管的实物、结构及其符号如图 6-4 所示。

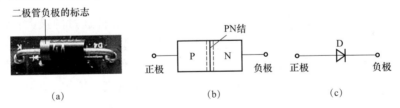

图 6-4　二极管的实物、结构及其符号

1. 二极管的伏安特性

二极管的伏安特性也就是 PN 结的伏安特性。把二极管的电流随外加偏置电压的变化规律称为二极管的伏安特性。以曲线的形式描绘出来,就是伏安特性曲线。二极管的伏安特性曲线如图 6-5 所示,下面分两部分对二极管的伏安特性曲线进行分析。

(1)正向特性——外加正偏电压。当正向电压很小的时候,正向电流很小,几乎为零,二极管处于截止状态;当正向电压超过一定数值(硅管约为 0.5 V,锗管约为 0.1 V)后,电流随电压的上升增长得很快,二极管电阻变得非常小,进入导通状态。这个一定数值的正向电压就称为死区电压(门限电压),其大小与管子的材料以及环境温度有关。二极管导通后,正向电流和正向电压是非线性关系,正向电流变化较大时,二极管两端正向压降几乎为恒量,硅管的正向压降约为 0.7 V,锗管的正向压降约为 0.3 V。

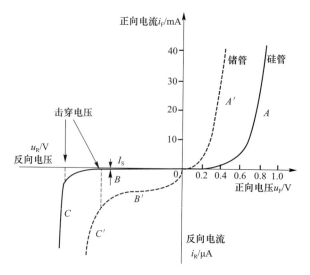

图 6-5 二极管的伏安特性曲线

(2)反向特性——外加反偏电压。当给二极管加反向电压时,二极管的反向电流很小,而且在很大范围内基本上不随反向电压的变化而变化,此时二极管处于反向截止区,此处的反向电流值称为反向饱和电流。当反向电压超过一定数值后,反向电流会突然急剧增大,此时的现象称为反向电击穿,此时对应的电压称为反向击穿电压,用 U_R 表示。通常加在二极管的反向电压不允许超过反向击穿电压,否则二极管将失去单向导电性,从而造成二极管的损坏(稳压二极管除外)。

2. 二极管的主要参数

(1)最大电流 I_F。最大电流是指二极管长期运行时,允许通过的最大正向平均电流。实际使用时的工作电流应小于 I_F,如果超过此值,将引起二极管过热而损坏。

(2)最高反向电压 U_{RM}。最高反向电压是指二极管工作时两端所允许加的最大反向电压。通常 U_{RM} 约为反向击穿电压 U_R 的一半,以保证二极管安全工作,防止其被击穿。

(3)反向电流 i_R。指二极管加反向电压而未击穿时的电流,其值越小,二极管的单向导电性越好。

【例 6-1】 二极管电路如图 6-6 所示,设二极管的导通压降为 0.7 V。判断图中二极管是处于导通还是截止状态,并确定电路输出端电压 U_O。

解:首先将二极管断开,二极管两端承受的电压为

$$U_{AB}=U_A-U_B=-5\text{ V}-(-8\text{ V})=3\text{ V}$$

显然,二极管接入后处于正向偏置,工作在导通状态。

由于二极管的导通压降为 0.7 V,则输出电压为

$$U_O=U_A-U_D=-5\text{ V}-0.7\text{ V}=-5.7\text{ V}$$

(若把二极管视为理想器件,正向导通压降为 0 V,则输出电压 $U_O=U_A-U_D=-5\text{ V}$)

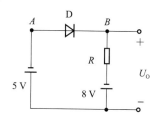

图 6-6 例 6-1 二极管电路图

3. 其他特殊二极管

一些经过特殊加工工艺的二极管，除了具有单向导电性以外，还具有其他特殊的功能，常见的特殊二极管有稳压二极管、发光二极管、光敏二极管、变容二极管等。

（1）稳压二极管。稳压二极管简称稳压管，其实物如图 6-7 所示，它是一种用特殊工艺制造的面结合型硅半导体二极管，其电路符号如图 6-8(a) 所示。使用时，它的阴极接外加电压的正极，阳极接外加电压负极，管子反向偏置，工作在反向击穿状态，利用它的反向击穿特性稳定直流电压。

稳压二极管的伏安特性曲线如图 6-8(b) 所示，其正向特性与普通二极管相同，反向特性曲线比普通二极管更陡。二极管在反向击穿状态下，流过二极管的电流变化很大，而两端电压变化很小，稳压管正是利用这一点实现稳压作用的。稳压管工作时，必须接入限流电阻，才能使其流过的反向电流在 $I_{Zmin} \sim I_{Zmax}$ 范围内变化。在这个范围内，稳压管工作安全且两端的反向电压变化很小。

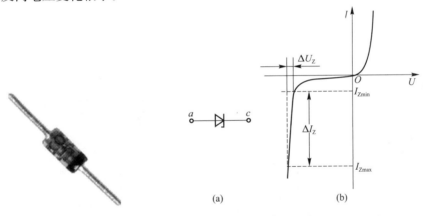

图 6-7 稳压二极管实物　　图 6-8 稳压二极管符号及其伏安特性曲线

(a) 电路符号；(b) 典型稳压二极管伏安特性

重要提示：稳压二极管在应用时要反接，即阴极接外加电压的正极，阳极接外加电压负极。

在汽车电路中，由于各个电器总成或元件工作电流比较大，汽车电源系统的电压会出现波动。在汽车的仪表电路和一部分电子控制电路中，一些需要精确电压值的地方经常利用稳压管来获取所需电压。简化的汽车仪表稳压电路如图 6-9 所示，是利用稳压管为汽车仪表提供稳定电源的电路，图中的稳压管与电阻串联而与仪表并联。如果仪表电压必须限定在 8 V，便可使用额定电压为 8 V 的稳压管。汽车电源电压一部分降落在电阻上，8 V 电压降落在稳压管上。即使电源电压发生变化，也只是引起不同大小的电流流过电阻和稳压管，改变降落在电阻上的电压，而稳压管始终维持 8 V 电压不变。

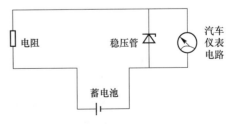

图 6-9 简化的汽车仪表稳压电路

【例 6-2】 电路如图 6-10 所示，其中限流电

阻 $R=2\ \text{k}\Omega$，硅稳压管 D_{Z1}、D_{Z2} 的稳定电压分别为 $U_{Z1}=8\ \text{V}$、$U_{Z2}=6\ \text{V}$，正向电压降为 $0.7\ \text{V}$，求 A、B 间的电压 U_{AB}。

解：当两个稳压管开路时，两个稳压管均加入 20 V 的反偏电压，故两个二极管均工作在稳压状态。

故 $\qquad U_{AB}=U_{Z1}+U_{Z2}=8\ \text{V}+6\ \text{V}=14\ \text{V}$

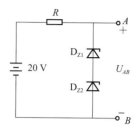

图 6-10 例 6-2 图

（2）发光二极管。发光二极管（简称 LED）是采用砷（As）、镓（Ga）、磷（P）合成的二极管，它同样具有单向导电性，当这种二极管通以正向电流时，会产生发光现象。发光二极管可按制造材料、发光色别、封装形式和外形等分成多种类型，较常用的是圆形及矩形，发光颜色以红、绿、黄、橙等单色为主，目前还开发出蓝色、紫色及白色等多种颜色的发光二极管。还有一种发光二极管能发出 3 种色光，实际上是将 2 只不同颜色的发光二极管封装于同一壳体内制成的。发光二极管的外形及图形符号如图 6-11 所示。

发光二极管的检测：对于发光二极管，在用万用表检测时正反向电阻差值很小，不易区分，可以用图 6-12 所示的方法，自制一根测试线，连接到发光二极管上，直接检测是否发光。

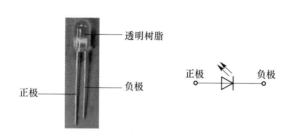

图 6-11 发光二极管的外形及图形符号

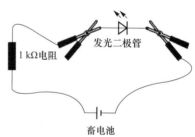

图 6-12 发光二极管的检测

在汽车电路中，发光二极管随处可见，主要应用在仪表板上作为指示信号灯或报警信号灯。如液体液面过低、制动蹄片过薄、制动灯、尾灯、前照灯等烧坏，这时相应的发光二极管就会被接通发光，发出报警指示。

（3）光敏二极管。光敏二极管也叫光电二极管，它的结构和一般二极管相似，也具有单向导电性。光敏二极管是一种能将光能转换成电能的半导体器件。光敏二极管的 PN 结被封装在透明玻璃外壳中，其 PN 结装在二极管的顶部，可以直接受到光的照射。光敏二极管的实物及电路符号如图 6-13 所示。

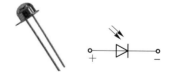

图 6-13 光敏二极管的实物及电路符号

光敏二极管的反向电流随光照强度的增加而上升，它的主要特点是：二极管工作在反向状态，反向电流与光照度成正比。图 6-14 为光敏二极管在远距离光电传输中的应用。

（4）变容二极管。变容二极管是利用二极管内部极间电容可变的原理制成的半导体元器件，在高频调谐、通信等电路中作可变电容器使用。例如，电视机使用变容二极管作为调谐回路的可变电容器，实现电视频道的选择。变容二极管的实物及电路符号如图 6-15 所示。

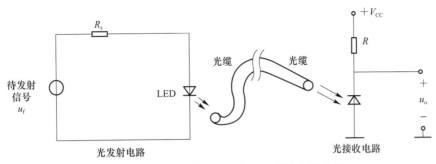

图 6-14 光敏二极管在远距离光电传输中的应用

图 6-15 变容二极管的实物及电路符号

4. 二极管极性及质量优劣的判别

(1)通过观察二极管外形标记，判断二极管的正负极，二极管外形标记如图 6-16 所示。

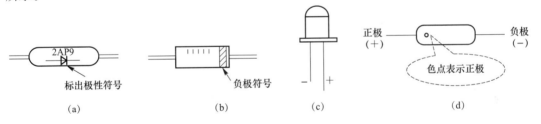

图 6-16 二极管外形标记

(a)外壳上印有二极管的电路符号；(b)负极用一条色环表示；
(c)两个引脚中，长的为正极，短的为负极；(d)正极上标有一个色点

(2)用万用表检测。用万用表电阻挡来判断二极管的正、负极和质量优劣。根据二极管正向电阻小、反向电阻大的特点，将万用表拨到 $R\times 1\ \mathrm{k\Omega}$ 挡。用表笔分别与二极管的两极相接，测出两个电阻值。在所测得的阻值较小的一次，与黑表笔相接的一端为二极管的正极；在所测得的电阻值较大的一次，与黑表笔相接的是二极管的负极，二极管极性的测试如图 6-17 所示。

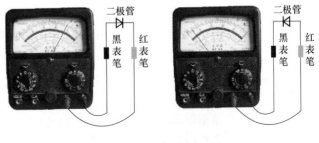

图 6-17 二极管极性的测试

三、半导体三极管

半导体三极管也称为晶体三极管，简称三极管，是具有电流放大作用的半导体元件。由三极管组成的放大电路在汽车电子设备中有着广泛应用，如车载导航、车载音响及车窗升降器等。各种不同的三极管实物如图 6-18 所示。

(a) (b) (c) (d) (e)

图 6-18 各种不同的三极管实物

(a)小功率塑料封装三极管；(b)小功率金属圆壳封装三极管；(c)大功率塑料封装三极管；(d)大功率金属圆壳封装三极管；(e)贴片三极管

1. 三极管的结构和符号

三极管由两个 PN 结构成。在一块半导体基片上制作两个相距很近的 PN 结，两个 PN 结把整个半导体基片分成三部分，中间部分是基区，两侧部分是发射区和集电区。根据 P 型半导体和 N 型半导体的排列方式不同，可分为 NPN 和 PNP 两种。

从三个区引出相应的电极，分别为基极 b(B)，发射极 e(E) 和集电极 c(C)。发射区和基区之间的 PN 结叫发射结，集电区和基区之间的 PN 结叫集电结。三极管的结构和符号如图 6-19 所示，图中箭头方向为发射结正向偏置时发射极电流的方向。

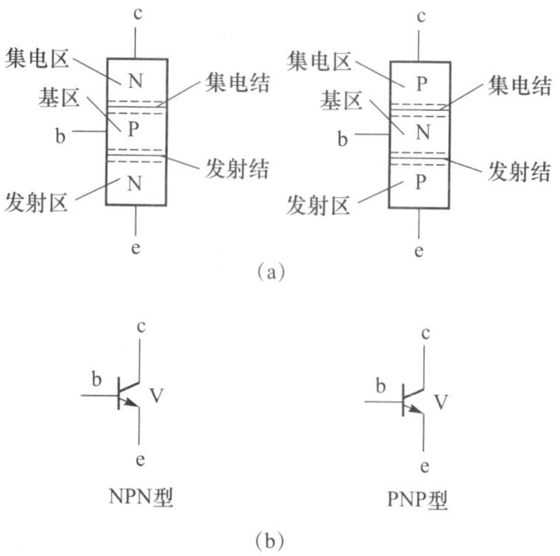

图 6-19 三极管结构及图形符号
(a)结构；(b)图形符号

2. 三极管的电流放大作用

三极管是一个电流控制器件，用一个很小的基极电流就能控制一个很大的集电极电流或发射极电流。基极电流能够控制集电极电流或发射极电流，也就是电流的放大，从而实现三极管对信号的放大作用，实现"以小控大"的功能。这里三极管可以看作一个电流控制阀，集电极和发射极是电流的通路，而基极就是控制这个电流的阀门，只不过这个阀门不是靠旋转来改变通路的大小，而是靠本身流过的电流——基极电流来控制集电极和发射极之间流过电流的大小。

重要提示：三极管的电流放大并不是将一个小电流放大成一个大电流，而是用一个很小的基极电流去控制一个很大的集电极电流或发射极电流。

3. 三极管电流放大作用的外部条件

要使三极管具有电流放大作用，必须具备相应的外部条件：要给三极管加上合适的工作电压，即保证发射结外加正向电压，集电结外加反向电压。

不难推导，当满足电流放大的条件时，三极管 3 个电极上的电位关系应为

NPN 型管：$U_C > U_B > U_E$；

PNP 型管：$U_C < U_B < U_E$。

【例 6-3】 测得某电路中，处在放大状态的三极管的各引脚电位如图 6-20 所示，试判断哪个引脚是基极 b，哪个是发射极 e，哪个是集电极 c，并说明是 NPN 管还是 PNP 管。

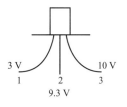

图 6-20 例 6-3 图

解：实际应用中我们常根据三极管各极的电位判别三个电极 b、e、c。一般如果两个电极之间的电压约为 0.3 V 或 0.7 V，则这两个极构成发射结，其中一个为基极，另一个为发射极，进而可以直接判断出集电极。在此基础上，根据三极管放大的外部条件，发射结正偏，集电结反偏，进一步确定基极和发射极。图 6-20 中 2、3 引脚电压为 0.7 V，故 1 脚为集电极 c，根据三极管放大条件可判断 2 脚为基极 b，3 脚为发射极 e，该三极管为 PNP 型。

4. 三极管的工作状态

三极管因其集电结和发射结所加电压不同，具有不同的工作状态，三极管的 3 个工作状态如图 6-21 所示，可分为截止状态、放大状态和饱和状态。不同的工作状态表现出的特性不同，因此可被用于不同的场合。

(1) 截止状态。习惯上把 $I_B \leqslant 0$ 的区域称为截止区，即 $I_B = 0$ 的输出特性曲线和横坐标轴之间的区域。若要使 $I_B \leqslant 0$，三极管的发射结就必须在死区以内或反偏，为了使三极管能够可靠截止，通常给三极管的发射结加反偏电压。在此区域三极管失去了电流放大作用，相当于一个断开的开关，三极管的截止状态如图 6-22 所示。

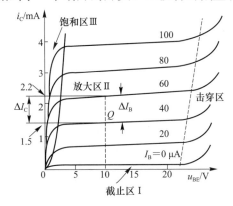

图 6-21 三极管的三个工作状态

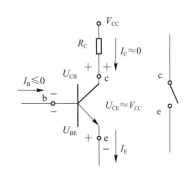

图 6-22 三极管的截止状态

(2) 放大状态。在这个区域内，发射结正偏，集电结反偏。I_C 与 I_B 之间满足电流分配关系 $I_C = \beta I_B$，输出特性曲线近似为水平线。在此区域三极管的集电极电流受控于基极电

流，三极管具有电流放大作用，三极管的放大状态如图 6-23 所示。

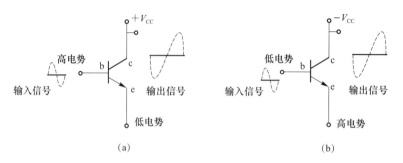

图 6-23 三极管的放大状态

(3)饱和状态。在这个区域内，三极管的发射结和集电结均正偏，I_C 不受 I_B 控制，三极管失去了电流放大作用，相当于一个闭合的开关，三极管的饱和状态如图 6-24 所示。三极管饱和时 U_{CE} 的值称为饱和压降，小功率硅管约为 0.3 V，锗管约为 0.1 V。

重要提示：

三极管的截止与饱和状态也被称为三极管的开关特性，被用作由电信号控制的无触点开关，在汽车电气系统中的应用很多，如：无触点电子点火系统的电子点火器、电子式电压调节器、无触点电喇叭等。

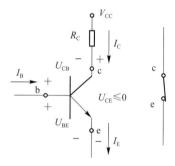

图 6-24 三极管的饱和状态

【例 6-4】 测量三极管 3 个电极对地电位如图 6-25 所示，试判断三极管的工作状态。

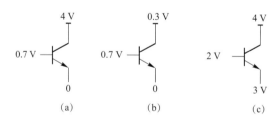

图 6-25 例 6-4 图

解：(a)三极管的发射结正偏，集电结反偏，三极管处于放大状态。

(b)三极管的发射结正偏，集电结也正偏，三极管处于饱和状态。

(c)三极管的发射结反偏，集电结也反偏，三极管处于截止状态。

5. 三极管的主要参数

(1)电流放大倍数 β。三极管在有输入信号的情况下，输出信号的电流变化与输入信号的电流变化之比称为电流放大倍数，也就是一般简称的三极管放大倍数。电流放大倍数决定了三极管的基本放大能力。

(2)穿透电流 I_{CEO}。当基极 b 开路，集电极 c、发射极 e 之间加上一定的电压时，ce 之间并不是没有电流流过,只是流过的电流很小,称为穿透电流 I_{CEO}。三极管的穿透电流越小,管子的质量越好。

(3)极限参数。使三极管得到充分利用而又安全可靠工作的参数,叫作极限参数。

a. 集电极最大允许电流 I_{CM}。

集电极电流的上升会引起电流放大倍数的下降,通常将 β 值下降到正常值的 2/3 时所对应的集电极电流称为集电极最大允许电流 I_{CM}。集电极电流 I_C 超过 I_{CM} 时,三极管不一定损坏,但放大能力会下降。

b. 集电极最大允许耗散功率 P_{CM}。集电极耗散功率是指集电极流过的电流与加载的电压的乘积。当集电极耗散功率上升时,三极管发热,温度上升,三极管性能下降,甚至损坏。P_{CM} 是指集电极温度不超过允许值时,集电极所允许的最大功耗。

c. 反向击穿电压 $U_{(BR)CEO}$。三极管工作时,加在任何两个电极之间的反向电压超过一定值时,都会产生很大电流,从而导致管子损坏。$U_{(BR)CEO}$ 是指基极开路时,集电极与发射极之间的击穿电压值。

6. 三极管类型及引脚的判断

常见的小功率三极管有金属圆壳封装和塑料封装(半圆柱形)等,大功率三极管的外形有金属壳封装(扁柱形),以及塑料封装(扁平、引脚直列)等形式。常见三极管引脚分布如图 6-26 所示,由此可判断三极管引脚。

平面朝向自己,引脚朝下,从左到右依次为基极b,集电极c,发射极e。

引脚面向自己,三个引脚呈等腰三角形,则从顶角开始,逆时针依次为基极b,发射极e,集电极c。

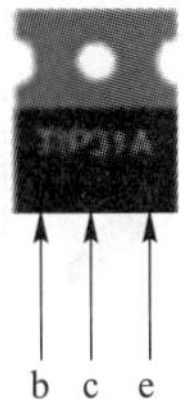

有文字面朝向自己,引脚朝下,从左到右依次为基极b,集电极c,发射极e。

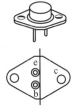

引脚面向自己,较远的孔与两个引脚呈等腰三角形,由顶角开始逆时针依次为集电极c,发射极e,基极b。

图 6-26 常见三极管引脚分布

项目六　模拟电路基础知识及应用

7. 用万用表判断三极管的类型及引脚

三极管内部有两个 PN 结，利用 PN 结的单向导电性，可用万用表电阻挡判别管子类型和 e、b、c 三个极。

(1)基极的判别。判别引脚时应首先确认基极。一般情况下，基极排列在三个电极的中间(大功率金属壳扁平形封装除外)。

用指针式万用表的黑表笔接假定的基极，用红表笔分别接触另外两个极。若测得电阻都较小，为几百欧至几千欧，则将红、黑表笔对调，若测得电阻都较大，为几百千欧以上，则这个三极管子就是 NPN 管，最初黑表笔接的就是基极。

用指针式万用表的黑表笔接假定的基极，用红表笔分别接触另外两个极，若测得电阻都较大，为几百千欧以上，则将红、黑表笔对调，若测得电阻都较小，为几百欧至几千欧，则这个管就是 PNP 管。最初黑表笔接的就是基极。

(2)集电极和发射极的判别。对于 NPN 管，确定基极后，用指针式万用表的两个表笔分别接触另外两个引脚，然后用两个手指分别接触黑表笔和基极，观察万用表指针的摆动情况；而后将两个表笔对调，重复上述过程。取指针摆动较大一次的表笔接触位置，黑表笔接触的是集电极 c，红表笔接触的是发射极 e。用万用表测量集电极 c 和发射极 e 的方法如图 6-27 所示(图中用 100 kΩ 电阻代表手指接触)。

对于 PNP 管，确定基极后，可采用相同方法测量。取指针摆动较大一次的表笔接触位置，黑表笔接触的是发射极 e，红表笔接触的是集电极 c。

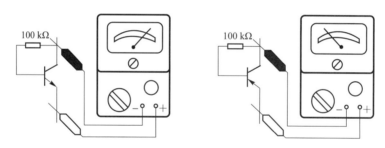

图 6-27　用万用表测量集电极 c 和发射极 e

重要提示：

在有些万用表(部分指针式和所有数字式)上，具有"hFE"挡，利用这一功能，将三极管的 3 个引脚插入测试插孔内，当能够测试出放大倍数时，插孔边标注的 e、b、c 即是插孔内三极管引脚的名称。

总结提升

1. 在一块本征半导体上，采取一定的掺杂工艺措施，在两边分别形成 P 型区和 N 型区，它们的交界处就形成一个特殊薄层，称为 PN 结。PN 结是构成各种半导体器件的基础。PN 结具有单向导电性，它是二极管、三极管、晶闸管以及半导体集成电路等半导体器件的核心部分。

2. 二极管具有单向导电性，即外加正向电压时二极管导通；外加反向电压时二极管截止。根据二极管正向电阻小、反向电阻大的特点可用万用表电阻挡来判断二极管的正、负极和好坏。

3. 三极管由两个 PN 结构成。在一块半导体基片上制作两个相距很近的 PN 结，两个 PN 结把整个半导体基片分成三部分，中间部分是基区，两侧部分是发射区和集电区。根据 P 型半导体和 N 型半导体的排列方式不同，可分为 NPN 和 PNP 两种。从三个区引出相应的电极，分别为基极 b，发射极 e 和集电极 c。发射区和基区之间的 PN 结叫发射结，集电区和基区之间的 PN 结叫集电结。

4. 三极管因其集电结和发射结所加电压不同，具有不同的工作状态，可分为截止状态、放大状态和饱和状态。不同的工作状态表现出的特性不同，因此可被用于不同的场合。

5. 三极管内部有两个 PN 结，利用 PN 结的单向导电性，可用万用表电阻挡判别三级管类型和 e、b、c 三个极。

思考与练习

一、填空题

1. 根据掺入杂质的不同，半导体可分为_____半导体和_____半导体两大类。

2. 如图 6-28 所示，处于反向截止状态的 PN 结，则 a、b 两区分别是 PN 结的_____区和_____区。

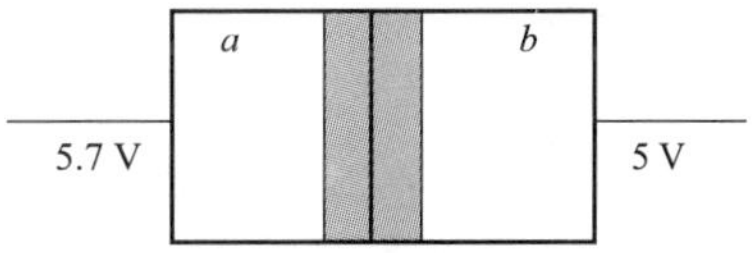

图 6-28　填空题 2 图

3. 二极管的特性是_____。具体指：给二极管加_____电压，二极管导通；给二极管加_____电压，二极管截止。

4. 用模拟式万用表欧姆挡测二极管的正、反向电阻时，若两次测得的阻值都较小，则表明二极管内部_____；若两次测得的阻值都较大，则表明二极管内部_____。两次测的阻值相差越大，则说明二极管的_____性能越好。

5. 晶体三极管的输出特性曲线一般分为 3 个区，即：_____、_____、_____；要使三极管工作在放大区必须给发射结加_____，集电结加_____。

6. 三极管的 3 个电极分别为_____、_____、_____；三极管的电流放大作用是指用一个很小的_____电流就能控制一个很大的_____电流或_____电流。

7. 三极管的 3 种工作状态是_____、_____、_____。

二、选择题

1. PN 结外加正向电压时，其空间电荷区（　　）。
　　A. 不变　　　　B. 变宽　　　　C. 变窄　　　　D. 无法确定

2. 稳压二极管稳压时，其工作在（　　）。
　　A. 正向导通区　B. 反向截止区　C. 反向击穿区　D. 不确定

3. 在某放大电路中，测得三极管三个电极的静态电位分别为 0 V、−10 V、−9.3 V，则这只三极管是( )。

 A. NPN 型硅管　　B. NPN 型锗管　　C. PNP 型硅管　　D. PNP 型锗管

4. 三极管工作在饱和状态的条件是( )。

 A. 发射结正偏，集电结正偏　　B. 发射结正偏，集电结反偏
 C. 发射结反偏，集电结反偏　　D. 发射结反偏，集电结正偏

5. 如图 6-29 所示，电源接通后，正确的为( )。

 A. D_1、D_2 均截止
 B. D_1 导通，D_2 截止
 C. D_1、D_2 均导通
 D. D_1 截止，D_2 导通

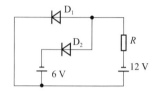

图 6-29　选择题 5 图

三、计算题

1. 稳压管电路如图 6-30 所示，稳压管的稳压值 $U_Z=6.3$ V，正向导通电压 $U_D=0.7$ V，试求输出电压 U。

2. 二极管电路如图 6-31 所示，判断图中二极管是导通还是截止，并确定电路输出端电压 U_O。设二极管的导通压降为 $U_D=0.7$ V。

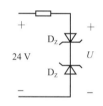　　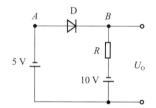

图 6-30　计算题 1 图　　　　　图 6-31　计算题 2 图

3. 测量三极管 3 个电极对地电位如图 6-32 所示，试判断三极管的工作状态。

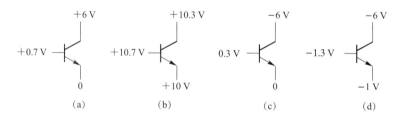

图 6-32　计算题 3 图

拓展阅读

晶闸管(可控硅)

1. 晶闸管的结构

我国目前生产的晶闸管，从外形上可分为两种形式：螺栓式和平板式。晶闸管的外形及符号如图 6-33 所示。晶闸管内部由 3 个 PN 结组成，可以把它中间的 N_1 和 P_2 分为两部分，构成 1 个 PNP 型三极管和 1 个 NPN 型三极管的复合管，晶闸管的内部结构如图 6-34 所示。

任务一　常用半导体元件

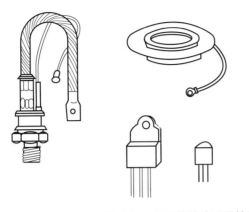
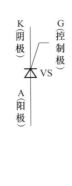

图 6-33　晶闸管的外形及符号

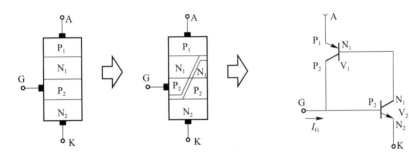

图 6-34　晶闸管的内部结构

2. 晶闸管的导通原理

晶闸管工作时，它的阳极和阴极分别与电源和负载连接，组成晶闸管的主电路；晶闸管的门极(控制极)和阴极与控制晶闸管的装置连接，组成晶闸管的控制电路。

图 6-35 所示为晶闸管的实验电路，主电源 E_A 和门极电源 E_G 通过双刀双掷开关 S_1 和 S_2 可正向或反向作用于晶闸管的有关电极，主电路的通断由灯泡显示。

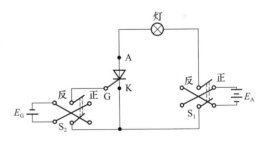

图 6-35　晶闸管的实验电路

由实验得到如下结论：

(1)当晶闸管承受反向阳极电压时，不论门极承受何种电压，晶闸管都处于关断状态。

(2)当晶闸管承受正向阳极电压时，仅在门极承受正向电压时，晶闸管才能被导通，即从关断状态转变为导通状态，也就是说必须同时具备正向阳极电压和正向门极电压这两个条件。

(3)晶闸管在导通情况下，只要仍有一定的正向阳极电压，无论门极电压如何，晶闸管仍保持导通，即晶闸管导通后，门极失去控制作用。

(4)晶闸管在导通情况下，当主电路电压(或电流)减小到接近零时，晶闸管关断。

· 225 ·

项目六 模拟电路基础知识及应用

技能操作

单一小信号放大电路的安装与测试

一、实训目的

(1) 了解三极管 3 个电极上电流 I_B、I_C、I_E 的分配关系。

(2) 了解三极管电流放大作用的特点。

二、实训内容

(1) 按图 6-36 所示连接电路，给三极管两个 PN 结加上电压，则三个电流表分别显示三极管的各极电流 I_B、I_C、I_E 的值。

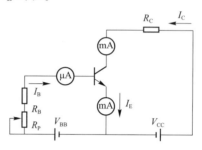

图 6-36 实验电路

(2) 调节 R_P 的值使 I_B 分别为表 6-1 中要求的各个值，然后观测其他两个电流表的示数，将结果填入表中。

表 6-1 观测示数记录表

		1	2	3	4	5
	I_B/mA	0.01	0.02	0.03	0.04	0.05
测量值	I_C/mA					
	I_E/mA					
计算值	I_B+I_C					
	I_C/I_B					

三、实训结论

(1) 三极管 3 个电极上的电流 I_B、I_C、I_E 的分配关系为

$$I_E = I_B + I_C$$

(2) 基极电流 I_B 变化会引起集电极电流 I_C 随之变化，即 I_C 受 I_B 的控制，且 I_C 与 I_B 的比值几乎不变，为一常数，即

$$\beta = \frac{I_C}{I_B}$$

这个比值 β 称为放大系数。

任务二　汽车常用电子电路

【知识目标】
◎了解整流电路、滤波电路和稳压电路的工作原理及其应用。
◎了解共发射极放大电路的原理图、电路结构和主要元器件的作用。
◎了解集成运放的电路结构、符号及器件的引脚功能。

【技能目标】
◎能够安装和调试基本放大电路。
◎能够分析基本放大电路的工作状态。

实例引入

现在汽车电子技术已经全面覆盖汽车行业。汽车先进的技术都与电子技术挂钩：电喷发动机、电动车窗、电动座椅、电控车身稳定系统、电子显示屏、电控悬架等。此外现在的汽车都配备了一个电脑——ECU 来调节整个汽车的运行，汽车电子技术已经成为汽车技术进步的源泉。

实例分析

汽车电子化是现代汽车发展的重要标志。现代汽车电子技术的应用不仅提高了汽车的动力性、经济性和安全性，改善了汽车行驶的稳定性和舒适性，推动了汽车产业的发展，而且还为电子产品开拓了更加广阔的市场，从而推动了电子产业的发展。作为汽车产业和电子产业结合的产物，汽车电子产业的发展已经驶上了快车道。下面我们一起来学习汽车常用电子电路。

必备知识

一、整流电路

整流电路是利用二极管的单向导电性将交流电转换成脉动直流电的电路。常见的整流电路有半波整流电路、全波整流电路和桥式整流电路。

1. 半波整流电路

半波整流电路（见图 6-37）是一种最简单的整流电路。它由电源变压器、整流二极管和负载电阻组成。变

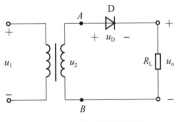

图 6-37　半波整流电路

压器把一次侧的单相交流电 u_1 变换为所需要的二次电压 u_2，二极管 D 再把交流电转换为脉动直流电。

(1)半波整流电路的工作原理。半波整流电路的工作原理如图 6-38 所示。

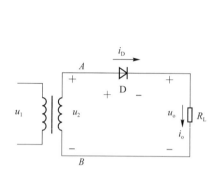
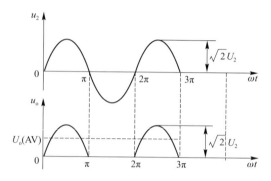

图 6-38　半波整流电路的工作原理

a. 当电压 u_2 为正半周时，二极管正向导通(视为理想二极管，正向压降为零)，负载电阻 R_L 上的电压 $u_o=u_2$，流过负载的电流 $i_o=u_o/R_L$。

b. 当电压 u_2 为负半周时，二极管反向截止，此时 $u_o=0$，$i_o=0$。

因此，负载 R_L 上得到的是一个半波整流电压，该电压方向(极性)不变，大小变化，称之为脉动直流电压。

(2)半波整流电路的基本参数。

a. 整流输出电压平均值：

$$U_{o(AV)}=0.45U_2$$

b. 负载电流平均值：

$$I_{o(AV)}=\frac{U_{o(AV)}}{R_L}=0.45\frac{U_2}{R_L}$$

c. 二极管的正向电流：

$$I_{D(AV)}=I_{o(AV)}$$

d. 二极管承受的峰值电压：

$$U_M=\sqrt{2}U_2$$

综上所述，半波整流电路简单易行，输出电压不到输入电压的一半，交流分量大，仅适用于整流电流较小、对脉动要求不高的场合。

2. 全波整流电路

全波整流电路如图 6-39 所示。当输入电压处于交流电压的正半周时，二极管 D_1 导通。当输入电压处于交流电压的负半周时，二极管 D_2 导通。

(1)全波整流电路的工作原理。全波整流电路的工作原理如图 6-40 所示。

a. 当电压 u_2 为正半周时，$U_A>U_C>U_B$，二极管

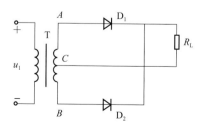

图 6-39　全波整流电路

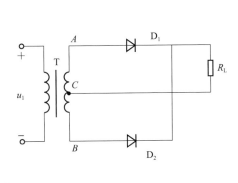
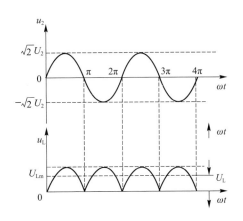

图 6-40　全波整流电路的工作原理

D_1 正向导通（视为理想二极管，正向压降为零），二极管 D_2 截止，电流从上流入电阻 R_L。

b. 当电压 u_2 为负半周时，$U_A < U_C < U_B$，二极管 D_2 正向导通，二极管 D_1 截止，电流从上流入电阻 R_L。

通过电阻 R_L 的电流在正负半周均为同方向，说明 R_L 的电流为直流。

（2）全波整流电路的基本参数。

a. 整流输出电压平均值：

$$U_{o(AV)} = 0.9U_2$$

b. 负载电流平均值：

$$I_{o(AV)} = \frac{U_{o(AV)}}{R_L} = 0.9\frac{U_2}{R_L}$$

c. 每个二极管的电流：

$$I_{D(AV)} = \frac{1}{2}I_{o(AV)}$$

d. 二极管承受的峰值电压：

$$U_M = \sqrt{2}U_2$$

3. 桥式整流电路

桥式整流电路如图 6-41 所示。

整流桥的连接口诀：头碰头接正，尾碰尾接负，首尾相接接交流。

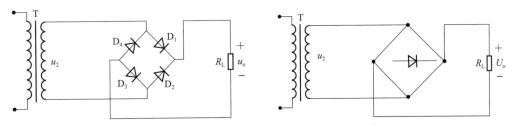

图 6-41　桥式整流电路

(1)桥式整流电路的工作原理。桥式整流电路的工作原理如图 6-42 所示。

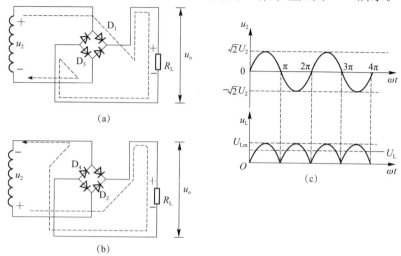

图 6-42 桥式整流电路的工作原理
(a)正半周；(b)负半周；(c)桥式整流电路波形

a. u_2 为正半周时，对 D_1、D_3 加正向电压，D_1、D_3 导通；对 D_2、D_4 加反向电压，D_2、D_4 截止。电路中构成 $u_2 \rightarrow D_1 \rightarrow R_L \rightarrow D_3$ 通电回路，在 R_L 上形成上正下负的半波整流电压。

b. u_2 为负半周时，对 D_2、D_4 加正向电压，D_2、D_4 导通；对 D_1、D_3 加反向电压，D_1、D_3 截止。电路中构成 $u_2 \rightarrow D_2 \rightarrow R_L \rightarrow D_4$ 通电回路，同样在 R_L 上形成上正下负的另外半波的整流电压。

在输入信号的一个周期内，负载上得到两个半波。

(2)桥式整流电路的基本参数。

a. 整流输出电压平均值：

$$U_{o(AV)} = 0.9U_2$$

b. 负载电流平均值：

$$I_{o(AV)} = \frac{U_{o(AV)}}{R_L} = 0.9\frac{U_2}{R_L}$$

c. 二极管的电流：

$$I_{D(AV)} = \frac{1}{2}I_{o(AV)}$$

d. 二极管承受的峰值电压：

$$U_{DRM} = \sqrt{2}U_2$$

综上所述，桥式整流电路与半波整流电路相比，在相同的变压器二次电压下，对二极管的参数要求是一样的，并且还具有输出电压高、变压器利用率高、脉动小等优点，因此得到广泛的应用。

(3)桥式整流电路二极管的选用。

桥式整流电路中整流二极管应满足：额定电压 U_{RM} 不低于 $\sqrt{2}U_2$，额定电流 I_{FM} 不低于

负载电流 $0.5I_o$。

【例 6-5】 图 6-41 所示的桥式整流电路,已知交流电网电压为 220 V,负载电阻 $R_L=50\ \Omega$,负载电压 $U_o=100$ V,试选择二极管。

解:整流电流的平均值为

$$I_{o(AV)}=\frac{U_o}{R_L}=\frac{100}{50}=2(\text{A})$$

流过每只二极管的电流平均值为

$$I_D=\frac{1}{2}I_{o(AV)}=\frac{1}{2}\times 2=1(\text{A})$$

变压器二次电压有效值为

$$U=\frac{U_o}{0.9}=\frac{100}{0.9}=111(\text{V})$$

每只二极管承受的最大反向电压为

$$U_{DRM}=\sqrt{2}U=157(\text{V})$$

根据以上计算,可选用额定电流为 1 A、最大反向电压为 200 V 的二极管。

二、滤波电路

在大多数电子设备中,整流电路后都需要加滤波电路,以减少整流电压的脉动程度。将脉动的直流电变成平滑的直流电的电路,就是滤波电路。

常见的滤波电路有:电容滤波电路、电感滤波电路、复式滤波电路。

1. 电容滤波电路

电容滤波电路的结构如图 6-43 所示,主要是用到了电容器隔直通交特性和储能特性。当单向脉动直流电压处于高峰值时电容充电,而当处于低峰值时电容放电,这样就把脉动的直流电转换为较平滑的直流电。

(1)电容滤波电路工作原理。电容滤波电路工作原理如图 6-44 所示。

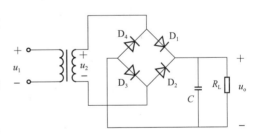

图 6-43 电容滤波电路的结构

(2)输出电压估算。

a. 桥式整流电容滤波电路负载上的输出电压:

$$U_{o(AV)}=1.2U_2$$

b. 桥式整流电容滤波电路输出空载时:

$$U_{o(AV)}=1.4U_2$$

【例 6-6】 有一单相桥式整流滤波电路如图 6-43,已知交流电源频率 $f=50$ Hz,负载电阻 $R_L=200\ \Omega$,要求直流输出电压 $U_o=30$ V,试选择合适的整流二极管。

解:流过二极管的电流为

$$I_D=\frac{1}{2}I_{o(AV)}=\frac{1}{2}\times\frac{U_o}{R_L}=\frac{1}{2}\times\frac{30}{200}=0.075(\text{A})$$

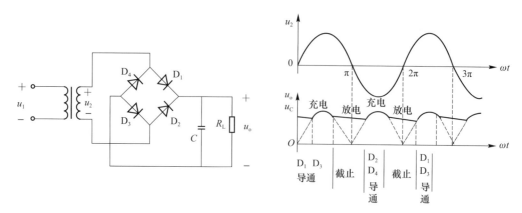

图 6-44 电容滤波电路工作原理

变压器副边电压的有效值为

$$U = \frac{U_o}{1.2} = \frac{30}{1.2} = 25(\text{V})$$

二极管承受的最大反向电压为

$$U_{\text{DRM}} = \sqrt{2}U = \sqrt{2} \times 25 = 35(\text{V})$$

根据以上计算，可选择额定电流为 100 mA，最大反向电压为 50 V 的二极管。

2. 电感滤波电路

当一些电气设备需要脉动较小、输出电流较大的直流电源时往往采用电感滤波电路。利用电感器的通直阻交的特性和储能特性，可以把单向脉动直流电中的交流分量进行阻碍。电感滤波电路中负载与电感器串联，如图 6-45 所示。

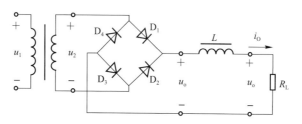

图 6-45 电感滤波电路

电感滤波电路工作原理如图 6-46 所示。

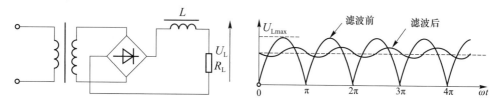

图 6-46 电感滤波电路工作原理

其工作原理为：当流过电感线圈的电流增大时，电感线圈产生的自感电动势与电流方向相反，阻止电流的增加，同时将一部分电能转化成磁场能储存于电感之中；当流过电感线圈的电流减小时，自感电动势与电流方向相同，同时向外释放存储的能量，补偿电流的减小，从而得到平滑的电压。频率越高，电感越大，滤波效果越好。

3. 复式滤波电路

把电容接在负载并联支路，把电感或电阻接在串联支路，就组成了复式滤波电路。常见的复式滤波电路有 LC 滤波电路、π 型 RC 滤波电路、π 型 LC 滤波电路等，复式滤波电路如图 6-47 所示。

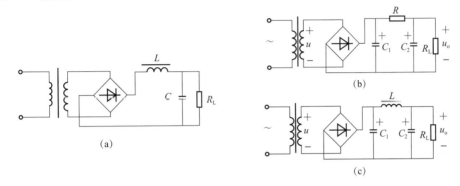

图 6-47 复式滤波电路

(a)LC 滤波电路；(b)π 型 RC 滤波电路；(c)π 型 LC 滤波电路

三、稳压电路

经过整流滤波后的直流电还是会随着交流电压的波动而波动，因此需要某种电子电路将整流滤波后的直流电压稳定下来，这种可以稳定输出电压的电路称为稳压电路。交流电转换为直流电的过程如图 6-48 所示。

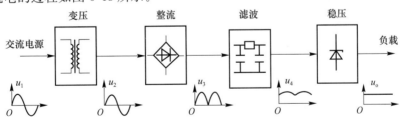

图 6-48 交流电转化为直流电的过程

1. 稳压管稳压电路

稳压管稳压电路是最简单的直流稳压电路，由稳压二极管和限流电阻组成，如图 6-49 所示。虚线内为稳压管稳压电路，其中稳压管起到电流调节作用，通过限流电阻上电流或电压的变化进行补偿，从而达到稳压的目的。限流电阻既限制了稳压管中的电流，使其正常工作，又与稳压管配合达到稳压的目的。

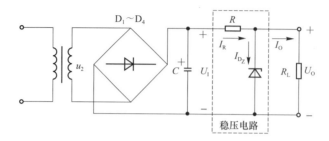

图6-49　稳压管稳压电路

稳压管稳压电路的稳压过程为：

$$R_L\uparrow 或 U_I\uparrow \to U_O\uparrow \to I_{D_Z}\uparrow \to I_R\uparrow \to U_R\uparrow \to U_O\downarrow$$

2. 三端集成稳压器

随着集成电路工艺的发展，稳压电源中的各个环节都制作在同一块硅片内，形成集成稳压组件，也称为集成稳压器。集成稳压器因体积小、可靠性高，价格低廉等优点而得到广泛应用。集成稳压器种类繁多，应用较普遍的是三端集成稳压器，其符号及封装形式如图6-50所示。

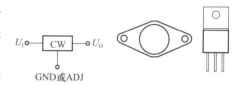

图6-50　三端集成稳压器符号及封装形式

三端集成稳压器有3个引出端子，分别是输入端、输出端和公共地端，按照性能可分为三端固定式集成稳压器和三端可调式集成稳压器。前者输出的电压值为固定值，不能调节，如W7800系列、W7900系列等；后者可通过外接电路对输出电压进行连续调节，如CW117系列、CW317系列等。三端集成稳压器如图6-51所示。

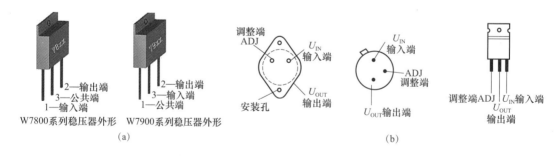

图6-51　三端集成稳压器
(a)三端固定式集成稳压器；(b)三端可调式集成稳压器

四、基本放大电路

放大电路习惯上也称为放大器，是指能把外界送入的微弱电信号不失真地放大至所需数值并输送给负载的电路，是电子电路中应用最广泛的电路之一。图6-52为扩音器放大电路的框图。

下面以共发射极放大电路为例对基本放大电路进行介绍。

1. 单管共发射极放大电路

图 6-53 为单管共发射极放大电路。此电路是以三极管为核心的基本放大电路，因为发射极是输入回路与输出回路的公共端，故称为共发射极放大电路。

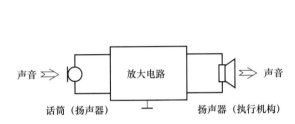

图 6-52　扩音器放大电路的框图

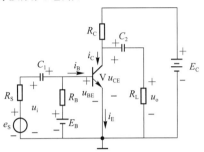

图 6-53　单管共发射极放大电路

(1) 电路组成。

该电路主要由三极管 V，集电极电源 E_C，集电极电阻 R_C，基极电源 E_B 与基极电阻 R_B，耦合电容 C_1、C_2 组成。

(2) 各元件的作用。

三极管 V：放大电路的核心元件，是能量转换控制器件，实现电流放大作用。要保证集电结反偏，发射结正偏，使其工作在放大区。

基极电源 E_B 与基极电阻 R_B：使发射结处于正偏，并提供大小适当的基极电流。R_B 的阻值一般为几十千欧到几百千欧。

集电极电源 E_C：为电路提供能量，并保证集电结反偏。

集电极电阻 R_C：一方面提供直流通路，使 E_C 对三极管的集电极反向偏置；另一方面将集电极变化的电流转变为变化的电压，以实现电压放大。R_C 的阻值一般为几千欧到几十千欧。

耦合电容 C_1、C_2："隔直通交"，隔离输入、输出与放大电路直流的联系，同时使交流信号顺利输入、输出。耦合电容一般采用电解电容，使用时应注意其极性与加在其两端的工作电压极性一致。取值范围在几微法到几十微法。

(3) 电路的工作原理。

a. 放大电路的静态工作点。

静态：指放大电路没有交流输入信号时放大电路的直流工作状态。

动态：指放大电路有交流输入信号时放大电路的工作状态。

静态工作点：在静态状况下，放大电路输入端的电流 I_{BQ} 和电压 U_{BEQ} 及输出端的电流 I_{CQ} 和电压 U_{CEQ} 在三极管输入输出特性曲线上所确定的点，用 Q 表示，如图 6-54 所示。

b. 设置静态工作点的必要性。只有当放大电路静态工作点在放大区时，三极管才能不失真地对信号进行放大。放大电路 Q 点设置不合适，就会导致放大输出的信号失真，如音频信号中的声音失真、图像扫描中的图像比例失真等。一般来说，Q 点应设在三极管输出特性曲线放大区的中央。

c. 放大电路工作原理。在单管共发射极放大电路中，如图 6-55 所示，输入微弱的交流信号 u_i，通过电容 C_1 的耦合送到三极管的基极和发射极，使得基极和发射极之间的电压 u_{BE} 发生变化，于是 i_B、i_C、u_{CE} 随之发生变化。u_{CE} 通过电容 C_2 隔离了直流成分，输出的只是放大的交流成分 u_o，且 u_o 与 u_i 反向。

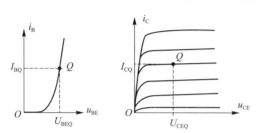

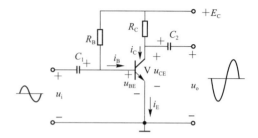

图 6-54　放大电路的静态工作点　　　　图 6-55　共发射极放大电路工作原理

（4）放大电路静态分析。

a. 直流通路。直流通路指静态时放大电路直流电流流过的路径。其画法原则为：将交流电源视为短路，电容视为开路，电感视为短路，如图 6-56 所示。

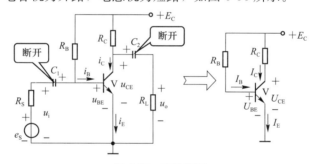

图 6-56　直流通路

重要提示：除直流通路外，放大电路中还存在交流通路，交流通路是指输入交流信号时放大电路交流信号流通的路径，其画法原则是直流电源、电容视为短路。

b. 静态工作点的近似计算。静态时，放大电路中各处的电压、电流均为直流量。对直流通路作电路分析，求解输入、输出电路的电流、电压即为放大电路的静态分析，从而确定静态工作点 Q。直流通路如图 6-56 所示，设电路参数 E_C、R_B、R_C 和三极管的放大倍数 β 为已知，忽略三极管的 U_{BE}（硅管为 0.7 V，锗管为 0.3 V），可得：

$$I_{BQ} = \frac{E_C - U_{BE}}{R_B} \approx \frac{E_C}{R_B}$$

$$I_{CQ} = \beta I_B + I_{CEO} \approx \beta I_B$$

$$U_{CEQ} = E_C - I_C R_C$$

由上述公式求得的 I_{BQ}、I_{CQ}、U_{CEQ} 即是在输入、输出特性曲线上静态工作点 Q 对应的坐标值。

【例 6-7】　电路如图 6-57 所示，已知：$E_C = 12$ V，$R_C = 3.3$ kΩ，$R_B = 280$ kΩ，$\beta = 50$。用估算法计算静态工作点。

解：先画出直流通路，如图 6-58 所示，根据公式得

$$I_B = \frac{E_C - U_{BE}}{R_B} = \frac{12 - 0.7}{280}(\text{mA}) \approx 0.04(\text{mA}) = 40(\mu\text{A})$$

$$I_C \approx \beta \cdot I_B = 50 \times 0.04(\text{mA}) = 2(\text{mA})$$

$$U_{CE} = E_C - I_C R_C = 12 - 2 \times 3.3(\text{V}) = 5.4(\text{V})$$

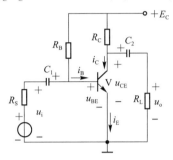
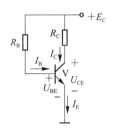

图 6-57　例 6-7 图　　　　图 6-58　直流通路

(5) 放大电路的主要性能指标。放大电路的主要性能指标有放大倍数、输入电阻和输出电阻等，其框图如图 6-59 所示，图中左边为输入端，外接信号源（u_i、i_i 分别为输入电压和输入电流）；右边为输出端，外接负载（u_o、i_o 分别为输出电压和输出电流）。

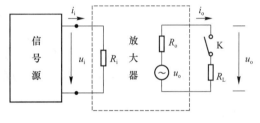

图 6-59　放大电路框图

放大倍数：是描述放大电路放大能力的指标，通常用字母 A 表示。其值为输出电压与输入电压的比值，即

$$A = \frac{u_o}{u_i}$$

输入电阻 R_i：是指从放大电路输入端看进去的等效电阻。它反映了放大电路工作时，向信号源索取电流的本领。输入电阻越大，信号源的负担越小。

输出电阻 R_o：是指负载开路时，从放大电路两个开路点看进去的等效电阻。它反映了放大电路带负载的能力。输出电阻越小，放大电路带负载的能力就越强。

2. 多级放大电路

在实际的电子设备中，单个放大电路的放大倍数较低，为了得到足够大的放大倍数或者使输入电阻和输出电阻达到指标要求，一个放大电路往往由多级组成，称为多级放大电路，其连接框图如图 6-60 所示，其中第一级与信号源相连，称为输入级；最后一级与负载相连，称为输出级；其余称为中间级。

图 6-60　多级放大电路连接框图

多级放大电路前后两级之间的连接方式称为耦合。常见的耦合方式有：直接耦合、阻容耦合、变压器耦合和光电耦合。

(1) 直接耦合。

直接耦合是将前级放大电路和后级放大电路直接相连的耦合方式，直接耦合多级放大电路如图6-61所示。

其优点为：

a. 电路可以放大缓慢变化的信号和直流信号。由于级间是直接耦合，所以电路可以放大缓慢变化的信号和直流信号。

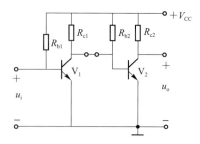

b. 便于集成。由于电路中只有晶体管和电阻，没有电容器和电感器，因此便于集成。

图 6-61　直接耦合多级放大电路

缺点为：

a. 各级的静态工作点不独立，相互影响，会给设计、计算和调试带来不便。

b. 引入了零点漂移问题（也称为温度漂移，简称温漂）。零点漂移对直接耦合放大电路的影响较严重。

(2) 阻容耦合。

阻容耦合是利用电容器作为耦合元件将前级和后级连接起来的耦合方式，阻容耦合多级放大电路如图6-62所示。

其优点为：

a. 各级的直流工作点相互独立。由于电容器隔直流而通交流，所以它们的直流通路相互隔离、相互独立，这样就给设计、调试和分析带来很大方便。

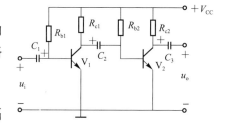

图 6-62　阻容耦合多级放大电路

b. 在传输过程中，交流信号损失少。只要耦合电容选得足够大，较低频率的信号就能由前级几乎不衰减地加到后级，实现逐级放大。

c. 电路的温漂小。

d. 体积小，成本低。

其缺点为：

a. 无法集成。

b. 低频特性差。

c. 只能使信号直接通过，而不能改变其参数。

(3) 变压器耦合。

变压器耦合是利用变压器将前级的输出端与后级的输入端连接起来的耦合方式，变压器耦合多级放大电路如图6-63所示。

其优点为：

a. 变压器耦合多级放大电路前后级的静态工作点是相互独立、互不影响的，因为变压器不能传送直流信号。

b. 变压器耦合多级放大电路基本上没有温漂现象。

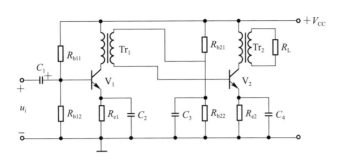

图 6-63 变压器耦合多级放大电路

c. 变压器在传送交流信号的同时，可以实现电流、电压以及阻抗变换。

其缺点为：

a. 低频性能很差。

b. 体积大，成本高，无法集成。

（4）光电耦合。

前级信号通过光电耦合器以光作为媒介传递到后级，这种耦合方式称为光电耦合。如图 6-64 所示。光电耦合器抗干扰能力强，前、后级间的隔离性能好。

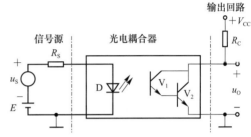

图 6-64 光电耦合多级放大电路

（5）多级放大电路的电路参数。

a. 电压放大倍数 A_u。多级放大电路电压放大倍数是各级放大倍数的乘积，即

$$A_u = A_{u1} A_{u2} A_{u3} \cdots A_{un}$$

b. 输入电阻 r_i。多级放大电路输入电阻是第一级放大电路的输入电阻，即

$$r_i = r_{i1}$$

c. 输出电阻 r_o。多级放大电路输出电阻是最后一级放大电路的输出电阻，即

$$r_o = r_{on}$$

【例 6-8】 某三级电压放大器，已知 $A_{u1}=10$，$A_{u2}=100$，$A_{u3}=1$，试求总的电压放大倍数 A_u。

解： 根据多级放大电路电压放大倍数公式 $A_u = A_{u1} A_{u2} A_{u3} \cdots A_{un}$，可得

$$A_u = 10 \times 100 \times 1 = 1\,000$$

故总的电压放大倍数 A_u 为 1 000。

五、集成运算放大器

集成运算放大器简称集成运放，是一种具有很高放大倍数的多级直接耦合放大电路。由于最初主要用于数学运算，故此得名。它具有体积小、质量轻、功耗低、价格便宜、使用可靠、通用性强等优点，在检测、自动控制、信号产生与处理等方面得到广泛的应用，成为模拟电子技术领域的核心部件。常见集成运放的外形如图 6-65 所示。

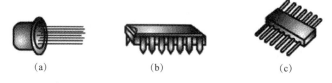

图 6-65　常见集成运放的外形

(a)圆壳式；(b)双列直插式；(c)扁平式

1. 集成运算放大器的结构

典型的集成运算放大器内部结构如图 6-66 所示，由输入级、中间级、输出级和偏置电路 4 个基本部分组成，其图形符号如图 6-67 所示。

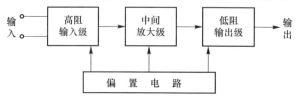
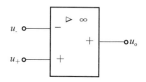

图 6-66　集成运算放大器内部结构　　　　图 6-67　集成运放图形符号

输入级：输入电阻高，一般由差动放大电路组成。有两个输入端，其中一端为同相输入端，输入信号接在该输入端时，输出信号与之相位相同；另一端为反相输入端，输入信号接在该输入端时，输出信号与之相位相反。

中间级：要求具有较高的电压放大倍数。常采用带恒流源的共发射极放大电路组成。

输出级：与负载相连，要求输出电阻低，带负载能力强，一般由互补功率放大电路或射级输出器构成。

偏置电路：为集成运放各级提供合适的静态工作点，一般由各种恒流源电路组成。

集成运放的引脚分布如图 6-68 所示。

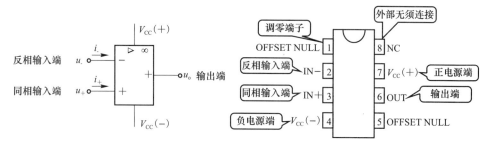

图 6-68　集成运放的引脚分布

2. 集成运算放大器的主要参数

集成运算放大器的性能参数是评价其性能优劣的主要标志，也是选用集成运放的主要依据。下面介绍集成运放的主要性能参数。

① 开环电压放大倍数 A_{uo}。即无外加反馈回路的差模电压放大倍数，一般在 $10^5 \sim 10^7$

之间。理想运放的 A_{uo} 为∞。

②差模输入电阻 r_i。差模输入电阻 r_i 是指集成运放在输入差模信号时的输入电阻。对于信号源来说，差模输入电阻 r_i 越大，对其影响越小。一般为几百千欧到几兆欧。

③开环输出电阻 r_o。开环输出电阻 r_o 是指集成运放在开环状态且负载开路时的输出电阻。其值越小，带负载能力越强。

④共模抑制比 K_{CMR}。共模抑制比 K_{CMR} 常用分贝做单位，其值越大，表示集成运放对共模信号的抑制能力越强，一般为 100 dB 以上。

3. 集成运算放大电路的重要特性

由于运放的开环放大倍数很大，输入电阻高，输出电阻小，在分析时常将其理想化，称为理想运放。根据主要参数的理想值，可得到集成运放电路的两个重要特性：虚短和虚断。

虚短：由于理想集成运放的开环电压放大倍数 $A_{uo}=\infty$，而 u_o 是有限值，所以可以认为 $u_+=u_-$，即集成运放的同相与反相输入端电位相等，相当于短路，称为虚短。

虚断：由于集成运放的差模输入电阻 $r_i=\infty$，所以可以认为两个输入端的电流近似为零，即 $i_+=i_-=0$，好像电路断开了一样，称为虚断。

4. 反馈的基本概念

将放大电路输出信号（电压或电流）的一部分或全部，送回到放大电路输入端，与输入信号进行比较（相加或相减），并用比较所得的有效输入信号去控制输出，这样的过程称为反馈。放大电路反馈框图如图 6-69 所示。

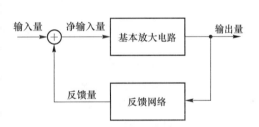

图 6-69 放大电路反馈框图

根据反馈极性的不同，反馈可分为正反馈和负反馈。使放大电路净输入信号增大的反馈称为正反馈；使放大电路净输入信号减小的反馈称为负反馈，对于正负反馈可根据反馈效果进行区分。

根据反馈的信号是交流还是直流，反馈可分为交流反馈和直流反馈。如果反馈信号只包括交流成分，称为交流反馈；如果反馈信号只包括直流成分，称为直流反馈；如果反馈信号既包括交流成分又包括直流成分，称为交、直流反馈。

根据反馈的信号是电压还是电流，反馈可分为电压反馈和电流反馈。将输出电压信号的一部分或全部送回到放大电路输入端来影响净输入量的反馈，称为电压反馈；将输出电流信号的一部分或全部送回到放大电路输入端来影响净输入量的反馈，称为电流反馈。根据反馈信号在输入端的连接方式，反馈可分为串联反馈和并联反馈。反馈信号与输入信号串联作用于输入端的情况，称为串联反馈；反馈信号与输入信号并联作用于输入端的情况，称为并联反馈。

5. 集成运算放大电路的典型应用

集成运算放大电路在其外围接入适当的反馈网络，可以组成多种不同功能的应用电路。比较典型的有反相比例运算电路和同相比例运算电路。

(1) 反相比例运算电路。

输入信号从反相输入端输入,负反馈引入到反相输入端,输出信号与输入信号相位相反,这样的集成运算放大电路称为反相比例运算电路,如图 6-70 所示。

根据虚短与虚断的概念,有

$$i_+ = i_-, \quad u_+ = u_- = 0$$

可得

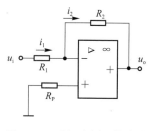

图 6-70 反相比例运算电路

$$\frac{u_i}{R_1} = -\frac{u_o}{R_2}$$

故

$$A_u = \frac{u_o}{u_i} = -\frac{R_2}{R_1}$$

由此可见,u_o 与 u_i 成比例关系,比例系数为 $-\frac{R_2}{R_1}$,负号表示 u_o 与 u_i 反相,即该电路对输入信号进行反相比例运算。特例:当 $R_1 = R_2$ 时,$u_o = -u_i$,称为反相器。

【例 6-9】 已知反相比例运算电路如图 6-70 所示,$R_1 = 10 \text{ k}\Omega$,$R_2 = 50 \text{ k}\Omega$,试求 A_u。

解:根据反相比例运算电路电压放大倍数公式 $A_u = \frac{u_o}{u_i} = -\frac{R_2}{R_1}$,得

$$A_u = \frac{u_o}{u_i} = -\frac{R_2}{R_1} = -50/10 = -5$$

(2) 同相比例运算电路。

将反相比例运算电路的输入端和接地端互换,让信号从同相输入端输入,负反馈引入到反相输入端,这样的集成运放电路称为同相比例运算电路,如图 6-71 所示。

根据虚短与虚断的概念,有

$$i_+ = i_-, \quad u_+ = u_- = u_i$$

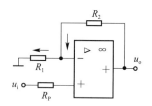

图 6-71 同相比例运算电路

可得

$$\frac{u_o - u_i}{R_2} = \frac{u_i}{R_1}$$

即

$$u_o = \left(1 + \frac{R_2}{R_1}\right) u_i$$

故

$$A_u = \frac{u_o}{u_i} = 1 + \frac{R_2}{R_1}$$

由此可见,u_o 与 u_i 成比例关系,比例系数为 $1 + \frac{R_2}{R_1}$,且 u_o 与 u_i 同相,即该电路对输入信号进行同相比例运算。特例:当 $R_2 = 0$ 时,$u_o = u_i$,称为电压跟随器,如图 6-72 所示。

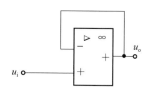

图 6-72 电压跟随器

总结提升

1. 整流电路是利用二极管的单向导电性将交流电转换成脉动直流电的电路。常见的整流电路有半波整流、全波整流和桥式整流电路。

2. 在大多数电子设备中，整流电路后都需要加滤波电路，以减少整流电压的脉动程度。将脉动的直流电变成平滑的直流电的电路，就是滤波电路。常见的滤波电路有：电容滤波电路、电感滤波电路、复式滤波电路。

3. 经过整流滤波后的直流电还是会随着交流电压的波动而波动，因此需要某种电子电路将整流滤波后的直流电压稳定下来，这种可以稳定输出电压的电路称为稳压电路。

4. 放大电路习惯上也称为放大器，是指能把外界送入的微弱电信号不失真地放大至所需数值并送给负载的电路，是电子电路中应用最广泛的电路之一。

5. 集成运算放大器简称集成运放，是一种具有很高放大倍数的多级直接耦合放大电路。由于最初主要用于数学运算，故此得名。它具有体积小、质量轻、功耗低、价格便宜、使用可靠、通用性强等优点，在检测、自动控制、信号产生与处理等方面得到广泛地应用，成为模拟电子技术领域的核心部件。

思考与练习

一、填空题

1. 整流电路是利用二极管的_____，将交流电转换成脉动直流电的电路。常见的整流电路有_____、全波整流和_____电路。

2. 电容滤波电路主要用到了电容器_____和储能特性。当单向脉动直流电压处于高峰值时电容充电，而当处于低峰值时电容放电，这样就把_____转换为_____。

3. 经过整流滤波后的直流电还是会随着交流电压的波动而波动，因此需要某种电子电路将整流滤波后的直流电压稳定下来，这种可以稳定输出电压的电路称为_____。交流电转换为直流电一般要经历_____、_____、_____和_____4个过程。

4. 共发射极放大电路是以_____为核心的基本放大电路，因为发射极是输入回路与输出回路的_____，故称为共发射极放大电路。

5、放大电路中三极管是能量转换控制器件，实现电流放大作用。要保证_____反偏，_____正偏，使其工作在放大区。

6. 放大电路的静态是指_____的工作状态。

7. 直流通路指静态时放大电路直流电流流过的路径。其画法原则为：将交流电源视为_____，电容视为_____，电感视为短路。

8. 放大倍数是描述放大电路放大能力的指标，通常用字母 A 表示。其值为_____电压与_____电压的比值。

9. 多级放大电路前后两级之间的连接方式称为_____。常见的耦合方式有：直接耦合、_____、变压器耦合和_____。

10. 根据集成运放主要参数的理想值，可得到集成运放电路的两个重要特性：_____和虚断。

二、选择题

1. 为增大电压放大倍数，集成运放的中间级多采用（　　）。
   A. 共发射级放大电路　　　　　　B. 共集电级放大电路
   C. 共基级放大电路　　　　　　　D. 都不对

2. 在输入量不变的情况下，若引入反馈后（　　），则说明引入的反馈是负反馈。
   A. 输入电阻增大　　　　　　　　B. 输出量增大
   C. 净输入量增大　　　　　　　　D. 净输入量减小

3. 整流的目的是（　　）。
   A. 将交流变为直流　　　　　　　B. 将高频变为低频
   C. 将正弦波变为方波　　　　　　D. 都不对

4. 根据反馈极性的不同，反馈可分为（　　）。
   A. 正反馈与负反馈　　　　　　　B. 直流反馈与交流反馈
   C. 电压反馈与电流反馈　　　　　D. 串联反馈与并联反馈

5. 在比例运算电路中，让输入信号从同相输入端输入，负反馈引入到反相输入端，这样的集成运放电路称为（　　）。
   A. 同相比例运算电路　　　　　　B. 反相比例运算电路
   C. 电压增益放大电路　　　　　　D. 都不对

三、计算题

1. 在图 6-73 单相桥式整流电路中，已知交流电网电压为 220 V，负载电阻 $R_L = 100$ Ω，负载电压 $U_o = 100$ V，试选择二极管。

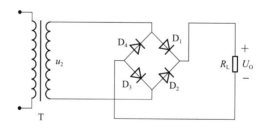

图 6-73　计算题 1 图

2. 电路如图 6-74 所示，已知：$E_C = 12$ V，$R_C = 4$ kΩ，$R_B = 560$ kΩ，$β = 100$。用估算法计算静态工作点。

3. 某三级电压放大器，已知 $A_{u1} = 10$，$A_{u2} = 100$，$A_{u3} = 10$，试求总的电压放大倍数 A_u。

4. 已知同相比例运算电路如图 6-75 所示，$R_1 = 10$ kΩ，$R_2 = 40$ kΩ，试求 A_u。

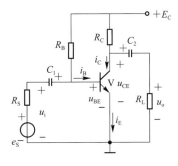

图 6-74　计算题 2 图

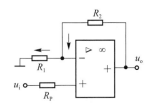

图 6-75　计算题 4 图

拓展阅读

功率放大器

功率放大器(简称功放)通常由 3 部分组成：前置放大器、驱动放大器、末级功率放大器。

前置放大器起匹配作用，其输入阻抗高(不小于 10 kΩ)，可以将前面的信号大部分吸收过去，输出阻抗低(几十欧以下)，可以将信号大部分传送出去。同时，它本身又是一种电流放大器，将输入的电压信号转化成电流信号，并给予适当的放大。

驱动放大器起桥梁作用，它将前置放大器送来的电流信号作进一步放大，将其放大成中等功率的信号驱动末级功率放大器正常工作。如果没有驱动放大器，末级功率放大器不可能送出大功率的声音信号。

末级功率放大器起关键作用。它将驱动放大器送来的电流信号转换成大功率信号，带动扬声器发声，它的技术指标决定了整个功率放大器的技术指标。

功放所用的有源器件主要是晶体管(双极型或场效应晶体管)，在工作频率很高或要求输出功率很大的场合，也使用电子管(包括大功率发射电子管)，在微波段使用行波管。功放按其有源器件的工作点不同可分为甲(A)类、甲乙(AB)类、乙(B)类、丙(C)类和丁(D)类等。

功放常应用于广播、通信发射机的输出级、音响系统的输出级以及控制系统驱动执行机构的放大器等。应用场合不同，性能要求不同，电路的构成与工作类型也不同。常用的有线性功放、谐振功放、宽带功放电路等。为提高输出功率，可采用功率合成技术，将多个放大器对同一输入信号放大，然后用合成的方法，将各放大器的输出功率相加。

在功放中，由于热损耗大，有源器件的主要发热部分要外加散热器，有时还要采用风冷、水冷或蒸发冷却，以降低器件温升。

技能操作

手机充电器的安装与调试

一、实训目的

(1)学习电子装置的组装、焊接与调试。

(2)学习电子电路的简单故障处理方法。

二、实训内容

1. 实训原理

本电路由开关电源和充电电路两部分组成，图6-76是手机充电器电路原理图。

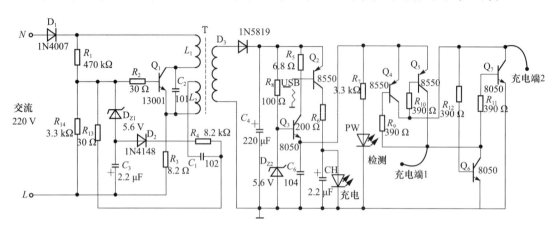

图6-76 手机充电器电路原理图

(1)开关电源。

开关电源是一种利用开关功率器件并通过功率变换技术而制成的直流稳压电源。具有对电网电压及频率的变化适应性强等优点。本电路利用间歇振荡电路组成的开关电源，也是目前广泛使用的基本电源之一。

当接入电源后，通过整流二极管D_1、R_1给开关管Q_1提供起动电流，使Q_1开始导通，其集电极电流i_c在L_1中线性增长，在L_2中感应出使Q_1基极为正、发射极为负的正反馈电压，使Q_1很快饱和。与此同时，感应电压给C_1充电，随着C_1充电电压的增高，Q_1基极电位逐渐变低，致使Q_1退出饱和区，i_c开始减小，在L_2中感应出使Q_1基极为负、发射极为正的电压，使Q_1迅速截止，这时二极管D_1导通，高频变压器T初级绕组中的储能释放给负载。在Q_1截止时，L_2中没有感应电压，直流供电输入电压又经R_1给C_1反向充电，逐渐提高Q_1基极电位，使其重新导通，再次翻转达到饱和状态，电路就这样重复振荡下去。由变压器T的次级绕组向负载输出所需要的电压，在C_4的两端获得9 V的直流电，供充电电路工作。

(2)充电电路。

Q_2与CH(七彩发光二极管)组成充电指示电路。R_7与PW(红色二极管)组成电池好坏检测及电源通电指示电路。Q_4、Q_5、Q_6、Q_7组成自动识别电池极性的电路。

当充电端1接电池的正极，端2接电池的负极时，充电回路是电源的"+"→Q_5(发射极)→Q_5(集电极)→端1接"+"→Q_7(饱和)→端2接"−"；当充电端2接电池的正极，端1接电池的负极时，充电回路是电源的"+"→Q_4(发射极)→Q_4(集电极)→端2接"+"→Q_6(饱和)→端2接"−"。即可完成自动极性的识别，保证充电回路自动工作。

2. 实训过程

(1)清点全套散件。拿到套件袋并轻轻打开，里面有前后盖、电路板、元器件袋、透明面壳。一般来说，说明书、标签、胶垫在塑料袋外。

(2)清点全套元器件，如图 6-77 所示。

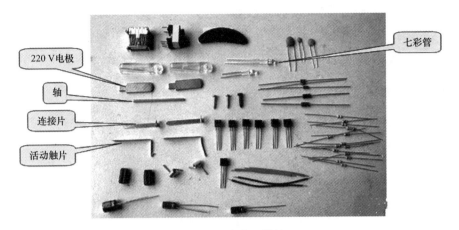

图 6-77　全套元器件

(3)检查电路板的实物图，如图 6-78 所示。

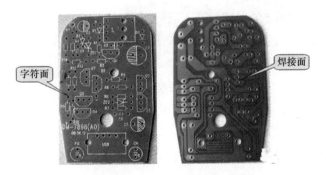

图 6-78　电路板的实物图

(4)焊接电阻器，如图 6-79 所示。

图 6-79　焊接电阻器

(5)焊接瓷介电容器,如图 6-80 所示。

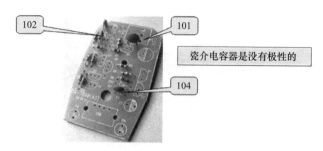

图 6-80　焊接瓷介电容器

(6)焊接电解电容器,如图 6-81 所示。

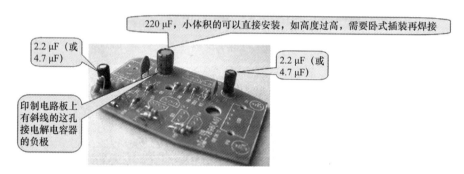

图 6-81　焊接电解电容器

(7)焊接二极管,如图 6-82 所示。
(8)焊接三极管,如图 6-83 所示。

图 6-82　焊接二极管　　　　　　图 6-83　焊接三极管

(9)焊接发光二极管,如图 6-84 所示。

图 6-84　焊接发光二极管

(10)焊接开关变压器、USB 接口、充电线,如图 6-85 所示。

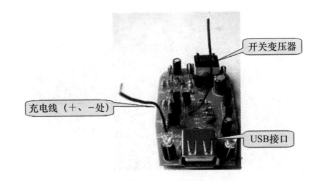

图 6-85　焊接开关变压器、USB 接口、充电线

(11)连接片、电极片的上锡处理,如图 6-86 所示。

图 6-86　连接片、电极片的上锡处理

(12)将 220 V 电极片固定在后盖上,如图 6-87 所示。

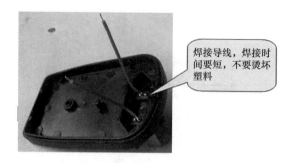

图 6-87　220 V 电极片固定在后盖上

(13)透明面壳上活动触片的安装,如图 6-88 所示。

图 6-88　透明面壳上活动触片的安装

(14)透明面壳固定在前盖上,如图 6-89 所示。

(15)电源线焊接在电路板的 N、L 处,如图 6-90 所示。

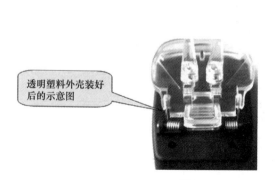 

图 6-89　透明面壳固定在前盖上　　　图 6-90　电源线焊接在电路板的 N、L 处

(16) 将充电端线与电路板上的"＋""－"相连接，如图6-91所示。

图6-91　充电端线与电路板上的"＋""－"相连接

(17) 整机装好后的通电实验（检测灯亮），如图6-92所示。

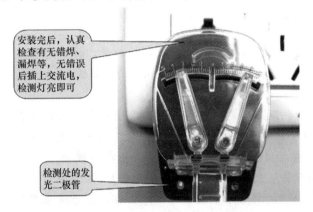

图6-92　整机装好后的通电实验（检测灯亮）

安装完后，认真检查有无错焊、漏焊等，无错误后插上交流电，检测灯亮即可

检测处的发光二极管

(18) 将充电电池放入充电器中（检测灯亮），如图6-93所示。

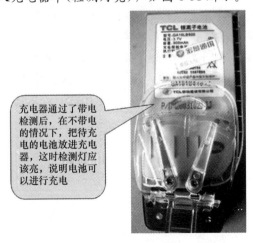

充电器通过了带电检测后，在不带电的情况下，把待充电的电池放进充电器，这时检测灯应该亮，说明电池可以进行充电

图6-93　充电电池放入充电器中（检测灯亮）

(19)整体效果图,如图6-94所示。

图6-94 整体效果图

3. 安装说明及使用

(1)按照元器件清单认真清查元器件及配件的数量,特别是电阻器、稳压二极管、三极管等要认真识别其参数和型号。最好能用一小容器(如纸盒)来放所有的配件,这样可以防止丢失。

(2)根据元器件的孔距来确定安装方式,孔距短的采用立式安装,孔距长的采用卧式安装。电容器、三极管、发光二极管采用立式安装。安装发光二极管时,注意区分红色的和七彩的,CH处焊接七彩色二极管,PW处焊接红色二极管。

(3)金属结构件有2个220 V插头片、2个卡针片(活动触片)、2个连接片、2个弹簧(左、右之分)、1个轴。先将220 V插头片一端上锡,然后适当用劲插到后盖相应处,插到位后焊上2根红色的导线,另外一端接到电路板的N、L处。将2个连接片的一端上锡,并从白色的面壳(透明的)中穿进,插到前盖2个方孔中,将2个卡针片的卡针端放进面壳指示度的槽中,另外一端与连接片的一端放在一起,用2颗一样的自攻螺钉通过塑料把手(透明塑料)固定在一起,并使卡针之间的角度可以调整。弹簧的短线端插到塑料孔中,并放置好,然后用轴穿过弹簧、白色面壳、前壳的塑料孔中,保证能夹好充电电池。黑色导线一端焊接在电路板的"+""-"处,另外一端焊接在锡连接片上。

(4)黑色胶垫粘贴在前盖的弧形槽中,上好后盖螺丝后再将标签贴好。

(5)安装完成后,认真检查有无错误,然后通上220 V交流电,检测LED红色灯亮,即可使用。

附件：套件清单，如表 6-2 所示。

表 6-2 套件清单

序号	名称	规格	用量	元件位置	备注
1	电阻	8.2 Ω 1/4 W	1	R_3	
2	电阻	6.8 Ω 1/8 W	1	R_5	
3	电阻	30 Ω 1/8 W	2	R_2、R_{13}	
4	电阻	200 Ω 1/8 W	1	R_6	
5	电阻	100 Ω 1/8 W	1	R_8	
6	电阻	3.3K 1/8 W	2	R_{14}、R_7	
7	电阻	8.2K 1/8 W	1	R_4	
8	电阻	470K 1/8 W	1	R_1	
9	电阻	390 Ω 1/8 W	4	R_9、R_{10}、R_{11}、R_{12}	
10	二极管	1N4148	1	D_2	
11	二极管	1N4007	1	D_1	
12	二极管	1N5819	1	D_3	
13	稳压二极管	5.6 V	1	D_{Z1}	
14	稳压二极管	5.6 V	1	D_{Z2}	
15	三极管	13001	1	Q_1	
16	三极管	8050	3	Q_3、Q_6、Q_7	
17	三极管	8550	3	Q_2、Q_4、Q_5	
18	瓷片电容	101/1 kV	1	C_2	
19	瓷片电容	102	1	C_1	
20	瓷片电容	104	1	C_6	
21	电解电容	2.2 μF/50 V	2	C_3 C_5	
22	电解电容	220 μF/16 V	1	C_4	
23	LED 灯	白发红 F3	1	PW	
24	LED 灯	七彩 F3	1	CH	
25	PCB 板	松香板	1	58×37×1.2	
26	USB 插座	六角	1	13×14×7	
27	高频变压器		1	T	
28	电源线		4	1×35 0.8×55	
29	五金外壳		套		

复习题

一、填空题

1. 二极管具有_____特性；给二极管加_____电压，二极管导通；给二极管加_____电压，二极管截止。

2. 三极管的3个电极分别为_____、_____、_____；其输出特性曲线一般分为3个区，即：_____、_____、_____；要使三极管工作在放大区必须给发射结加_____，集电结加_____。

3. 三极管的电流放大作用，就是用1个很小的_____电流就能控制1个很大的_____电流。

4. 整流电路的作用将交流电转换成_____。常见的整流电路有_____，全波整流和_____电路。

5. 滤波电路的主要作用是将_____转换成_____。常见的滤波电路有_____、电感滤波电路和_____电路。

6. 经过整流滤波后的直流电还是会随着交流电压的波动而波动，因此需要某种电子电路将整流滤波后的直流电压稳定下来，这种可以稳定输出电压的电路称为_____。

7. 交流电转换为直流电一般要经历_____、_____、_____和_____四个过程。

8. 多级放大电路前后两级之间的连接方式称为_____。常见的耦合方式有：_____、阻容耦合、_____和光电耦合。

9. 理想集成运放电路的两个重要特性：_____和虚断。

10. 在放大电路中，根据输入回路和输出回路公共端不同，可分为_____，共基极放大电路和_____。

11. 直流通路指静态时放大电路直流电流流过的路径。其画法原则为：将交流电源视为_____，电容视为_____，电感视为短路。

12. 根据物质导电性能不同，可将物质分为3类，即导体、_____、_____。

13. 在本征半导体中掺入微量的三价元素(如硼)，将使空穴的数目显著增加，自由电子则相对很少，这种半导体称为_____。

14. 在一块本征半导体上，采取一定的掺杂工艺措施，在两边分别形成P型区和N型区，它们的交界处就形成一个特殊薄层，称为_____。

15. 稳压二极管使用时，它的阴极接外加电压的正极，阳极接外加电压的负极，管子反向偏置，利用它的_____稳定直流电压。

16. 三极管因其集电结和发射结所加电压不同，具有不同的工作状态，可分为_____、放大状态和_____。

二、判断题

1. 放大电路是其他模拟电路的基础，是专门用来放大电压的。   （   ）

2. 晶体管有两个PN结，二极管有一个PN结，因此可以由两个背靠背的二极管来代替。   （   ）

3. 只有电路既放大电流又放大电压，才称其有放大作用。 （　　）
4. 放大电路必须加上适当的直流电源才能正常工作。 （　　）
5. 在桥式整流电路中，流过每只二极管的电流均相同。 （　　）
6. 稳压二极管工作在反向击穿区。 （　　）
7. 在 PN 结上加反向电压时，电流大，PN 结处于导通状态。 （　　）
8. 若放大电路的放大倍数为负，则引入的反馈一定是负反馈。 （　　）
9. PNP 三极管处于截止状态时，发射结正偏。 （　　）
10. 集成运算放大电路在其外围接入适当的反馈网络，可以组成多种不同功能的应用电路。 （　　）

三、选择题

1. 用表笔分别与二极管的两极相接，测出两个电阻值。在所测得的阻值较小的一次，与黑表笔相接的一端为二极管的（　　）。同理，在所测得的电阻值较大的一次，与黑表笔相接的是二极管的（　　）。

　　A. 阳极　　　　　　　　　　　　B. 阴极
　　C. 控制极　　　　　　　　　　　D. 无法判断

2. 放大电路引入反馈后使（　　），则说明是负反馈。

　　A. 净输入增大　　　　　　　　　B. 净输入减小
　　C. 输出信号变大　　　　　　　　D. 输出信号变小

3. 三极管工作在放大区的外部条件为（　　）。

　　A. 发射结反偏，集电结正偏　　　B. 发射结正偏，集电结正偏
　　C. 发射结正偏，集电结反偏　　　D. 发射结反偏，集电结反偏

4. 根据反馈极性的不同，反馈可分为（　　）。

　　A. 正反馈与负反馈　　　　　　　B. 直流反馈与交流反馈
　　C. 电压反馈与电流反馈　　　　　D. 串联反馈与并联反馈

5. 在某放大电路中，测得三极管 3 个电极的静态电位分别为 0 V、5 V、0.7 V，则这只三极管是（　　）。

　　A. NPN 型硅管　　　　　　　　　B. NPN 型锗管
　　C. PNP 型硅管　　　　　　　　　D. PNP 型锗管

6. 在本征半导体中掺入微量的五价元素（如磷），将使半导体中的自由电子数目大大增多，这样的半导体称为（　　）。

　　A. 本征半导体　　　　　　　　　B. N 型半导体
　　C. P 型半导体　　　　　　　　　D. 二极管

7. 电路如图 6-95 所示，若二极管视为理想二极管，则（　　）。

　　A. 二极管截止，输出电压为 0 V
　　B. 二极管截止，输出电压为 3 V
　　C. 二极管导通，输出电压为 0 V
　　D. 二极管导通，输出电压为 3 V

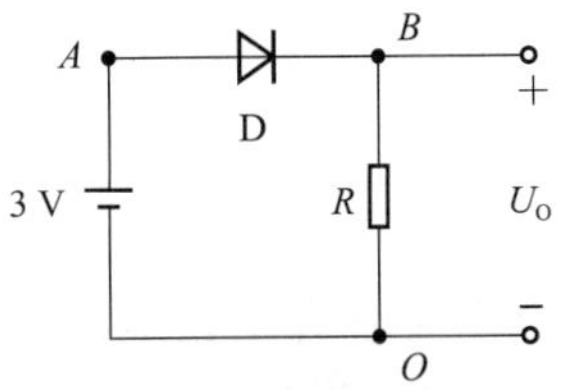

图 6-95　选择题 7 图

8. 测得硅材料三极管各电极对地的电位分别为 $U_C = 6$ V，

$U_B = -0.6$ V，$U_E = 0$ V，则该三极管的工作状态为（　　）。

　　A. 放大状态　　　　　　　　B. 截止状态

　　C. 饱和状态　　　　　　　　D. 击穿状态

9. 单相桥式整流电容滤波电路输出电压平均值 $U_{o(AV)} =$（　　）U_2。

　　A. 1.2　　　　B. 0.45　　　　C. 0.9　　　　D. 1.0

10. 某三极管的 $I_E = 1$ mA，$I_B = 20$ μA，则 $I_C =$（　　）mA。

　　A. 1.20　　　　B. 0.45　　　　C. 0.98　　　　D. 1.02

四、简答题

1. 简述二极管好坏的检测方法。

2. 简述桥式整流电路的工作原理。

3. 简述放大电路设置静态工作点的必要性。

4. 简述反馈的概念。

五、计算题

1. 电路如图 6-96 所示，已知稳压管的稳压值 $U_Z = 6$ V，试求电阻 R 上的电流。

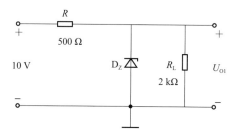

图 6-96　计算题 1 图

2. 电路如图 6-97 所示，判断图中二极管是导通还是截止，并确定各电路的输出电压 U_O。（设二极管的导通压降为 0.7 V）

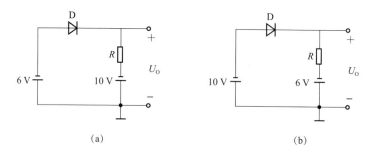

图 6-97　计算题 2 图

3. 电路如图 6-98 所示，已知：$E_C = 12$ V，$R_C = 2$ kΩ，$R_B = 120$ kΩ，$\beta = 50$。用估算法计算静态工作点。

4. 已知同相比例运算电路如图 6-99 所示，$R_1 = 20$ kΩ，$R_2 = 80$ kΩ，试求 A_u。

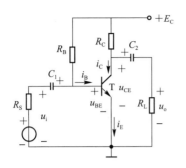 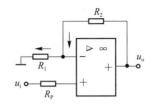

图 6-98 计算题 3 图　　　　图 6-99 计算题 4 图

5. 某三级电压放大器，已知 $A_{u1}=10$，$A_{u2}=200$，$A_{u3}=1$，试求总的电压放大倍数 A_u。

参 考 文 献

[1] 周德仁. 电工技术基础与技能（项目式教学）[M]. 北京：机械工业出版社，2009.
[2] 王成安. 电子元器件识别与检测[M]. 北京：人民邮电出版社，2010.
[3] 王健，向阳. 汽车电工与电子基础[M]. 北京：人民交通出版社，2013.
[4] 贾士伟. 电工技术基础与技能[M]. 北京：语文出版社，2015.
[5] 林美云，邢作辉，李淑敏. 汽车电工电子基础[M]. 北京：航天工业出版社，2016.
[6] 周泳鑫，周佩颖. 汽车电工电子基础练习册[M]. 郑州：大象出版社，2017.
[7] 刘翔. 技能高考汽车维修类[M]. 南京：南京出版社，2018.
[8] 刘东生，黄国平，黄华文. 汽车电气构造与维修[M]. 北京：机械工业出版社，2018.
[9] 黎建丰，李参. 汽车电气构造与维修[M]. 北京：科学技术文献出版社，2017.
[10] 周绍敏. 电工基础[M]. 北京：高等教育出版社，2008.
[11] 杜德昌. 电工电子技术与技能[M]. 3版. 北京：高等教育出版社，2017.
[12] 杨翠平. 电工电子技术[M]. 北京：机械工业出版社，2018.
[13] 刘海燕. 电子测量仪器[M]. 北京：语文出版社，2015.
[14] 李贵炎，游心仁. 汽车电工电子技术[M]. 郑州：大象出版社，2013.
[15] 杨子坤. 汽车电工电子应用技能[M]. 郑州：大象出版社，2017.